Danksagung

Viele engagierte Mitarbeiterinnen und Mitarbeiter haben uns bei der Produktion dieses Buches unterstützt! Ich bedanke mich an dieser Stelle bei unserem deutschen Team, zunächst bei meiner wunderbaren Assistentin Sonja Conz, die sich einfühlsam und engagiert um meine Klient:innen, Produkte und das Büro kümmert. Besonders stolz bin ich auf meine Meisterschülerinnen, die erstmals im Team dabei sind und mich ganz wunderbar unterstützt und inspiriert haben: Astrologin Marie-Kristin Tetzner und Heilpraktikerin/Astrologin Sigrid Maria Regner. Astrologe Holger Fass stand mir wieder kundig bei den Businessphasen zur Seite. Herzlich bedanken möchte ich mich auch bei unserer Übersetzerin Eleonore Charrez, Schülerin von Ray, die uns beim Übersetzen zwischen Deutsch und Englisch eine große Hilfe war. Unsere Grafikdesignerin Lara Baum hat auch dieses Jahr wieder den Buchumschlag wundervoll gestaltet. Alexander Dommnich ist jetzt im zweiten Jahr dabei, herzlichen Dank für die tolle Zusammenarbeit bei Lektorat und Buchsatz! Für die Unterstützung beim Vertrieb der deutschen Ausgabe danken wir Reinhardt Stiehle von Astronova und Claude Weiss von Astrodata. Mein besonderer Dank geht an meine Lehrerin Heidi Treier, Leiterin des Astrologiezentrums Köln, für ihre wertvollen Impulse und Inspirationen zum Übergang Plutos in den Wassermann.

Ich danke außerdem allen ganz herzlich, die mich durch die Vorbestellungen der deutschen Ausgabe des Buches unterstützt haben. Ein großes Dankeschön geht auch an meine wunderbare Community auf YouTube, Instagram und im Podcast, für eure langjährige Treue und Anerkennung meiner Arbeit!

Antonia Langsdorf-Merriman, im Oktober 2022

Antonia Langsdorf-Merriman
& Raymond Merriman

Das große Jahreshoroskop 2023

Die Tendenzen für die 12 Sternzeichen

ISBN 978-3-75682-249-2

© 2022 Antonia Langsdorf-Merriman

www.antonialangsdorf.com

Ray Merriman

www.mmacycles.com www.mma-europe.ch

Redaktionelle Mitarbeit:

Marie-Kristin Tetzner (Lektorat): www.astrologie-tetzner.de

Sigrid Maria Regner (Gesundheit): www. sirimarie-naturheilpraxis.de

Holger Faß (Business): www.lebendige-astrologie.de

Übersetzungen:

Eleonore Charrez

Lektorat und Buchsatz:

Alexander Dommnich (www.gutentext.de)

Coverdesign:

Lara Baum (www.lara-baum.de)

Sekretariat:

Sonja Conz (www.die-zeitmacher.eu)

Herstellung und Verlag:

BoD – Books on Demand, Norderstedt

Inhalt

Einführung – zum Gebrauch dieses Buches 7
Die kosmische Schwingung des Jahres 11

Widder 25
    Liebe und Beziehungen...27
    Karriere und Finanzen...34
    Gesundheit und Spiritualität 39

Stier 43
    Liebe und Beziehungen...45
    Karriere und Finanzen...52
    Gesundheit und Spiritualität 57

Zwillinge 62
    Liebe und Beziehungen...64
    Karriere und Finanzen...70
    Gesundheit und Spiritualität 75

Krebs 80
    Liebe und Beziehungen...82
    Karriere und Finanzen...89
    Gesundheit und Spiritualität 93

Löwe 98
    Liebe und Beziehungen...100
    Karriere und Finanzen...107
    Gesundheit und Spiritualität 112

Jungfrau 116
    Liebe und Beziehungen...118
    Karriere und Finanzen...124
    Gesundheit und Spiritualität 130

Waage 134
    Liebe und Beziehungen...136
    Karriere und Finanzen...143
    Gesundheit und Spiritualität 148

Skorpion **153**
    Liebe und Beziehungen..155
    Karriere und Finanzen...162
    Gesundheit und Spiritualität 167

Schütze **171**
    Liebe und Beziehungen 173
    Karriere und Finanzen...180
    Gesundheit und Spiritualität......................................185

Steinbock **190**
    Liebe und Beziehungen..192
    Karriere und Finanzen...199
    Gesundheit und Spiritualität......................................204

Wassermann **208**
    Liebe und Beziehungen..211
    Karriere und Finanzen...217
    Gesundheit und Spiritualität 222

Fische **226**
    Liebe und Beziehungen..228
    Karriere und Finanzen...235
    Gesundheit und Spiritualität......................................240

Der kosmische Überblick 2023 ....**244**

Service und Infos **248**

Einführung – zum Gebrauch dieses Buches

Liebe Freundinnen und Freunde der Astrologie, wir freuen uns, euch ein weiteres Jahrbuch als gemeinsames Projekt von Antonia und Ray zu präsentieren!

Die Deutungen

Die Tendenzen für die 12 Sternzeichen im Jahr 2023 basieren auf der Deutung der Transite von Jupiter, Saturn, Chiron, Uranus, Neptun und Pluto sowie Lilith und der Mondknotenachse. Wir interpretieren diese Planetendurchgänge danach, welche Aspekte sie zu den jeweiligen Sternzeichen bilden. Dabei arbeiten wir auch mit den sogenannten Sonnenhäusern. Die hier besprochenen Tendenzen beziehen sich für jedes Sternzeichen auf Beziehungen, Karriere, Finanzen, Gesundheit und Spiritualität. Bei langfristigen Aspekten haben wir außerdem die Geburtstagskinder hervorgehoben, die diesen Aspekt ganz direkt auf ihre Sonne in ihrem Horoskop empfangen. Das heißt aber nicht, dass die übrigen im jeweiligen Sternzeichen Geborenen davon nichts bemerkten. In abgeschwächter Form gelten die Aspekte für das gesamte Sternzeichen, und außerdem ist es möglich, dass auch andere Planeten in eurem Geburtshoroskop die beschriebenen Einflüsse empfangen. Es kann ebenfalls sehr nützlich sein, wenn ihr auch das Zeichen eures Aszendenten durchlest. Aufgrund unserer Deutung der Sonnenhäuser findet ihr viele Hinweise, die für euren Aszendenten passend sind.

Im Anschluss an jeden Abschnitt über Liebe und Beziehungen, Karriere und Finanzen sowie Gesundheit und Spiritualität findet ihr eine ausführliche Deutung der Highlights und der kritischen Phasen für das gesamte Jahr. Dabei berücksichtigen wir die Gestirne, die sich schneller bewegen (Sonne, Mond, Merkur, Venus und Mars). Wenn diese die langsam laufenden Planeten aktivieren, machen sie uns wichtige kosmische Jahresthemen und Aufgaben bewusst. Das geschieht durch Ereignisse, Begegnungen, Emotionen, Verhaltensweisen und die Stimmung, die in der Luft liegt.

Lilith und Chiron

Auch 2023 erhaltet ihr wieder ausführliche Interpretationen zu Lilith und Chiron. Chiron ist ein Planetoid/Komet, der auf einer exzentrischen Bahn zwischen Saturn und Uranus unterwegs ist. Mythologisch ist er der verwundete Heiler und als Kentaur befindet er sich am Rande der Gesellschaft. Er gilt als großer Heiler und Mentor, dessen Tragik darin besteht, dass er seine eigene schmerzende Wunde nicht heilen konnte. Im Horoskop symbolisiert er daher unsere wunden Punkte und menschlichen Schwächen, die wir akzeptieren und annehmen lernen müssen. Indem wir das tun, entwickeln wir die Fähigkeiten, andere besser zu verstehen oder sogar zu heilen, und finden zu Weisheit und Demut. Chiron-Transite konfrontieren uns mit unseren eigenen oder den Schwächen anderer, durch Krisen oder Krankheitsgeschehen. Sie können aber auch den inneren Ruf mit sich bringen, unsere eigenen heilerischen Fähigkeiten zum Einsatz zu bringen. In Deutschland betrachten viele Astrolog:innen Chiron als den modernen Herrscher des Zeichens Jungfrau.

Lilith ist eine schillernde mythologische Figur, halb Göttin, halb Dämonin. Sie gilt als Adams erste Frau, die aus dem Paradies floh, da sie sich nicht den Regeln des Patriarchats unterwerfen wollte. Im Horoskop ist sie auch als schwarze Mondin bekannt. Ihre Position errechnet sich aus den Umlaufbahnen von Mond und Erde. Sie symbolisiert unsere tiefsten, naturverbundenen, instinktiven Kräfte, die wir häufig verdrängen oder tabuisieren, um ein angepasstes, erfolgreiches Leben zu führen. Lilith-Transite wecken starke Gefühle, durch Begegnungen mit provokanten, ungewöhnlichen Menschen, manchmal durch intensive Liebesaffären, manchmal auch durch persönliche Krisen. Das kann je nach Lebensumständen zu Schwierigkeiten führen. Es kann aber auch sehr befreiend wirken und uns helfen, Tabus zu überwinden. Lilith-Aspekte sind auch häufig sehr kreative und sinnliche Phasen im Leben.

Die Sternzeichendaten

Bitte beachtet, dass die Daten, zu denen ein Sternzeichen beginnt und zu denen es aufhört (also zum Beispiel Fische vom 18. Februar bis zum 20. März) immer nur annähernde Werte sind. Und es ist auch nicht so, dass ein Sternzeichen am letzten Gültigkeitstag um 23:59 Uhr endete und das nächste dann um 0:00 Uhr des folgenden Tages beginnen würde. Der Sternzeichenübergang passiert stets im Laufe des betreffenden Übergangstags, und wann genau, hängt vom jeweiligen Jahr und von der Tageszeit ab. Das hat mit der Regelung der Schalttage zu tun. Das Kalenderjahr von 365 Tagen muss regelmäßig an die Dauer des tatsächlichen Erdumlaufs von 365,24 Tagen angepasst werden, und so wird alle vier Jahre ein Schalttag in den Februar eingefügt. Dadurch verschieben sich die Übergänge der Tierkreiszeichen, wobei sich Abweichungen von bis zu 24 Stunden ergeben können. Unsere Angaben für **die Sternzeichendaten in diesem Buch gelten für das Jahr 2023**. In anderen Jahren beginnt oder endet ein Sternzeichen möglicherweise einen Tag früher oder später. Ihr findet im kosmischen Überblick unter „Sonne: Wechsel der Sternzeichen 2023" den genauen Tag und die Uhrzeit (Angaben in mitteleuropäischer Zeit / Sommerzeit), zu denen die Sonne tatsächlich das Zeichen wechselt. Wenn euer Geburtstag auf einen solchen Sternzeichen-Übergangstag fällt, hängt es vom Geburtsjahr und von der genauen Geburtszeit ab, ob ihr noch im vorherigen oder bereits im nächsten Sternzeichen geboren seid.

Der kosmische Überblick

Am Ende des Buches findet ihr das Kapitel „Der kosmische Überblick", in dem wir sämtliche wichtigen Konstellationen des Jahres aufgeführt haben. Dort könnt ihr jederzeit nachschlagen, wann die Planeten das Zeichen wechseln, und die Rückläufigkeitsphasen von Merkur, Venus und Mars ablesen. Außerdem findet ihr auch die Sonnen- und Mondfinsternisse auf einen Blick. Das Buch enthält also viele wertvolle und nützliche Informationen. Wenn ihr spezifische Fragen zu eurem Leben und bezüglich wichtiger Entscheidungen habt, können diese jedoch nur auf der Basis eures ganz persönlichen Geburtshoroskops beantwortet werden. Dabei können euch meine schriftlichen Analysen als PDF helfen, die ich für verschiedene Planeten und Lebensbereiche anbiete. Ihr findet mein Angebot unter www.antonialangsdorf.com/horoskope-shop. Gern könnt ihr auch eine persönliche Beratung in Anspruch nehmen und unter 0221-96972671 einen Termin vereinbaren. Alle Infos zu meinem Beratungsangebot findet ihr unter www.antonialangsdorf.com/astroberatung.

Hinweise zur deutschen Ausgabe: Das Gendern und die Mondin

In der deutschen Ausgabe haben wir uns um eine gendergerechte Sprache bemüht. Ich habe mich entschieden, teilweise mit dem Konstrukt des Doppelpunkts zu arbeiten, also beispielsweise von *Partner:innen* zu sprechen. An anderer Stelle sage ich *Partnerin* und *Partner*, aber wenn ich das durchhalten würde, wäre das Buch um ein Drittel umfangreicher. Es ist nicht leicht, die deutsche Sprache auf die modernen Anforderungen hin zu verändern, da sie dafür eigentlich nicht gemacht ist. Aber Sprache lebt und entwickelt sich. Liliths Durchgang durch die Zwillinge hat mich für diese Entwicklung sensibilisiert und ich habe beschlossen, dem Rechnung zu tragen. Den Begriff der „Mondin" habe ich in meiner Community, auf meinen Social-Media-Kanälen und in meinen YouTube-Videos inzwischen eingeführt und ich möchte ihn daher auch in diesem Buch verwenden.

Nun wünschen wir euch ein erfolgreiches, liebevolles und gesundes Jahr 2023. Möge das Jahrbuch euch dabei eine wertvolle Unterstützung sein!

Die kosmische Schwingung des Jahres

Die Macht der Freiheit: Plutos Eintritt in den Wassermann

Arizona, im Oktober 2022

Freundinnen und Freunde der Astrologie, liebe Community,

fast drei schwierige Jahre haben wir nun schon mit großen gesellschaftlichen Herausforderungen zu kämpfen. Viele Anstrengungen liegen hinter uns und es gibt kosmische Anzeichen dafür, dass der härteste Teil nun geschafft ist! Denn einer der problematischsten Aspekte, die es in der Astrologie gibt, löst sich ab Oktober 2022 wieder auf: das gefährliche Quadrat zwischen Traditionalist Saturn und Revoluzzer Uranus, welches uns seit dem Ausbruch der Corona-Pandemie begleitet hat. Dieser Aspekt geht einher mit Naturkatastrophen, Wirtschaftseinbrüchen und einer Spaltung der Gesellschaft, bis hin zum Krieg. All das haben wir erlebt und eine Krise schien sich auf die nächste aufzutürmen. Aber jetzt kommt die gute Nachricht: Diese Konstellation ist VORBEI! Ein Aspekt von solcher Tragweite kommt erst in 45 Jahren wieder auf uns zu! Während der nächsten beiden Jahre werden die zuvor noch verfeindeten großen Player Saturn und Uranus einen Freundschaftsaspekt eingehen. Das ist wahrhaftig ein gutes Zeichen! Es beginnt damit, dass Saturn am **7. März in die Fische** eintritt, wo er gut zwei Jahre verweilt. Währenddessen verbleibt **Uranus** noch **weitere zwei Jahre im Stier**, und zwischen diesen beiden Bereichen herrscht Harmonie. Das heißt, Tradition und Revolution nähern sich einander an und wir begreifen, dass das eine nicht ohne das andere geht. Tradition bedeutet Nachhaltigkeit, die Ehrung dessen, was man erschaffen hat, und den Respekt vor der Vergangenheit und deren Lektionen. Revolution bedeutet Mut zur Veränderung, Erneuerung und den nötigen Umbruch von Strukturen, die uns bei der Weiterentwicklung als Menschheit behindern. Doch wenn wir nur in der Tradition verharren, können wir nicht wachsen. Wenn wir in einer blindwütigen

Revolution alles niederreißen, zerstören wir unsere Wurzeln. Für die nächsten beiden Jahre bekommen wir nun die Chance, das einzusehen und zu begreifen, dass wir die Spaltung in der Gesellschaft überwinden müssen, um unsere Evolution voranzutreiben. Die Frage ist nur: Sehen das auch diejenigen ein, die im Moment dabei sind, die Welt an den Rand des Abgrunds zu manövrieren? Tatsächlich besteht dafür eine gute Chance! Denn Saturn bringt seine Herrschaftsstrukturen ab März 2023 ins Zeichen Fische, wo sie weicher und nachgiebiger werden und sich möglicherweise sogar auflösen! Vielleicht noch nicht sofort, aber der wichtige Planetenzyklus zwischen Saturn und Neptun, der schon 1989 den Fall der Berliner Mauer anzeigte, erfüllt sich in den kommenden beiden Jahren erneut. Er könnte dazu führen, dass unerträgliche Machtverhältnisse in sich zusammenfallen und der Weg zur Freiheit sich öffnet.

Dass der Freiheitsdrang der Menschen immer stärker wird, davon erzählt **der Übergang Plutos in den Wassermann ab dem 23. März 2023**. Denn Pluto ist die Macht, Wassermann ist die Freiheit. Pluto im Wassermann bedeutet also: **die Macht der Freiheit**. Noch schöner auf Englisch: **The Power of Freedom**! Hört sich das nicht gut an? Dass dies ein großer Übergang ist, zeigt sich schon daran, wie lange er dauert: Pluto wird **vom 23. März bis zum 11. Juni 2023** einen **ersten Schritt in den Wassermann** machen, dann wieder zurück in den Steinbock laufen und erst im November 2024 ist der Übergang endgültig vollzogen. Das heißt, **Pluto verbringt** immer noch **den größten Teil des Jahres auf den letzten 3 Graden des Zeichens Steinbock**, ein Symbol dafür, dass die Kräfte der Erdepoche ihre Pfründe so schnell nicht hergeben wollen. Die alte Garde kämpft ums Überleben und wird wahrscheinlich viele gute Argumente präsentieren, weshalb wir weiterhin nach Wachstum und persönlichem Besitz streben sollten, statt Ressourcen zu teilen und uns in die geistige Richtung zu entwickeln.

Doch der Übergang ist unaufhaltsam und Ende 2024 ist dann die zweite Säule des Luftzeitalters vollständig errichtet. Die erste Säule erschien durch die Konjunktion von Jupiter und Saturn im Wassermann genau zur Wintersonnenwende 2020 am Himmel. Die dritte Säule bildet sich, wenn Uranus ab Mitte 2025 seinen einjährigen Übergang in die Zwillinge beginnt. 2026 sind diese Übergänge abgeschlossen, die gewaltigen Säulen des Luftzeitalters sind errichtet und die kosmische Energie kann ihre volle Wirkung entfalten. Dann endlich heben wir ab ins Luftzeitalter und befreien uns aus dem Würgegriff der alten Erdstrukturen, die jetzt noch alles daransetzen, uns auf der niedrigen Frequenz der materiellen Bedürfnisse und des ungerecht verteilten Reichtums festzuhalten. Ich stelle mir das wie eine unglaubliche Befreiung des Bewusstseins vor, die – wenn es gut läuft – tyrannische Machthaber und deren Kontrollmechanismen hinwegfegen kann. Allerdings bedeutet das auch, dass jede:r Einzelne sich persönlich weiterentwickeln muss. Wir dürfen die Augen öffnen für die Macht der Erkenntnis und der Weisheit, und zwar nicht nur unsere beiden sehenden Augen, sondern auch das Dritte Auge der spirituellen Wahrnehmung. Wir müssen endlich im tiefsten Herzen wahrnehmen, dass wir alle Menschen sind und dass es vollkommen zweitrangig ist, welches Geschlecht, Alter oder welche Ethnie wir haben. Wir müssen lernen, jede:n Einzelne:n als Menschen und Seele wahrzunehmen und mit Respekt zu behandeln. Das ist die Lektion von Pluto im Wassermann.

Der Wassermann steht für das freie und unabhängige Individuum, gleichzeitig jedoch auch für das Kollektiv der Menschheit, für die Idee des Humanismus. Wirkliche Befreiung kann nur stattfinden, wenn Individuen sich respektieren und sich freiwillig zu einem Kollektiv zusammenschließen, in dem Wissen (welches uns schon von Mutter Natur und der Evolution mitgegeben wurde), dass Kooperation der Schlüssel zum Glück und nicht zuletzt zum Erfolg einer Spezies ist. Ja, es gibt auch Evolutionsstrategien, die sich auf das Überleben der Stärksten verlassen, und die haben auch ihren Sinn. Doch das ist immer nur kurzfristig. Kooperation erweist sich als die nachhaltigere und erfolgreichere Strategie. Das bestätigt die Wissenschaft und außerdem wird es auch durch etwas belegt, das Weisheitslehrer:innen schon lange wissen: Alles ist mit allem verbunden. Wie oben, so unten, wie im Großen, so im Kleinen. Wir müssen erkennen, dass unsere eigene Freiheit untrennbar mit der Freiheit unserer Nächsten verbunden ist, und wir müssen einen Konsens finden, wie wir dies gemeinsam gestalten können. Das wird unsere Lernaufgabe als Menschheit sein, während **Pluto durch den Wassermann** läuft, und wir haben auch Zeit, dies zu lernen, nämlich **bis zum Jahr 2045**! Seine Lektion wird sein, dass wir es als Menschheit nur gemeinsam schaffen können, wenn wir in Wohlstand, Frieden und Respekt vor unserem Planeten leben wollen. Und wenn wir es nicht freiwillig lernen, werden wir dazu gezwungen, indem wir gemeinsam leiden müssen. Das ist die dunkle Seite von Pluto, dessen Kräfte sich nicht nur in der höchsten Transformation, sondern auch durch tiefste Krisen manifestieren: durch Druck und Zwang, Gewalt und Unterwerfung, Ängste und Massenpsychosen. Eingangs sagte ich: Wenn es gut läuft, haben wir eine Chance auf Befreiung unseres Bewusstseins und die Macht der Freiheit kann sich entfalten. Aber was ist, wenn es nicht gut läuft? Nun, das schlimmste Szenario wäre, dass wir nach und nach immer tiefer in ein dunkles Dystopia zurückfallen, wo die Überlebenden sich verschanzen, um die verbliebenen Ressourcen kämpfen und wir als Menschheit wieder ganz von vorn beginnen müssen.

Es ist viel über den Beginn des Wassermannzeitalters gesprochen worden. Die Zeitalter entspringen einem riesigen kosmischen Zyklus von rund 26.000 Jahren, der durch die sogenannte Präzession, die Pendelbewegung der Erdachse, definiert wird. Daraus ergeben sich Zeitalter von jeweils 2160 Jahren, die sich, genau wie die Schicksalsanzeiger Mondknoten, rückwärts durch den Tierkreis bewegen. Das heißt, wir kommen aus dem Fischezeitalter, dem Zeitalter der Religionen und des Glaubens, welches kurz vor Christi Geburt begann. Nun gehen wir ins Wassermannzeitalter, das Weisheits-Zeitalter, in dem die Menschheit lernen muss, ihre Glaubenskriege zu überwinden und zu einer Einheit zusammenzuwachsen. Rein rechnerisch ist der eigentliche Übergang erst etwa im Jahre 2200. Doch wie alle epochalen Übergänge ist auch dieser fließend und die Zeitalter überlappen sich. Ich glaube, dass wir jetzt mit dem Eintritt von Pluto ins Luftzeichen Wassermann und einer zeitgleichen Luftepoche von 160 Jahren getrost davon sprechen dürfen, dass auch das Wassermannzeitalter nun beginnt. Das heißt wir befinden uns in einem massiven Übergang: vom Fischezeitalter ins Wassermannzeitalter, und wenn wir zeitlich etwas näher heranzoomen, von der materiellen Erdepoche der letzten 200 Jahre in die geistige Luftepoche der kommenden 160 Jahre. Das ist wahrhaftig eine Zeitenwende, die diesen Namen verdient! (Hier möchte ich betonen, dass wir Astrolog:innen die Ersten waren, die schon 2020 eine umfassende Zeitenwende ankündigten, bevor Bundeskanzler Olaf Scholz den Begriff endgültig populär machte.) Gewaltige Übergänge wie die Zeitenwende, das wissen wir aus der Chaostheorie, gehen einher mit starken Verwerfungen, und zwar in jeder Hinsicht: gesellschaftlich, kulturell, wirtschaftlich, geopolitisch, klimatisch.

Das Jahr im Überblick

Aus meiner Sicht besteht Anlass zur Hoffnung, dass ab dem Frühjahr 2023 der schwierigste Teil der Chaosphase zu einem Ende kommt und allmählich Beruhigung eintritt. Sogar das Wetter könnte sich (vorübergehend) beruhigen! Und diese Besserung tritt voraussichtlich ab Ende März 2023 ein. Bis dahin haben wir noch mit einer problematischen Konstellation zwischen Kriegstreiber Mars und Vernebler Neptun zu tun. Es kann ein Hinweis darauf sein, dass kriegerische Auseinandersetzungen auf eine andere Ebene verschoben werden oder mit anderen unlauteren Mitteln betrieben werden. Im besten Falle kann es auch bedeuten, dass einzelne Kriegstreiber von der Bildfläche verschwinden und einfach nie wieder auftauchen. Weil Mars in den intellektuellen Zwillingen steht und Neptun der Planet der Verklärung und der Fantasie ist, kann das auch heißen, dass der Informationskrieg hässlicher wird. Wahrheit und Lüge würden dann immer stärker zu Kampfmitteln. In der Gesundheitsastrologie beschreibt dieser Aspekt, der seit Oktober 2022 besteht, zudem die massive Infektionswelle, die uns aktuell beschäftigt und wahrscheinlich auch noch bis Ende März in Atem halten wird.

Die große Bewusstseinswende setzt dann im Laufe der Monate April und Mai 2023 ein, begleitet von der **Sonnenfinsternis am 20. April im Zeichen Widder**. Diese äußerst wichtige Konstellation bringt die Herausforderungen und Chancen der Übergangsjahre sehr gut auf den Punkt. Es ist der erste Neumond nach dem Eintritt Plutos in den Wassermann, deshalb kommt dieser Sonnenfinsternis eine besondere Bedeutung zu: Mit ihr öffnet sich eine wichtige Tür auf dem Weg in eine freiere Zukunft. Wenn wir die Sonnenfinsternis für Berlin berechnen, um zu schauen, welche Bedeutung sie für Deutschland hat, sehen wir, dass die Stimmung noch unruhig und unzufrieden sein kann. Gut möglich, dass uns zu diesem Zeitpunkt der zurückliegende Winter 22/23 noch schwer in den Knochen steckt. Vermutlich müssen wir uns auch von einem anstrengenden

1. Quartal erholen. Doch erfreulicherweise bringt Saturn Stabilität und die Venus ist günstig im Geldhaus platziert. Das heißt: Irgendwie werden wir es geschafft haben, die Winterkrise in Sicherheit und mit einer finanziellen Perspektive zu überstehen. Laut diesem Horoskop hat Deutschland im Frühjahr 2023 Geld in der Tasche! Möglicherweise dank einer überraschenden Entwicklung bei der Umstellung unserer Energieversorgung, vielleicht sogar einer bahnbrechenden neuen Erfindung, davon spricht Innovationsplanet Uranus. Andere Zeichen deuten darauf hin, dass dies ein Moment ist, in dem die Welt den Atem anhält und sich bereit macht, einen Schritt hinaus in die Freiheit zu wagen.

Das Wichtigste für unseren Alltag ist im neuen Jahr, dass wir den Zusammenhalt stärken beziehungsweise wieder aufbauen, und dazu bekommen wir eine Chance. Saturn in den Fischen bedeutet nämlich auch, dass in Führungsstrukturen mehr Persönlichkeiten zu Macht und Einfluss gelangen, die über eine spirituelle Charakterbildung verfügen und mithelfen, die neue Zeit zu gestalten. Verbindung statt Spaltung heißt die Devise. Außerdem brauchen wir Pragmatismus und gesunden Menschenverstand und auch dafür stellt uns der Kosmos nützliche Kräfte zur Verfügung. Die dringend benötigten neuen Technologien zum Überleben und zur Umgestaltung unseres Energieverbrauchs zeigt Uranus im Stier. Der hat ab März einen wesentlich besseren Draht zu Saturn und damit zur Umsetzung und Manifestation der benötigten Erneuerungen. Ein weiteres Zeichen dafür, dass Beruhigung und Vernunft die Chance haben, sich durchzusetzen, ist der Übergang von **Jupiter in den Stier am 16. Mai.** Vorher haben wir noch damit zu kämpfen, dass der größte Planet unseres Sonnensystems seine Kraft im Kampfzeichen Widder entfaltet und dadurch die Vision derer unterstützt, die an die Mittel des Krieges und der Unterwerfung glauben. Doch die gleichzeitigen Zeichenwechsel von Pluto, Saturn, Jupiter und Mondknoten erzählen davon, dass im Laufe des Jahres eine enorme Welle kosmischer Energie alte Vorstellungen wegreißen und Platz für neue Ideen machen wird. Immer mehr Menschen werden die Augen geöffnet für diesen, um es salopp zu sagen, epochalen Wahnsinn, in dem wir gefangen sind. Ein Wahnsinn, bei dem einzelne, von persönlichem Ehrgeiz zerfressene, toxische, weiße alte Männer, denen jegliche menschliche Verbundenheit abhandengekommen ist, unseren Planeten mit ihren Macht- und Kriegsspielen zu zerstören drohen. Doch das Erwachen ist bereits in vollem Gange und immer mehr Menschen werden sich entsetzt, beschämt oder auch voller Wut von dem abwenden, was ihre sogenannten Vertreter in der Politik betreiben. Ob das reicht, um diese zu stürzen, oder ob sie sich selbst ins Abseits befördern, vermag ich derzeit nicht zu sagen. Auch ist noch nicht klar, wie lange es dauert, bis die Befreiung abgeschlossen ist. Aber 2023 hat der gesunde Menschenverstand zumindest wieder mehr Chancen, Oberwasser zu gewinnen!

Günstig ist auch, dass **Neptun ein weiteres Jahr in den Fischen** verbringen wird. Das fördert den Glauben an den Zusammenhalt und die Verbundenheit der Menschen sowie Empathie und Mitgefühl. Diese Kräfte finden nun mehr Unterstützung und Gehör in der Gesellschaft und können sich besser entfalten, da Neptun sich ebenfalls in Harmonie zu den großen Playern Uranus, Saturn (ab März) und Jupiter (ab Mai) befindet. Diese günstige planetare Verbindung in den Elementen Erde und Wasser hilft uns dabei, unsere Wurzeln nicht zu verlieren und wirkt ausgleichend auf unsere Emotionen.

Der Sommer der Liebe

Das sprühende, inspirierende Feuerelement ist im kosmischen Kräftemix des neuen Jahres ebenfalls vertreten. Und zwar erfreulicherweise durch die Liebesplaneten Venus und Mars und die Kraft der verführerischen Lilith, die über lange Zeit gemeinsam im Zeichen Löwe unterwegs sind. Zunächst geht **Lilith am 8. Januar bis zum 3. Oktober** durch den **Löwen**. Vom **4. Juni bis zum 9. Oktober** hält sich Liebesgöttin **Venus** dort auf und **vom 20. Mai bis zum 10. Juli** auch der **Mars**. Das ist eine Energie, die uns zum Tanz auf dem Vulkan einlädt und bei der wir direkt aufpassen müssen, unsere wichtigen Aufgaben bei der Gestaltung der Zukunft nicht zu vergessen! Andererseits: Wir dürfen es auch als kosmisches Geschenk sehen und wertschätzen! Ein Geschenk, welches unsere Fähigkeit, zu lieben und uns zu begeistern entfacht in einer Zeit, die wahrlich herausfordernd genug ist! Deshalb wage ich es, einen **Sommer der Liebe** vorherzusagen, den wir so schnell nicht vergessen werden, der uns aber viele Sorgen vergessen lässt! Das brauchen wir unbedingt, denn wir wollen Liebe und Verbundenheit nicht nur als spirituelle große Aufgabe sehen. Wir wollen auch leidenschaftlich lieben, erotisch, spielerisch, voller Kreativität und indem wir unsere Herzen mit strahlender Energie aufladen. Damit können wir unsere körperlichen und seelischen Reserven wieder auffüllen, die in den letzten Jahren doch sehr gelitten haben. Auch Kunst, Tanz, Musik, Sport und andere kreative Events werden von dieser Energie profitieren und die Menschen begeistern und inspirieren. Einen Wermutstropfen hat das Ganze allerdings: Die kosmischen Kräfte der Liebe und Kreativität befinden sich zeitweise in Spannung zu Veränderer Uranus. Und die **Venus** ist zwischen dem **23. Juli und 4. September rückläufig**. Das heißt im Spiel der Liebe und der Beziehungen müssen wir auch immer wieder wir von etwas loslassen, um etwas Neues beginnen zu können. Beziehungen können in diesen Zeiten zerbrechen und neue entstehen. Während der Rückläufigkeit der Venus kann eine verflossene Liebe wieder auftauchen und die Gefühlswellen hochschlagen lassen, je nachdem ob wir bereits wieder neue Beziehungen eingegangen sind. Dies ist jedoch verbunden mit der Chance, aus Fehlern der Vergangenheit zu lernen und alte, toxische Beziehungsmuster zu durchbrechen, um frei für eine bessere Zukunft zu werden. Besonders aufwühlende und erkenntnisreiche Zeiten sind hier Mitte Juni bis Anfang Juli, die erste Augusthälfte sowie Ende September / Anfang Oktober. Gleichzeitig unterstützen jedoch die oben beschriebenen Harmonieaspekte unsere festen und bestehenden Beziehungen, die sich als verlässlich und liebevoll erweisen.

Mitten während des aufregenden Liebessommers wechseln **am 12. Juli** die Mondknoten in die Zeichen Widder und Waage, wobei der **aufsteigende Mondknoten durch den Widder** läuft, und zwar **bis zum 30. Januar 2025**. Dies ist nicht nur eine wichtige neue kosmische Energie für die kommenden eineinhalb Jahre, welche die Kräfte des Durchbruchs und der pionierhaften Einzelleistungen begünstigt, sondern sie läutet auch **das Ende des 18-jährigen Mondknotenzyklus** ein. Dieser Übergang dauert genau wie der Eintritt Plutos in den Wassermann bis 2024 und unterstreicht, dass wir das Jahr 2023 nicht isoliert für sich betrachten dürfen. Vielmehr ist es Teil einer gigantischen Transformation, der vielzitierten Zeitenwende. Die Mondknoten verweisen auf kollektive seelische Entwicklungen, weil sie die Kräfte der Sonne (Zukunft) und des Mondes

(Vergangenheit) miteinander verbinden. Der aufsteigende Mondknoten geht in Führung und das passt gut zum Zeichen Widder, der ja gerne ein Anführer ist. Der absteigende Mondknoten steht in der Waage und verweist darauf, dass hier der Punkt ist, an dem wir uns der Führung unseres Gegenübers anvertrauen dürfen. Das wiederum passt gut zur Waage, der es wichtig ist, bei Entscheidungen die Beziehungspartner mit einzubeziehen. Weil die Venus im Sommer rückläufig wird, werden uns dieses Jahr alte Beziehungsmuster bewusst, die toxisch sind und uns gefangen halten. Wir wollen sie sprengen, um frei für eine Zukunft mit Partnerschaften auf Augenhöhe zu werden, was nicht zuletzt die Agenda der wilden Lilith ist. Partnerschaften auf Augenhöhe: Das gilt nicht nur für jede:n Einzelne:n, sondern auch für geopolitische Partnerschaften, für Länder, die im gegenseitigen Respekt zusammenarbeiten, statt einander auszubeuten. Der aufsteigende Mondknoten im Widder scheint mir außerdem ein deutlicher Hinweis darauf, dass der „Druck im Kessel" steigt, weil Menschen, die unterdrückt werden, sich das nicht mehr gefallen lassen wollen. Sie spüren, dass sie ihre Zukunft selbst mitgestalten müssen, und wollen sich diese nicht von oben diktieren lassen.

Ebenfalls **im Feuerzeichen Widder verbleibt Chiron** noch für ein weiteres Jahr. Der verwundete Heiler, Schutzpatron der Sozialarbeiter, Aktivistinnen und Weltverbesserer, hat im Februar/März 2023 seinen großen Auftritt, wenn er sich mit Liebesgöttin Venus und Erkenntnisplanet Jupiter verbindet. Das ist eine sehr spannende Konstellation, die auch Kampfplanet Mars mit einbindet. Hier besteht eine Chance, dass mitten in einem kampfumtosten Geschehen eine Art Erleuchtung stattfindet. Es können sich Erkenntnisse darüber einstellen, wie viel Schmerz Kampf und Krieg über die Welt bringen und dass es Zeit wird, diese Energie für bessere Entwicklungen freizusetzen. Wir werden sehen, wer diese besonderen Kräfte für sich oder vielleicht auch für die Welt nutzbar machen kann. Oder auch wer sie für sich ausnutzt. Die besonderen Chancen dieser Konstellation halten bis Anfang April an. Den Sommer über bilden Venus, Lilith und Mars immer wieder Harmonieaspekte zu Chiron. Dies deute ich als Zeichen der Hoffnung, dass die Kräfte der Liebe, der Leidenschaft, des Herzens und auch der Kreativität einen heilsamen Einfluss auf die Gesellschaft ausüben können. Vielleicht manifestiert sich dies auch in der Figur einer Künstlerin oder eines Künstlers, die ihre Stimme erheben, oder vielleicht auch vieler solcher Stimmen, die sich in einem großen Konzert zusammentun.

Am **3. Oktober wechselt** die wilde Göttin **Lilith** dann vom heißblütigen Feuerzeichen Löwe **in die sanfte und erdverbundene Jungfrau.** Die Kräfte von Mutter Erde könnten sich während ihrer Löwe-Zeit lautstark zu Wort melden und wie Michael Jackson in seinem „Earthsong" wütend auf den Boden trommeln, um die Ausbeutung und Zerstörung des Planeten erneut aufzuzeigen. Ein Ausbruch, der uns helfen könnte zu verstehen, dass wir ein Teil der Natur sind und nicht über ihr stehen. Die Jungfrau-Energie kann uns dann im Anschluss helfen, Lösungen im Einklang mit der Natur zu finden. So wie ein Vulkan, der auch erst ausbrechen muss, um alte Wege abzubrennen. Wenn die Lava abgekühlt ist (Lilith steht bis Juni 2024 in der Jungfrau), können wir in diesem fruchtbaren Nährboden neue Ideen für einen bewussteren Umgang mit unserer Welt sähen.

Tatsächlich sehen die Konstellationen im letzten Quartal insgesamt recht harmonisch aus, jedenfalls deutlich entspannter als im Herbst 2022! Die **Herbst-Tagundnachtgleiche 2023** fällt zeitlich zusammen mit der letzten Episode der Serie heilender Aspekte zwischen Venus und Chiron, die ich weiter oben schon beschrieben habe. Das heißt: Heilung durch Liebe. Auf Berlin berechnet, zeigt dabei der Mars an, dass Deutschland bei der anstehenden Heilung offenbar eine diplomatische Aufgabe übertragen wird, dass es an einem Punkt die Führung übernehmen und einem wichtigen Partner zur Seite stehen muss. Möglich auch, dass dafür Opfer gebracht werden müssen. Doch die Aussichten auf einen günstigen Ausgang sind gut. Die Venus und die Mondin, also die Kräfte des Weiblichen, spielen in dem Geschehen eine wichtige Rolle, gerade so als wollten sie mit sanftem Druck darauf hinarbeiten, dass die kämpferischen Kräfte des Männlichen nachgeben und Kompromisse anstreben.

Zwei wichtige Göttinnenkräfte, nämlich Lilith und Venus, verbinden sich dann in der **zweiten Sonnenfinsternis des Jahres**, zu Neumond **am 14. Oktober im Zeichen Waage**. Das ist eine komplexe Konstellation, die uns auffordert komplementäre Kräfte miteinander zu verbinden. Einfach gesagt: Wir sollten beide Seiten der Medaille sehen und wertschätzen. Zum einen soll die Polarität zwischen den männlichen und weiblichen Kräften ausgeglichen werden, indem wir begreifen, dass sie sich ergänzen und sich nicht bekämpfen müssen. Zum anderen gilt es den scheinbaren Gegensatz zwischen den Energien der Natur bzw. unserer wilden, instinktiven Seite und unseren geistigen und intellektuellen Fähigkeiten zu überwinden. Einfach ausgedrückt: mehr Harmonie zwischen unserem Bauchgefühl und unserem Kopf anzustreben. Heiler Chiron ist ebenfalls exponiert, denn er empfängt jetzt die zukunftsweisenden Impulse von Schicksalsanzeiger Mondknoten. Aktivist:innen, (alternative) Heiler:innen und überhaupt alle Menschen, die die Welt verbessern möchten, erhalten nun Aufmerksamkeit und wir sollten ihnen zuhören, denn sie scheinen mit der Zukunft im Bunde zu stehen.

Das **Horoskop der Wintersonnenwende 2023 für Deutschland** zeigt, dass wir nach Sicherheit streben, und die Chancen, dass wir sie bekommen, sind gut. Außerdem gehen wir mehr ins Gefühl und besinnen uns lieber auf uns selbst, statt dauernd Nachrichten zu schauen. Wir wollen unsere Ruhe haben und über Weihnachten ungestört mit unseren Lieben kuscheln. Ob das gelingt, ist nicht immer gesagt: Uranus kann für Überraschungen sorgen, zum Beispiel indem unerwartete Gäste vor der Tür stehen. Wieder scheinen weibliche Figuren eine Schlüsselrolle zu spielen und können helfen, unsere Emotionen auszugleichen. Länderübergreifend gilt, dass die Mondin im Stier steht und damit gestärkt wird. Sie scheint als Repräsentantin der Mütter ihren Frieden zu finden, eingebunden in ein großes Harmoniedreieck, an dem auch Lilith, Schutzpatronin der freien Frauen, beteiligt ist. Und sie erhält Schutz und Stärkung durch Wohltäter Jupiter. Allerdings steht sie angespannt zu Pluto, was ich als Zeichen dafür deute, wie viele Opfer uns die große Transformation bereits gekostet hat und vielleicht noch kosten wird. Dennoch kann die Gesamtkonstellation ein Zeichen des Friedens sein, ein Zeichen dafür, dass Kinder zu ihren Müttern zurückkehren, Familien nach dem Krieg wieder zusammenfinden und dass wir gemeinsam unsere spirituellen Feste zum Jahreswechsel feiern können.

Der Mars als Jahresherrscher 2023

Ab dem 20. März 2023 beginnt nach der astrologischen Tradition der Mars seine „Amtszeit" als Jahresherrscher. Mir ist wichtig zu betonen, dass dies eine esoterische beziehungsweise traditionelle Betrachtungsweise ist. Der Jahresherrscher hat jedoch nichts mit den aktuellen Konstellationen zu tun. Zum Glück! Denn traditionell gilt Mars als Kriegstreiber und Übeltäter, und von solchen Energien hatten wir letztes Jahr wahrhaftig genug! Aber er ist auch der Powerplanet, der uns Kraft und Willensstärke gibt und unsere Muskeln arbeiten lässt, der dafür sorgt, dass wir uns in der Welt behaupten und dass wir die Kraft haben, immer wieder aufzustehen und weiterzumachen. Vielleicht können wir seine Jahresherrschaft als gedankliche Anregung nehmen, um mit seinen Kräften bewusster und konstruktiver umzugehen. Das heißt mit den Kräften des Überlebenswillens, des Sexualtriebes, des Kampfes, der Durchsetzung, des sportlichen Wettbewerbs und nicht zuletzt der Immunabwehr. 2022, eigentlich ein Jupiterjahr, war extrem Mars-betont. Warum? Weil Jupiter durch den Widder ging (und noch bis Mitte Mai 2023 geht), und dort herrscht der Mars. Jupiter, der Wachstumsplanet, hat also die kriegerischen Kräfte des Mars aufgebläht. Ab Juli 2023 rückt der Mondknoten im Widder den Mars erneut in den Fokus. Das könnte seine gute Seite mehr zum Ausdruck bringen: Pionierleistungen, furchtloser Neubeginn, Überwindung von Grenzen und nicht zuletzt auch das Niederringen eines Gegners, der keine andere Sprache als die des Krieges versteht. Lass uns das Beste hoffen und alles dafür tun, um die Marskräfte vernünftig zu integrieren. Möge unser innerer Krieger uns stark machen, sodass wir uns verteidigen können. So stark, dass wir wehrhaft genug sind, um in Frieden leben zu können.

Das waren meine Gedanken zur kosmischen Schwingung des Jahres 2023. Wenn ihr euch für die wirtschaftlichen Entwicklungen interessiert, möchte ich euch die deutsche Ausgabe von Rays Jahrbuch „Voraussagen für 2023", wärmstens ans Herz legen. Er geht darin ausführlich auf die weltweiten Wirtschaftstrends ein. Hier in Deutschland ist außerdem

Christof Niederwieser ein fantastischer Experte für Wirtschaftstrends und Prognosen. Seine Videos auf YouTube sind außerordentlich kenntnisreich und erhellend.[1]

Der rückläufige Merkur

2023 haben wir insgesamt **vier Phasen**, in denen der **Merkur rückläufig** wird, nämlich **Dezember2022/Januar**, im **April/Mai**, im **August/September** und im **Dezember/Januar 2024**. Die genauen Daten findet ihr im kosmischen Überblick. Während dieser Zeiten muss man verstärkt mit Missverständnissen in der Kommunikation sowie Verzögerungen und Schwierigkeiten im Transport und Verkehr rechnen. Pläne, die man nun schmiedet, können sich als unhaltbar erweisen, weil bestimmte Informationen fehlten oder sich ändern. Es empfiehlt sich, unter rückläufigem Merkur möglichst keine wichtigen Neuanschaffungen zu tätigen, vor allem nicht Büro- und Kommunikationstechnik oder ein Auto, und auch keine relevanten Verträge zu unterschreiben. Doch das lässt sich nun auch nicht immer vermeiden. Wenn es also unumgänglich ist, sollte man bei allen Verträgen und Käufen sorgfältig das Kleingedruckte studieren und auch lästigen Details besondere Beachtung schenken. Mündliche Vereinbarungen sollte man schriftlich, beispielsweise mit einer E-Mail, noch einmal bestätigen. Hilfreich ist außerdem, wenn man sich während Merkurs Rückläufigkeit mehr Zeit für Termine und wichtige Vorhaben nimmt, dann können auftretende Störungen im Ablauf besser abgefedert werden. Günstig ist der rückläufige Merkur für Forschung, Recherche, Ermittlungen hinter den Kulissen, intensives Nachdenken, Aufarbeiten von Liegengebliebenem, Rückzug und Meditation. Auch kreatives Schreiben in der Stille und die gedankliche Beschäftigung mit der Vergangenheit oder mit inneren, seelischen Prozessen gelingen nun.

[1] Ray Merriman: www.mmacycles.com   www.mma-europe.com
Dr. Christof Niederwieser: www.astro-management.com

Die rückläufige Venus

Während der **Rückläufigkeit der Venus (23. Juli bis 4. September)** sollte man möglichst keine Schönheits-OPs durchführen lassen. Die Zeit ist auch ungünstig, um zu heiraten, für finanzielle Vereinbarungen und Verträge, die mit Geld, Besitztümern, Immobilien und Wertgegenständen zu tun haben. Vorsichtig sein sollte man auch mit wichtigen Beziehungsentscheidungen, beim Kauf von Schmuck oder Kunstwerken und generell von Produkten für die Schönheit, Ästhetik oder als Wertanlage. Man muss hier damit rechnen, dass sich die Wertvorstellungen der Beteiligten oder die Bewertung einer Situation noch einmal ändern. Es empfiehlt sich daher, das Ende der Rückläufigkeit abzuwarten, ehe man solche Entscheidungen trifft.

Die Sonnen- und Mondfinsternisse

2023 haben wir vier wichtige Finsternisse, die paarweise auftreten. Das erste Finsternis-Paar prägt die Frühlingszeit. Es besteht aus der partiellen **Sonnenfinsternis** zu Neumond **am 20. April im Widder**, gefolgt von einer **partiellen Mondfinsternis** zu Vollmond **am 5. Mai im Skorpion**. Das zweite Finsternis-Paar tritt im Herbst auf. **Der Neumond in der Waage am 14. Oktober** erscheint als **ringförmige Sonnenfinsternis**, und der darauffolgende **Vollmond am 28. Oktober im Zeichen Stier** ist eine **partielle Mondfinsternis**. Die Erfahrung hat gezeigt, dass es ungünstig ist, während der zweiwöchigen Phase zwischen Sonnen- und Mondfinsternis ein Event wie etwa eine Hochzeit oder die Eröffnung eines neuen Geschäfts zu planen. Finsternisse in Verbindung mit dem aufsteigenden Mondknoten wirken eher konstruktiv und zukunftsgerichtet. Das betrifft die Sonnenfinsternis vom 20. April und die Mondfinsternis vom 28. Oktober im Stier. Finsternisse, die am absteigenden Mondknoten stattfinden, haben eine mehr rückwärtsgerichtete Energie und fordern uns auf, uns mit unserem Karma und unseren Taten der Vergangenheit auseinanderzusetzen und deren Konsequenzen anzuschauen. Das betrifft die Mondfinsternis vom 5. Mai und die Sonnenfinsternis vom 14. Oktober in der Waage. Erwähnenswert ist noch, dass der 13. Neumond des Jahres diesmal ins Zeichen Widder fällt (es ist die Frühlings-Sonnenfinsternis), das bedeutet wir haben 2023 zwei Neumonde im Widder.

Widder
20. März – 20. April

Eure Hochphase mit Glücksplanet Jupiter dauert weiterhin an! Bis zum 16. Mai 2023 befindet sich der große Wohltäter in eurem Sternzeichen und schenkt euch kosmischen Rückenwind. Danach zieht er weiter in euer kosmisches Geldhaus, das ist ebenfalls sehr vielversprechend: Trotz aller wirtschaftlichen Sorgen, die viele zurzeit beschäftigen, dürft ihr damit rechnen, dass ihr gut durch das Jahr kommt. Aber denkt daran: Der Glücksplanet schenkt euch zwar gute Gelegenheiten, beruflich wie auch sozial und finanziell, aber ihr müsst sie ergreifen und etwas daraus machen. Psychologisch ist es eine Zeit des Selbstvertrauens, der Vitalität, der Popularität und der Bereitschaft zu Abenteuern und Risiken. Ihr seid noch kontaktfreudiger als sonst, und das will schon etwas heißen, denn ihr seid von Natur aus sehr gesellig. Jupiter liebt es, sich in eurem energiereichen, aktivitätsorientierten Widderzeichen aufzuhalten. Seid ihr bereit für eine ereignisreiche Zeit? Es gibt viele Dinge, die ihr gerne unternehmen, und Orte, die ihr gerne besuchen wollt. Bereitet euch also auf ein Jahr 2023 reich an Aktivitäten und Erfolgen vor, sowohl im sozialen als auch im finanziellen Bereich. Sofern ihr ein wenig Vorsicht walten lassen wollt, dann hütet euch eher davor, zu viel zu tun oder euch sogar zu übernehmen. Ihr solltet eure Grenzen kennen und akzeptieren. Übertreibungen, Neigung zu Extremen und verschwenderische Geldausgaben können folgenreich sein. Ihr wollt und werdet Spaß haben, aber vergesst nicht, dass extreme Verhaltensweisen und Übertreibungen ein unangenehmes „Katergefühl" hinterlassen. Genießt euer Leben, ohne mit dem kosmischen Geschenk leichtsinnig umzugehen.

Jupiter ist nicht der einzige Planet, der durch euer Sternzeichen wandert. Auch Chiron, der verwundete Heiler, hält sich das ganze Jahr über im Widder auf (April 2018 bis September 2026). Während dieses langen Zeitraums werdet ihr wahrscheinlich Höhen und Tiefen in eurer Karriere erleben. Auch gesundheitlich kann es entweder euch selbst oder eine Vaterfigur betreffen. Aus positiver Sicht könnt ihr selbst heilend tätig sein oder aktiv ein Anliegen unterstützen, an das ihr fest glaubt. Ihr könnt in dieser Angelegenheit sowohl ein Anführer als auch eine Heldin sein, insbesondere während der **zwei Wochen nach dem 12. März**, wenn Jupiter und Chiron im Widder eine enge Verbindung eingehen. Andererseits braucht ihr vielleicht mehr Hilfe von anderen, als euch lieb wäre, obwohl ihr der Meinung seid, alles allein bewältigen zu können. Daher kann es sein, dass ihr euch während dieser Zeit möglicherweise mehr aufbürdet, als ihr schaffen könnt. Dann solltet ihr dies euch selbst und anderen, die sich um euch sorgen, eingestehen. Ihr dürft um Hilfe bitten! Schließlich seid ihr für andere immer da. Vielleicht ist jetzt die Zeit gekommen, anderen die Möglichkeit zu geben, euch zu helfen. Möglicherweise benötigt ihr etwas Demut, um das zu akzeptieren. Ihr seid stolz, aber seid nicht zu stolz, sondern bittet um Hilfe, wenn ihr sie braucht.

2023 finden in eurem Sternzeichen noch weitere kosmische Aktivitäten statt. Am 12. Juli beginnt der Mondknoten seine 18-monatige Wanderung durch den Widder. Während dieser Zeit werden sich wahrscheinlich weitere Gelegenheiten zum Erfolg ergeben. Darüber hinaus kann eine bedeutende Person in euer Leben treten, die einen tiefgreifenden Einfluss auf eure Zukunft hat. Der aufsteigende Mondknoten betrifft euren Weg der persönlichen Entwicklung und des persönlichen Wachstums, und seine Wirkung zeigt sich oft dadurch, dass ihr den richtigen Menschen zur richtigen Zeit begegnet. Es liegt an euch, auf Menschen zu hören, die in euer Leben treten und die ihr für klug, weise und erfolgreich haltet. Sie können euch Wissen und Chancen vermitteln, die euren Erfolg und euer persönliches Wachstum fördern.

Der Durchgang des Mondknotens durch euer Zeichen bringt es auch mit sich, dass einige von euch von den beiden Sonnenfinsternissen des Jahres stark beeinflusst werden. Sie finden am 20. April und am 14. Oktober statt und wirken auf einen Zeitraum von zwölf Monaten ein, jeweils bis zu sechs Monate vor und sechs Monate nach der Sonnenfinsternis. In dieser Zeit können große Veränderungen in wichtigen Lebensbereichen auftreten: in der Arbeit, der Wohnsituation, in der Familie oder auch im Hinblick auf eure Gesundheit. Für die zwischen dem **18. und 20. April** Geborenen wirkt die Sonnenfinsternis am 20. April, die auch Pluto ins Spiel bringt. Vor allem Machtkämpfe im Hinblick auf eure Karriere oder Arbeitssituation können damit einhergehen, dass ihr eine Position oder einen Job aufgeben müsst. Vielleicht setzt ihr euch aber auch durch und

Widder
Liebe und Beziehungen

müsst damit leben, dass dafür jemand anderes gehen muss. Das ist eine große Transformationserfahrung für euch. Für euer Wohlbefinden und euer Fortkommen ist es sehr wichtig, dass ihr diese Sache klärt bzw. zu einem Ende bringt, auch wenn ihr dafür ein Opfer bringen müsst. Die zweite Sonnenfinsternis vom 14. Oktober betrifft die vom **9. bis zum 13. April** Geborenen. Auch hier kann es größere Einschnitte geben, in eurer Beziehung, durch einen Wohnungswechsel oder einen neuen Job. Sobald diese Herausforderung vorüber ist oder gelöst wurde, werdet ihr euch wie neugeboren fühlen. Diese Herausforderungen werden euch stärker machen und euch ein gutes Stück auf eurem Lebensweg voranbringen.

Machtplanet Pluto steht in einem Konfliktaspekt zu den letzten Sternzeichengraden, ein Aspekt, der lediglich für die in den letzten zwei bis drei Tagen des Widders Geborenen gilt. Ansonsten gibt es keine weiteren Aspekte anderer Planeten zu eurer Sonne. Interessant jedoch ist, dass die Energien von Revoluzzer Uranus und Fantasieplanet Neptun dieses Jahr die zwischen dem **7. und 15. April** Geborenen beeinflussen. Für euch kann es ein ziemlich seltsames, surreales, doch sehr aufregendes Jahr werden. Möglicherweise stellt ihr fest, dass sich eure Karriere und/oder eure Beziehungen plötzlich ändern, wahrscheinlich zum Besseren, da Jupiter über weite Strecken noch in eurem Sternzeichen steht und auf Selbstvertrauen und Optimismus hinweist.

Liebe und Beziehungen

Freut euch auf schöne Zeiten in euren Beziehungen und, falls ihr Single seid, auf großartige Chancen, jemanden kennenzulernen! Noch bis Mai unterstützt euch Glücksplanet Jupiter dabei, indem er euch Optimismus und eine tolle Ausstrahlung schenkt. Obwohl die Welt im Umbruch ist und vieles unsicher erscheint, schafft ihr es, den Dingen eine positive Sichtweise abzugewinnen, und das macht euch attraktiv. Die Menschen interessieren sich für eure Meinung, möchten mit euch befreundet sein und ihr seid auch offen dafür, neue Kontakte einzugehen. Wenn ihr in einer festen Beziehung seid, könnt ihr nun mit Partner oder Partnerin euren gemeinsamen Freundeskreis erweitern. Auch eine Reise mit

Freundinnen und Freunden oder befreundeten Familien würde unter guten Sternen stehen, besonders im Frühling. Eure Fähigkeit, euch zu begeistern, wirkt ansteckend und mitreißend. Und das Schöne ist, dass Jupiter dabei *alle* **Widdergeborenen** mit seiner guten Energie beglückt!

Doch ist dies nicht nur oberflächlich. Denn Chiron in eurem Zeichen macht euch nachdenklich und auch verletzlich, sodass ihr Erfahrungen sammelt, die euch bewusster und achtsamer gegenüber anderen und euch selbst werden lassen. Vielleicht kämpft ihr auch für eine Sache, an die ihr glaubt, was euch wiederum für Gleichgesinnte besonders interessant macht. Womöglich seid ihr auch dabei, eure Schattenseiten zu entdecken und zu integrieren und euch mehr mit eurer Psyche zu beschäftigen. Auch das verleiht euch zusätzliche Facetten, die auf andere faszinierend wirken. Dies gilt besonders für die Geburtstagskinder vom **1. bis zum 9. April** und auch die **Märzwidder**, die diese Erfahrungen bereits gemacht und integriert haben.

Wenn ihr Single seid, sind all das natürlich beste Voraussetzungen, um jemand Neues für euch zu erwärmen! Ihr seid nicht nur gewohnt mutig und ergreift die Initiative, um auf jemanden zuzugehen, sondern zeigt auch Fähigkeiten, zuzuhören und nach persönlicher Entwicklung zu streben. Ihr macht euch viele Gedanken darüber, was euch Partnerschaft bedeutet, wie viel Raum ihr für euch selbst braucht und wie ihr euch die Zukunft vorstellt. Das wirkt inspirierend, und doch lasst ihr euch auch gerne selbst inspirieren. Möglich ist auch, dass ihr euch im Zusammenhang mit eurer persönlichen Entwicklungsarbeit in jemanden verliebt, zum Beispiel bei einem Seminar – vielleicht sogar gleich in den oder die Lehrende! Dazu trägt auch der anregende Einfluss von Lilith bei, die von Januar bis September eure instinktive Urkraft anregt. Ihr habt Freude daran, kreativ zu sein, euren Körper in der Liebe und Erotik zu spüren, und ihr lasst euch durch ungewöhnliche Affären berühren. Falls ihr eigentlich Single bleiben und nur mal ein tolles erotisches Abenteuer auf Augenhöhe erleben möchtet, ist dieser Lilith-Transit die Gelegenheit dafür. Auch Erfahrungen mit Freundschaft plus oder Mehrfachbeziehungen könnten euch interessieren. Ebenfalls ein heißer Tipp: Ihr könnt eintauchen in das echte Tantra. Gemeint sind nicht spezielle erotische Positionen (vielleicht auch die), sondern Tantra in seiner ursprünglichen Bedeutung: als

Widder
Liebe und Beziehungen

Verbindung von Sexualität und Spiritualität. Insgesamt dürfte es ein heißer Liebessommer für euch werden, in dem ihr für so manches Experiment offen seid!

Ob Single, neu verliebt oder fest liiert: Es kann unter Chirons Einfluss auch vorkommen, dass ihr in der Liebe schmerzliche Erfahrungen macht. Zum Beispiel indem ihr jemanden, den ihr mögt, – wahrscheinlich unabsichtlich – verletzt, was die (neue) Beziehung beeinträchtigt. Oder weil ihr euch auf ein gewagtes Experiment oder Engagement eingelassen habt. Doch wenn euch etwas an der Beziehung liegt, lohnt es sich, Arbeit hineinzustecken, die Sache zu klären und dabei vielleicht sogar noch neue Gemeinsamkeiten zu entdecken! Umgekehrt kann es euch auch passieren, dass ihr verletzt oder nach kurzer Zeit wieder verlassen werdet und auf diese Weise eine schmerzliche Chiron-Lektion erteilt bekommt. Dabei geht es darum, euch schädlicher Beziehungsmuster bewusst zu werden, zu erkennen, woher sie kommen, und gegebenenfalls daran zu arbeiten – ob ihr diese nun selbst in die Beziehung einbringt oder jemand anderes. Je bewusster ihr damit umgeht, desto besser könnt ihr euch in Beziehungsfragen entwickeln und die richtigen Entscheidungen treffen. Das kann euch alles als Vorbereitung für den großen Transit des aufsteigenden Mondknotens durch euer Zeichen dienen. Denn dieser wird euch ab Mitte Juli besonders wichtige Begegnungen mit Menschen bringen, die lebensverändernd sein können. Aber nicht nur das, er wird euch auch selbst in den Mittelpunkt des Geschehens rücken. Was ihr sagt und tut, bekommt Vorbildcharakter, eure Meinung ist wichtig und Begegnungen sind möglich, die eine geradezu karmische Tiefe haben können. Potenzielle Partner fühlen sich von euch angezogen, als hättet ihr ein Schild mit der Aufschrift „Seelenpartner" auf der Stirn! Ideal, falls ihr Single und auf der Suche seid, denn nun könnt ihr wirklich jemanden kennenlernen, der oder die für euch richtig ist! Und wenn ihr bereits in einer Beziehung seid, kann es auch sein, dass nun eine Seele bei euch als Kind inkarnieren möchte. Euer soziales Leben kann sich um Kontakte mit Menschen bereichern, bei denen ihr das Empfinden habt, sie schon lange zu kennen. Und dabei habt ihr das Gefühl, dass ihr euch zur richtigen Zeit und am richtigen Ort begegnet, um gemeinsam eine wichtige Aufgabe in Angriff zu nehmen – privat, gesellschaftlich oder beruflich. Bedenkt bitte, dass solche Seelenbegegnungen auch zu einem Zeitpunkt geschehen können, an dem man bereits feste Beziehungen bzw. familiäre und freundschaftliche Strukturen aufgebaut hat. Nicht immer kann die Zwillingsseele automatisch auch Liebes- oder Lebenspartner:in sein, das hängt davon ab, an welchem Punkt im Leben ihr euch jetzt befindet. Vielleicht besteht die Aufgabe auch darin, zu akzeptieren, dass jeder von euch bereits einen anderen Weg gewählt hat. Die große Liebe zeigt sich dann darin, dass ihr einander die Freiheit lasst, diesen Weg weiterzugehen, und euch dennoch dabei in freundschaftlicher Liebe und Respekt unterstützt. Jemand, der darauf besteht, dass ihr für eine Seelenpartnerschaft eure bestehende Beziehung aufgebt und ein neues Leben anfangt, ist mit Vorsicht zu genießen. Aber es ist sehr wahrscheinlich, dass ihr den Unterschied und die Lernaufgabe feinfühlig wahrnehmen könnt. Im Zweifelsfall solltet ihr die 90-Tage-Regel[1] beherzigen, das heißt drei Monate abwarten, ehe ihr euch tiefer einlasst oder jemandem euren Haustürschlüssel gebt.

Für einige von euch, besonders für diejenigen, die in den letzten zwei bis drei Tagen des Zeichens Widder Geburtstag haben, kann es in Beziehungen zu unangenehmen Machtspielen kommen, unterschwellig oder offen. Möglich auch, dass ein lange gehütetes Geheimnis auffliegt, was zum Bruch führen kann. Wenn ihr Single seid, lauft ihr Gefahr, euch auf eine toxische Beziehung mit einem faszinierenden Menschen einzulassen, der etwas vor euch verbirgt. Geht Menschen aus dem Weg, die euch dominieren oder etwas aufzwingen wollen. Das habt ihr nicht nötig.

In euren Freundschaften spielen ältere und erfahrene Menschen eine große Rolle, auch lang bestehende Freundschaften sind wichtig und ihr solltet sie unbedingt respektieren. Falls es hier etwas zu klären gibt, was weit in der Vergangenheit liegt, solltet ihr das noch im Januar und Februar tun. Danach könnte jemand, der euch eigentlich viel bedeutet, aus eurem Leben wegdriften, wenn ihr euch nicht darum gekümmert habt.

Für euer Familienleben gibt es viele günstige Tendenzen, vor allem wenn ihr selbst bereit seid, die Initiative zu ergreifen und alle zusammenzutrommeln! Nicht zuletzt weist der Mondknoten in eurem Zeichen darauf

---

[1] Die 90-Tage-Regel gibt's zum Nachlesen auf meiner Homepage als Dossier. Der Text ist außerdem Bestandteil des schriftlichen Venus-Horoskops als PDF, welches ihr ebenfalls auf meiner Homepage bestellen könnt.

Widder
Liebe und Beziehungen

hin, dass es Familienzuwachs geben könnte. Wenn ihr für das Frühjahr eine gemeinsame Reise mit Familienmitgliedern organisiert, machen bestimmt viele gerne mit. In der ersten Märzhälfte ist die Klärung oder sogar Heilung einer Familienangelegenheit möglich, wobei ihr das liebevoll ansprechen solltet. Im April könnte ein Umzug oder eine Renovierung anstehen und da wird es zu Spannungen kommen, wenn nicht alle an einem Strang ziehen. Wenn ihr euch einigt und die Geduld nicht verliert, werdet ihr das schwungvoll gemeinsam schaffen. Den Juli über habt ihr eine besonders schöne Zeit mit Töchtern und Söhnen, sei es, dass sie euch durch besondere Leistungen stolz machen oder dass ihr gemeinsam mit ihnen ein Urlaubsabenteuer besteht. Der Neumond im November könnte zu einer Belastungsprobe werden, falls sich ungeklärte Konflikte aufstauen, dabei scheint es ums Geld oder um Erbschaftsfragen zu gehen. Wenn ihr das klären könnt, werdet ihr euch zu Weihnachten mit Liebesbekundungen und Geschenken überschütten.

Highlights und kritische Phasen in der Liebe

Highlight: 3. bis 26. Januar
In dieser Zeit solltet ihr eure freundschaftlichen Kontakte und euer berufliches Netzwerk pflegen. Ihr habt gute Ideen und könnt andere damit begeistern. Daraus kann für die Singles ein schöner neuer Flirt entstehen. Wenn ihr fest liiert seid, habt ihr nun Spaß daran, euch mit euren gemeinsamen Freundinnen und Freunden zu treffen. Dabei darf es ruhig auch um praktische Dinge gehen, zum Beispiel wie ihr euch in einer schwierigen Lage gegenseitig unterstützen könnt. Nachbarschaftshilfe steht jetzt auch hoch im Kurs. Auch ihr dürft eure Nachbarinnen und Nachbarn mal um einen Gefallen bitten!

Highlight: 20. Februar bis 16. März
Die Venus besucht nun euer Sternzeichen und schenkt euch eine verführerische und charmante Ausstrahlung. Falls ihr alleinstehend seid, nutzt diese Phase, um eure Selbstliebe zu stärken und euch etwas Gutes zu tun. Unternehmungen mit Freundinnen und Freunden machen jetzt gute Laune. Vom 1. bis zum 6. März gibt es intensive Tage, an denen ihr Heilung und Verständnis in einer Liebesangelegenheit erfahren könnt. Selbst in schwierigen oder schmerzlichen Situationen seht ihr den Sinn

und erkennt, wo ihr selbst etwas zum Positiven verändern könnt. Vom 6. bis zum 16. März ist die Liebes- und Flirtenergie besonders prickelnd, und wenn ihr vorher Schwierigkeiten geklärt habt, könnt ihr das nun in vollen Zügen genießen!

Highlight: 16. bis 24. März und 1. bis 7. Mai
In dieser Zeit werden zärtliche Gespräche und empathisches Verständnis besonders gefördert. Die Heilungsimpulse aus dem März können nun noch einmal aufgegriffen werden, und falls ihr angefangen habt, an euren eigenen Beziehungsmustern zu arbeiten, werdet ihr nun Fortschritte machen. Die Zeit ist auch gut für Liebesnachrichten und Flirts mit Dating-Apps. Falls ihr Geschwister habt, könnt ihr jetzt den Kontakt zu ihnen pflegen oder wieder aufnehmen.

Kritisch: 25. bis 30. April
Innerhalb der Familie kann es nun zu Konflikten kommen, besonders mit Söhnen oder Brüdern oder Mitbewohnern. Das kann auch daran liegen, dass ihr besonders empfindlich und schnell gereizt reagiert. Dabei scheint es um finanzielle Angelegenheiten zu gehen und ihr fühlt euch vielleicht überrumpelt, wenn euch die anderen stolz eine Idee präsentieren, bei der ihr mitreden wolltet. Hört euch doch erst mal in Ruhe an, was die betreffende Person vorzuschlagen hat, so schlecht scheint der Vorschlag gar nicht zu sein!

Highlight: 5. bis 24. Juni und 19. Juli bis 23. August
Liebeserlebnisse gehen auf angenehme Weise unter die Haut und berühren euch tief. Ihr habt sogar die Chance, durch die Liebe seelische Heilung zu erfahren. Eine heiße Liebesaffäre kann euer Selbstwertgefühl, eure Vitalität und Lebensfreude aufbauen. Vielleicht ist es sogar mehr als eine Affäre, womöglich trefft ihr euren Seelenpartner oder eure Seelenpartnerin. Wenn ihr schon in einer Beziehung seid, entdeckt ihr miteinander neue Dimensionen der Erotik, die eurer Beziehung guttun und euch tiefer verbinden. Vielleicht lernt ihr euch auch selbst mehr zu lieben, zum Beispiel durch Arbeit mit dem inneren Kind. Falls ihr Kinder habt, können diese euch im Herzen berühren und heilsame Gefühle in euch erwecken. Es ist eine Zeit, um euer Herz zu öffnen und das Leben selbst zu lieben.

Widder
Liebe und Beziehungen

Kritisch: 6. bis 16. August
Nun könnte euer Liebesfluss vorübergehend ins Stocken geraten, vielleicht durch innere Zweifel oder weil jemand einen Rückzieher macht. Möglich auch, dass ihr vor lauter Begeisterung zu viel Geld ausgebt, etwa für einen Liebesurlaub, um jemanden zu beeindrucken, oder für persönlichen Luxus, und das zieht ein Katergefühl nach sich. Nicht verzweifeln, das Blatt wendet sich höchstwahrscheinlich wieder zum Guten.

Highlight: 4. bis 18. September
Eure Liebeserfahrungen aus den Vormonaten scheinen sich nun zu festigen und zu vertiefen. Falls ihr zwischendurch gezweifelt habt oder jemand sich zurückgezogen hat, versteht ihr den Sinn dahinter und könnt es akzeptieren. Und es kann gut sein, dass es nun wieder weitergeht und dass es sogar noch schöner wird als vorher, weil ihr ganz viel dazugelernt habt.

Kritisch: 21. September bis 7. Oktober
Jemand könnte mit euch um euren Liebespartner oder eure Liebespartnerin konkurrieren. Und das ist nicht so leicht zu erkennen, denn die Person gibt sich freundlich, führt jedoch andere Absichten im Schilde. Das kann unter Umständen sehr verletzend für euch sein. Besonders Anfang Oktober seid ihr deutlich dünnhäutiger gegenüber anderen als gewöhnlich. Vielleicht müsst ihr auch erkennen, dass euer eigenes Fehlverhalten in der Vergangenheit zu dieser Situation geführt hat.

Highlight: 8. bis 30. November
In dieser Zeit aktiviert Liebesgöttin Venus euer Partnerhaus und schenkt euch gute Gelegenheiten für Flirt, Geselligkeit und partnerschaftliche Aktivitäten. Offenbar habt ihr dabei viel Verantwortung, denn ihr könnt jetzt Menschen, denen ihr begegnet, wichtige Impulse geben. Manche kommen offenbar auf euch zu, weil ihr ihnen etwas zu geben habt. Deshalb nehmt das nicht auf die leichte Schulter, sondern seid euch dieser Verpflichtung bewusst. Es kann euch sehr glücklich machen, für andere etwas Entscheidendes zu tun.

Kritisch: 30. November bis 4. Dezember
In dieser Zeit müsst ihr darauf achten, euren Einfluss auf andere nicht zu missbrauchen. Denkbar ist auch eine Situation, in der Liebe an Machtfragen geknüpft wird, vielleicht sogar im beruflichen Zusammenhang, und das kann zu langfristigen Verstrickungen führen. Versucht, zu durchschauen, was gespielt wird, und bemüht euch, integer zu sein. Das gilt besonders für die in der 3. Dekade Geborenen.

Karriere und Finanzen

Die erste Jahreshälfte bietet hervorragende Karriere- und Finanzmöglichkeiten. Wenn ihr für ein Unternehmen arbeitet, stehen Beförderungen an. Falls ihr im Verkauf oder auf Provisionsbasis tätig seid, können großzügige Prämien in Aussicht gestellt werden. Solltet ihr auf der Suche nach einer anderen Arbeit mit höherem Einkommen sein, kann sich eine Möglichkeit ergeben. Wenn ihr selbstständig seid, so können eure Einnahmen steigen. Besonders günstig sind hier die ersten fünf Monate 2023, wenn Jupiter euer Sternzeichen durchwandert. Anschließend aktiviert er euer kosmisches Geldhaus und steht weiterhin günstig für eure Finanzen – auch wenn die allgemeine Lage schwierig ist!

Ein Schlüssel zu eurem Erfolg liegt in eurer Fähigkeit, ein starkes und unterstützendes Netzwerk von Kolleginnen und Kollegen aufzubauen. Aus diesem Netzwerk ergeben sich Aufstiegschancen oder Zusatzverdienste. Das Netzwerk kann auch dafür verantwortlich sein, dass ihr Personen kennenlernt, die euch in eurer Karriere und eurem finanziellen Wachstum unterstützen können. Daher raten wir euch, soziale und berufliche Einladungen anzunehmen. Denn diese können jetzt eure Karriere voranbringen. Ihr habt Ausstrahlung und steht im Rampenlicht! Menschen mögen euch und wollen vieles mit euch unternehmen. Seid bereit! Dieser Transit betrifft alle Widdergeborenen.

Chiron in eurem Sternzeichen kann Hinweise auf hochsensible Erfahrungen in eurer Karriere geben. Das kann Situationen betreffen, in denen ihr die Gefühle anderer verletzt habt oder umgekehrt. Integriert ihr alle, mit

Widder
Karriere und Finanzen

denen ihr arbeitet? Beziehen auch sie euch in Entscheidungen, die euch betreffen, mit ein? Möglicherweise fühlt ihr euch von wichtigen Besprechungen oder Entscheidungen ausgeschlossen, als ob ihr gezwungen wärt, bestimmte Bedingungen ohne euer Zutun zu akzeptieren. Oder jemand anderes könnte das Gefühl haben, dass ihr ihn oder sie ausschließt. Falls dieses zutrifft, dann ist es wichtig, zu integrieren und integriert zu werden. Andernfalls könntet ihr euch als Außenseiter:in im Abseits wiederfinden. Auch ist es wichtig, die Kommunikation aufrecht- und im Fluss zu halten. Pflegt mit allen wichtigen Personen den Kontakt, um auf dem Laufenden zu bleiben, was deren oder eure Arbeit anbetrifft. Falls ihr dieser Idee gegenüber aufgeschlossen seid, ist dies möglicherweise ein günstiger Zeitpunkt, psychologische Beratung zu suchen. Des Weiteren solltet ihr darauf achten, dass die Beziehung zu eurer oder eurem Vorgesetzten (falls vorhanden) positiv ist. Es besteht die Möglichkeit, dass sich diese Person(en) nicht wohl fühlt bzw. fühlen, und ihr könntet euch diesbezüglich Sorgen machen. Oder umgekehrt, falls ihr euch nicht wohl fühlt, kann es sich um jemanden handeln, der eine Aufsichts- oder Elternrolle hat. Dies gilt insbesondere für die zwischen dem **1. und 9. April** Geborenen. Andererseits kann dies auch darauf hindeuten, dass eure Arbeitsprojekte für viele Menschen sehr wichtig sind. Möglicherweise arbeitet ihr an einem größeren Projekt, vielleicht sogar einer Aufgabe, die globale Auswirkungen haben kann. Seid euch einfach bewusst, wie eure Handlungen sich auf andere, mit denen ihr arbeitet, auswirken können, und geht sensibel auf deren Bedürfnisse ein, so wie ihr euch auch wünscht, dass andere sensibel auf euch reagieren. Wenn ihr dies tut, dann werdet ihr womöglich als Heldin angesehen, als unermüdlicher Kreuzritter für einen guten Zweck, insbesondere, wenn ihr zwischen dem **1. und 6. April** geboren seid, und ganz besonders in der Zeit von Februar bis April.

Achtet auf interessante Menschen, die dieses Jahr, insbesondere nach dem 12. Juli, in euer Arbeitsumfeld eintreten. Wobei das auch über euer Arbeitsumfeld hinausgehen kann, denn diese Person oder Personen haben potenziell einen tiefgreifenden Einfluss auf eure Zukunftspläne. Ihr habt euren Lebensweg vor euch, aber dieser Weg wird sich bald ändern, vielleicht weil jemand von Bedeutung in euer Leben tritt. Natürlich habt ihr die Wahl, diese Gelegenheit nicht zu beachten und sie vorüberziehen zu lassen. Aber wenn ihr das Potenzial für eine Veränderung erkennt, die sehr wichtig für euren Lebensweg ist und euch aufzeigt, wer ihr in diesem Leben werden sollt (beruflich oder privat), kann dies sehr bedeutsam sein, besonders für die zwischen dem **9. und 20. April** Geborenen. Die zweite Hälfte dieses Jahres kann viel Anerkennung und Lob bringen, da ihr eure Kompetenzen ausbauen könnt. Scheut euch nicht, neue Fähigkeiten von großartigen Lehrerinnen und Lehrern zu lernen.

Für die zwischen dem **18. und 20. April** Geborenen setzen sich Probleme mit Machtkämpfen bei der Arbeit oder im Privatleben fort oder flackern erneut auf. Diese Bedrohungen eurer Autorität und Macht neigen sich dem Ende zu (falls nicht schon geschehen). Doch ist es weiterhin notwendig, in eurem Handeln integer zu bleiben und darauf zu bestehen, dass andere, mit denen ihr arbeitet, ebenso transparent sind. Wenn ihr verdächtiges Verhalten toleriert, das auf die Untergrabung eurer Autorität hindeutet, kann das zu Problemen führen, die irgendwann eskalieren. Auch ihr solltet euch nicht verdächtig verhalten, denn dies könnte auffallen und ihr könntet damit jemandem schaden – vielleicht euch selbst? Je eher ihr solche Dinge offen ansprecht und diskutiert, desto besser. Je länger ihr wartet, desto größer könnte das Problem werden, bis keiner mehr das Arbeitsverhältnis unter diesen Umständen fortsetzen kann. Jemand könnte seine Stelle verlieren, wenn nicht alle Unklarheiten beseitigt sind und alles offen ausgesprochen wird. Am deutlichsten wird dies möglicherweise in den Zeiten vom 13. bis zum 30. Mai und vom 2. bis zum 16. Oktober.

Aus finanzieller Sicht dürfte 2023 trotz aller allgemeinen Probleme für euch ein gutes Jahr werden. Wie bereits erwähnt, kann euer Vermögen oder Einkommen teils erheblich wachsen, trotz der insgesamt eher schwierigen Finanzlage. Ihr seid selbstbewusst und bereit, Risiken einzugehen, und zum größten Teil klappt dies recht gut. Die Gefahr besteht in der Versuchung, zu viele Risiken zu akzeptieren und euch zu sehr auf euer persönliches Glück zu verlassen. Dies gilt zum Beispiel beim Kauf von Finanzanlagen, die an Wert gewinnen. Statt den Gewinn mitzunehmen, werdet ihr gierig und haltet die Position zu lange oder kauft sogar dazu, bis das Blatt sich schon gewendet hat. Uranus ist in eurem 2. Haus und Timing kann ein Problem sein (zu frühes Einsteigen oder zu spätes

Widder
Karriere und Finanzen

Aussteigen), obwohl ihr, was den Ausgang betrifft, recht habt. Die Kunst besteht darin, zu erkennen, wann eine Position ihren maximalen Wert erreicht hat, und den Gewinn mitzunehmen, bevor es zu spät ist.

Highlights und kritische Phasen in Beruf und Finanzen

Kritisch: 1. bis 19. Januar
Aussagen und Versprechungen von Vorgesetzten dürft ihr zum Jahresbeginn nicht blind vertrauen. Selbst dann, wenn ihr etwas Schriftliches in der Hand haltet, schaut genau, ob sich die Chefin oder der Chef nicht ein Hintertürchen offengelassen hat. Macht euch zudem Notizen über alle Gespräche, die ihr mit euren Vorgesetzten führt.

Highlight: 20. Januar
Denkt ihr schon länger über eine berufliche Veränderung nach? Dann solltet ihr an diesem Tag eure Bewerbung abschicken! Gegen die Konkurrenz setzt ihr euch locker durch!

Kritisch: 1. bis 5. März
Selbstbewusstsein ist gut. Aber zu viel davon kann jetzt zur Falle werden. Wer sich allzu sicher wähnt, wird leichtsinnig. Dies könnte sich auf Finanzen und Reputation gleichermaßen negativ auswirken. Mit besonderer Zurückhaltung und Bescheidenheit kommt ihr dieser Tage besser über die Runden.

Kritisch: 22. April bis 15. Mai
Bitte in dieser Zeit nur dann Geld ausgeben, wenn es sich nicht vermeiden lässt. Größere Anschaffungen am besten auf die Zeit nach dieser Phase vertagen. Die Gefahr, Montagsprodukte zu erwerben, Betrügereien aufzusitzen oder schlicht das Kleingedruckte zu überlesen, ist in diesen Wochen besonders groß.

Highlight: 16. bis 20. Mai
Ihr erhaltet die Gelegenheit, Geld langfristig und solide anzulegen. Es kann sein, dass der heiße Tipp dafür von Freundinnen und Freunden kommt. Also redet mit ihnen über Geld! Die Investition dürft ihr aber nur tätigen, wenn ihr das Geld nicht kurzfristig benötigt.

Highlight: 2. bis 11. Juni
Erneut erhaltet ihr eine Gelegenheit, Geld langfristig zu investieren – oder auch von ehemaligen Investitionen zu profitieren. Ihr könnt Geld anlegen, das ihr die nächsten Jahre nicht zwingend benötigt. Für an Kryptowährung Interessierte ist diese Phase ganz besonders relevant; dann heißt es aufpassen und zuschlagen! Wer diese Highlight-Phase nutzt, kann mit Top-Renditen rechnen, die in etwa sechs bis zwölf Jahren zu Reichtum führen. Es gilt aber auch: Ihr könnt nun Anlagen auflösen, die ihr vor vielen Jahren getätigt habt. Lasst euch etwa eine Versicherung ausbezahlen oder verkauft ein Aktienpaket. Gewinnbringend wird es auf jeden Fall sein. Damit nicht genug: In dieser Phase werden euch Geschäfte angeboten, bei denen gute Gewinne herausspringen können. Wer selbstständig tätig ist, kann größere Kundenkreise akquirieren oder die Preise nach oben anpassen.

Highlight: 11. Juli bis 27. August
In diesen Wochen läuft euer Schutzplanet Mars durch den Arbeitsbereich. Mit anderen Worten: Ihr könnt richtig durchstarten und tun, was euch wichtig ist! Setzt euch in Szene und initiiert all das, was ihr schon lange auf den Weg bringen wolltet! Für Arbeitssuchende ist es ebenfalls eine gute Zeit, da ihr nun das nötige Durchsetzungsvermögen habt, euch gegen die Konkurrenz zu behaupten.

Kritisch: 28. August bis 17. September
Ob Absicht oder Versehen, lässt sich nicht genau sagen. Sicher ist aber, dass ihr in dieser Phase damit rechnen müsst, nicht alle relevanten Job-Informationen zu bekommen. Wichtige Mitteilungen werden euch vorenthalten. Ihr müsst aktiv danach fragen und suchen. Verlasst euch dabei nicht auf die Aussage nur einer Person, sondern befragt mehrere. Denn nur dann könnt ihr sicher sein, dass ihr erfahrt, was wichtig für euern Arbeitsalltag ist.

Widder
Gesundheit und Spiritualität

Highlight: 8. bis 16. Oktober
Widder-Geborenen sind Fairness und Gleichberechtigung eine Herzensangelegenheit. In dieser Phase könnt ihr euch für mehr Gerechtigkeit am Arbeitsplatz einsetzen. Dabei werdet ihr umso erfolgreicher sein, je mehr ihr nicht nur die eigenen Interessen im Blick habt, sondern euch auch für das Gemeinwohl stark macht.

Kritisch: 14. bis 31. Dezember
Aus der Chefetage könnte es schlechte Nachrichten geben. Besonders ärgerlich: Offenbar lässt euer Vorgesetzter oder eure Chefin nicht mit sich reden. Seinen oder ihren Aussagen könnt ihr, ähnlich wie zu Jahresbeginn, in dieser Zeit wenig Glauben schenken. Holt euch Beistand. Idealerweise finden Gespräche mit dem Boss nicht unter vier Augen statt, sondern mit Zeuginnen oder Zeugen. Lasst euch nicht dazu drängen, auf die Schnelle irgendetwas zu unterschreiben. In der Woche vor Weihnachten könnte es noch einmal besonders kritisch werden. Vielleicht geht ihr einfach schon etwas früher in den Winterurlaub, falls dies möglich sein sollte.

Gesundheit und Spiritualität

Liebe Widder-Geborene, dank Wohltäter Jupiter in eurem Zeichen startet ihr mit einem großen Kraftpaket ins Jahr 2023. Gleichzeitig befindet ihr euch schon seit einiger Zeit auf einer inneren Reise der Erkenntnis. Wo geht diese Reise hin? Chiron, der verwundete Heiler, der schon seit 2019 in eurem Zeichen steht, lenkt euer Denken auf die Themen Gesundheit, Ernährung und Vitalität. In den letzten Jahren hat sich gezeigt, dass Träume und Visionen euer Leben bereichern können.

Ihr seid die Pionierinnen und Pioniere im Tierkreis, mutig und unerschrocken erobert ihr normalerweise die Welt. „Mit dem Kopf durch die Wand" ist euer Motto, die Hörner hat ein Widder ja schließlich dazu, sie auch zu benutzen! Doch in den letzten Jahren, seitdem Chiron in eurer Zeichen gewandert ist, fühlt ihr eine Verletzlichkeit in eurer sonst so temperamentvollen Seele, die euch fremd erscheint. Angst und

Vorsicht können sich in das Häuserthema geschlichen haben, in dem eure Sonne steht. Erkennt, dass Chiron hier ist, um euch Heilung zu schenken. Er hilft euch Brücken zwischen eurer sensiblen und eurer feurigen Seite zu bauen. Nur weil ihr mutig seid, heißt das nicht, dass ihr keine Angst oder Schwäche zeigen dürft. Und vielleicht freut sich euer Umfeld auch, wenn ihr trotz eures großen Stolzes einmal Unsicherheit zulasst? Sprecht über eure Ängste. Teilt sie mit. Dann werdet ihr feststellen, dass man euch mit genau der gleichen Liebe und Freude unterstützen wird, mit denen ihr normalerweise andere unterstützt.

Günstig wäre es, ein Traumtagebuch zu führen. Das kann euch wichtige Erkenntnisse bescheren! Neptun steht schon länger in eurem kosmischen 12. Haus des Unbewussten und des Rückzugs. Ab dem 7. März gesellt sich Saturn dazu. Das fördert eure Empathie und Sensitivität. Gleichzeitig werdet ihr aufgefordert, euer stets hohes Tempo immer wieder zu drosseln, und zwar dann, wenn ihr merkt, dass ihr erschöpft seid. Zeiten des Rückzugs sind vielleicht ungewohnt für euer aktives Feuerelement, aber sinnvoll. Regelmäßige Meditationen, sanftes Yoga und ein entspannendes Stretching-Programm wirken Wunder. Auch kreislaufstärkende Anwendungen wie zum Beispiel Kneippen passen gut in euer Gesundsheitsportfolio. Eure Gesundheit profitiert auch von Wellness und entspannenden Anwendungen wie zum Beispiel einer Hot-Stone-Massage und Saunagängen. Eine Wohltat für den angespannten Widderrücken!

Während Mars vom August 2022 bis zum März 2023 das Zeichen Zwillinge durchwandert, fördert er euer Denken und bringt viele gute Ideen ans Licht. Das „Kopfzerbrechen" allerdings könnte sich gelegentlich mit Kopfschmerzen äußern, denn auch Heilerplanet Chiron ist zu Gast in eurem Zeichen und fordert zum „Hinschauen, nicht Wegschauen" auf. Kennt ihr euren wunden Punkt? Alles, was euch in den Sinn kommt, um der Gesundheit auf die Sprünge zu helfen und der Seele Raum zu geben, ist wichtig, denn es sind Gedanken aus eurer eigenen Quelle.

Mit Neptun im 12. Haus ist es ratsam, das Immunsystem zu stärken, besonders in den ersten drei Monaten des Jahres. Bewegung in der Natur, verbunden mit einer Portion Ruhe und frischer Luft, stärken das Immunsystem und fördern euer Wohlbefinden. Das Metall Eisen und die Farbe

Widder
Gesundheit und Spiritualität

Rot entsprechen der Kraft eures Zeichenherrschers Mars. Rote Früchte, rote Säfte oder eine Tasse Brennnesseltee wirken sich jetzt positiv auf euren Eisenhaushalt aus. Eisen unterstützt auf gesundheitlicher Ebene die Blutbildung. Begleitend könnte die Brennnessel die Kraft der Nieren stärken. Die Nieren sind ein Gesundheitsthema der Waage-Geborenen, welches sich im Horoskop auf der Partnerachse Widder (Ich) / Waage (Du) zeigt. Spannungen mit eurem Gegenüber können buchstäblich zu Ver-Spannungen führen. Um diesen, vor allem in der zweiten Jahreshälfte, entgegenzutreten, bedarf es der Wirkung von Magnesium. Eine heilende Energie spendet euch der Edelstein Rubin. Er fördert die Höherentwicklung des Widders auf allen Ebenen.

Lilith wandert am 8. Januar in den Löwen, dies könnte sich im Bereich rund um alle Themen des Herzens zeigen. Scharfe Speisen, hitzige Diskussionen, vor allem Familienthemen, könnten sich auf das Herz legen und sind deshalb mit Vorsicht zu genießen. Die Sommermonate Juli, August und auch September fördern dagegen eure Lebenslust. Achtet in dieser Phase jedoch etwas auf euren Blutdruck. Mit den erwähnten Hilfsmitteln aus der Natur, Johanniskraut, Brennnessel und Lavendel sowie einem Mix aus Kneippen, Bewegung und Ruhe könnt ihr zusätzlich die innere Balance halten.

Highlights und kritische Phasen für die Gesundheit

Highlight: 12. Januar bis 22. Februar
In dieser Zeit verspürt ihr womöglich das Bedürfnis nach Rückzug und Sinneserweiterung. Diese Motivation ermöglicht euch Rückschau auf Vergangenes zu halten und gleichzeitig den Blick in die Zukunft zu lenken. Unterstützen könnt ihr dies besonders gut mit dem Einsatz von ätherischen Ölen wie Bergamotte, Neroli oder Lavendel.

Kritisch: 17. bis 24. März
Während dieser Zeit solltet ihr vorsichtig mit euren Worten sein, auch Geschriebenes am nächsten Tag noch mal überprüfen! Schnelles Handeln und voreilige Entscheidungen könnten nicht das einhalten, was sie

versprechen. Kleine Schritte führen auch zum Ziel. Wärmt und schützt euren Körper mit Ingwertee. Yoga entspannt euch in dieser Zeit und fokussiert eure Gedanken.

Highlight: 28. März bis 14. April
Jetzt verspürt ihr kosmischen Rückenwind. Gesundheitlich geht es euch gut und eure Tatkraft ist geweckt. Bis Mitte April werdet ihr von der Kraft des Frühlings getragen. Dies ist auch eine schöpferische Kraft, die ihr mit viel frischen Kräutern auf eurem Speiseplan stützen könnt.

Kritisch: 17. bis 30. Mai
Als Ausdruck von zu viel Stress und Hektik könnten sich Themen rund um das Herz bemerkbar machen. Auch wenn ihr das Feuer in eurem Leben stets braucht, solltet ihr in dieser Zeit vermehrt auf Ausgleich und Ruhe achten. Die innerliche und äußerliche Anwendung von Johanniskraut bringt innere Ruhe.

Kritisch: 17. bis 29. August
Während ihr im Alltag durch viel Arbeit keine Ruhe findet, zeigt sich immer wieder, wie wichtig die Nacht zur Regeneration ist. Alle „unverdauten" Themen möchten Beachtung finden. Dies könnte sich über den Stoffwechsel zeigen. Unterstützen könnt ihr alle Themen rund um die Verdauung in dieser Zeit mit Bitterstoffen wie etwa Beifuß, Mariendistel und Tausendgüldenkraut.

Highlight: 20. Oktober bis 5. November
Jetzt sind alle Anwendungen zur Körperreinigung besonders wirksam. Heilkräuter in Form von Tees, Tinkturen, Essenzen und Bädern kommen gut zum Einsatz und fördern die Regeneration. Sauna und Bewegung unterstützen diesen Prozess.

Kritisch: 23. bis 31. Dezember
Die Weihnachtszeit wird euch nochmals daran erinnern, wie wichtig die Abwehr für das Immunsystem ist. In vielen hektischen Momenten dieser Tage wirken Melisse und Lavendel sowohl innerlich wie als Tee und ätherische Öle als Badezusatz. Zur Stärkung des Immunsystems unterstützen euch Zimt, Ingwer, Galgant und die Wirkung eines heißen Zitronenwassers.

Stier
20. April – 21. Mai

Raus aus der Komfortzone! Die Aufregungen in eurem Leben halten an! Eure Welt ist in einem ständigen Wandel. Mal ist es unglaublich spannend, aufregend und ein einziger Traum, mal ist es anstrengend und kann euch erschöpfen und verunsichern. Uranus, der große Veränderer, mischt den Stier schon seit 2018 kräftig auf. Während seines 7–8-jährigen Transits (noch bis 2025) tritt er nun in die abnehmende Phase ein, und so ringt ihr weiterhin mit Entscheidungen über eure Zukunft. „Soll ich gehen oder bleiben?" ist ein Thema, das euch schon seit einiger Zeit durch den Kopf geht, und in typischer Stier-Manier dauert es lange, bis ihr euren Plan in Taten umgesetzt habt. Eine wichtige Frage ist auch: „Was soll ich wann tun?". Die Werte, die ihr erfolgreich integrieren wollt, Unabhängigkeit und Sicherheit, sind nicht leicht vereinbar. Andere Überlegungen sind zum Beispiel: „Wenn ich aufhöre, kündige oder in den Ruhestand gehe, werde ich in der Lage sein, den Lebensstil zu halten, den ich mir all die Jahre aufgebaut habe?". Oder wenn ihr noch jung seid, könnten euch solche Gedanken kommen: „Kann ich das noch lange machen und mich deshalb engagieren? Ich möchte meine Freiheit, aber ich hätte auch gerne mein Sofa, meinen funktionierenden Fernseher und einen vollen Kühlschrank, wenn ich mich entspannen möchte." Doch während Uranus in eurem Sternzeichen voranschreitet, werdet ihr euch letztlich entscheiden: für mehr Freiheit oder mehr Sicherheit. Vielleicht habt ihr sogar das Glück und findet einen neuen Job oder eine neue Beziehung, die euch beides bieten: Freiheit und dennoch das Gefühl von Sicherheit! Doch wenn ihr solche wichtigen Entscheidungen weiter hinauszögert, werden Ereignisse eintreten, die euch dazu bringen, eure Handlungen zu überdenken. Vielleicht zwingen sie euch auch dazu, endlich die gewünschten oder notwendigen Änderungen vorzunehmen.

Eure inneren Kämpfe sind aufgrund des Konfliktaspekts von Prüfungsplanet Saturn zu eurem Sternzeichen in den letzten zwei Jahren intensiver geworden. Das ändert sich, wenn Saturn am 7. März 2023 für die nächsten zwei Jahre in die Fische wechselt. Er bildet dann förderliche und freundschaftliche Aspekte und eure Pläne nehmen leichter Form an. Es geht nun darum, eure Unentschlossenheit und euren Hang zum Aufschieben zu überwinden und aktiv zu werden. Wenn ihr dieses Jahr wirklich frei sein wollt, solltet ihr Dinge, die ihr unternehmen wollt, in die Hand nehmen. Euer Plan wird funktionieren. Lasst einem Schritt den nächsten und euren Worten Taten folgen! Euch bleibt allerdings immer die Möglichkeit, nichts zu unternehmen und alles vor euch herzuschieben. Dann wird das Schicksal für euch entscheiden. Aber ihr werdet euch wahrscheinlich glücklicher fühlen, wenn ihr anfangt, eure Pläne selbstbestimmt in Taten umzusetzen.

Das gelingt besonders gut und einfach ab dem 16. Mai! Dann nämlich wird Jupiter euch helfen, euch zu befreien, wenn er vom Mai 2023 bis Mai 2024 durch euer Sternzeichen wandert. Dies ist euer Zwölfjahreshoch-Zyklus! Ihr seid beliebt, es macht Spaß, mit euch zusammen zu sein, ihr könnt neue Leute kennenlernen, reisen, Geld verdienen und Gelegenheiten anziehen. Ihr habt viel Glück und seid sehr zuversichtlich, also macht das Beste aus dieser hervorragenden Jupiterperiode. Aber achtet auf eure Tendenz zu übermäßiger Schwelgerei (oder irgendwelchen Lastern), besonders wenn ihr zu Gewichtszunahme neigt. Um das zu vermeiden, müsst ihr Disziplin und Kontrolle ausüben. Sonst habt ihr zwar viel Spaß, aber mit Konsequenzen, die ihr vielleicht nicht wollt. Sozial und finanziell habt ihr Glück, doch denkt daran: Jupiter schenkt euch für ein Jahr tolle Chancen, aber ihr müsst sie auch ergreifen!

Wichtig für alle Stiergeborenen ist auch weiterhin der Mondknoten, welcher nach wie vor durch euer Zeichen läuft. Dieser große und bedeutsame Transit durch euer Sternzeichen, welcher euch dabei helfen soll, euch besser mit eurer Seele zu verbinden, dauert noch bis zum 12. Juli 2023. Während dieser Zeit erhaltet ihr Anerkennung und Lob für eure Fähigkeiten und eure unbeschwerte Persönlichkeit (wenn ihr den unbeschwerten und nicht den gestressten Teil eurer selbst in den Vordergrund stellen könnt). Dieser Transit kann euch dabei helfen, euren Weg zu ebnen und die Zukunft so zu gestalten, wie ihr sie euch vorstellt und wünscht. Sucht eine Person, die euch beflügelt und die bereit ist, ihr Wissen und ihre Weisheit mit euch zu teilen. Bringt in dieser Zeit eure Visionen in Einklang mit eurem Realitätssinn und erkennt, was im Bereich des Möglichen liegt. Es sieht gut aus! Aber auch hier müsst ihr den Worten

Stier
Liebe und Beziehungen

Taten folgen lassen, einen Schritt vor den anderen setzen und eure Reise, die ihr so gern unternehmen wollt, in Angriff nehmen. Sicherheit und Komfortzone sind zweifelsohne ein Anliegen. Auch wollt ihr nicht gedrängt oder gehetzt werden. Aber die wichtigeren Werte, Unabhängigkeit und grenzenlose Möglichkeiten, werden sich nur manifestieren, wenn ihr das wirklich wünscht. Stiergeborene haben oft etwas Schwierigkeiten damit, in die Gänge zu kommen, aber wenn sie sich einmal warmgelaufen haben, sind sie quasi nicht mehr aufzuhalten. Der Kosmos hilft euch und gibt euch Starthilfe!

Interessant ist auch, dass Fantasieplanet Neptun im Freundschaftsaspekt zu eurem Sternzeichen steht, und zwar noch bis März 2025. Diesen Aspekt habt ihr schon seit zehn Jahren, daher handelt es sich hier um eine Fortsetzung: Es sind eure Marketing- und Designfähigkeiten, die ihr weiterhin unter Beweis stellt. Ihr habt die Möglichkeit, jedem etwas zu verkaufen. Ihr seid logisch, praktisch und könnt Menschen zeigen, wie sie ihre Träume verwirklichen können, wenn sie nur ein oder zwei Dinge in ihrem Leben unternehmen. Ihr gebt großartige Ratschläge (hoffentlich werdet ihr darum gebeten!). Der Aspekt ist auch günstig für kreative und musische Aktivitäten wie Tanzen, Singen, Musik und Schauspiel; außerdem auch für therapeutische Arbeit und Beratung. Und in der Liebe fördert er Flirt und Romantik. Letztlich ist es ein gutes Jahr für alle sozialen und romantischen Aktivitäten. Es ist alles vorhanden, damit ihr 2023 genießen könnt! Falls ihr doch einmal, auf ganz stieruntyische Art und Weise, gereizt oder gestresst werden solltet, hilft euch die die 90-Sekunden-Regel[1], wieder zurück in eure innere Mitte zu finden.

Liebe und Beziehungen

Viele positive kosmische Einflüsse versüßen euer Liebesleben! Der aufregende Uranus lässt in der Liebe, in Beziehungen und Freundschaften keine Langeweile aufkommen. Mehr als je zuvor in eurem Leben

---

[1] Diese wunderbare Übung hilft euch, bei Gefühlen von Wut und Zorn wieder in eure innere Mitte zu kommen und einen klaren Kopf zu behalten. Es gibt dazu ein Video auf meinem YouTube-Kanal und auch ein schriftliches Dossier auf meiner Homepage. Der Text ist zudem Bestandteil der schriftlichen Mars-Analyse als PDF.

interessiert ihr euch für neue, spannende Leute. Ihr könnt euch nun auch in Menschen verlieben, die eigentlich gar nicht in euer sonstiges Beuteschema passen, und euch damit selbst überraschen. Ab März werdet ihr feststellen, dass ihr Partnerschaften, Beziehungen und

Freundschaften nicht mehr so oft infrage stellt oder euch auch selbst nicht mehr so infrage gestellt fühlt wie in den letzten beiden Jahren. Es kommt also mehr Leichtigkeit auf! Dennoch seid ihr weiterhin stark mit euch selbst und wichtigen Entscheidungen beschäftigt, wenn ihr sie nicht schon getroffen habt. Und das kann eure Beziehungen beeinflussen und teilweise auch belasten. Wenn ihr fest liiert seid, kann es weiterhin darum gehen, ob eure Partnerin oder euer Partner mit euren Plänen und Fortschritten mitzieht oder nicht. Oder ob ihr euch in eurer Beziehung gemeinsam weiterentwickeln und zu neuen Ufern aufbrechen wollt. Ihr seid euch manchmal auch selbst nicht so sicher, wie es weitergehen soll. Ihr macht euch vielleicht viele Listen über Vorteile und Nachteile eurer Beziehung oder stellt euch beispielsweise eine Frage wie: „Ziehen wir zusammen oder nicht?". Und entscheidet dann nachher doch spontan aus dem Bauch heraus. Das kann euren Partner ganz nervös machen. Dabei zeigt sich dann aber auch, wer euch wirklich liebt. Denn wenn Partner oder Partnerin dieses Spiel mitmachen und geduldig mit euch gemeinsam an der Entscheidungsfindung arbeiten, habt ihr allen Grund, euch zu freuen und ihnen dankbar zu sein. Dann dürft ihr feststellen, dass ihr eine wirklich tragfähige Beziehung habt. Dies gilt insbesondere für die vom **4. bis zum 15. Mai** Geborenen.

Für einige von euch stehen Freundschaften auf dem Prüfstand. Weil euch neue Bekanntschaften so sehr interessieren, vernachlässigt ihr möglicherweise eure alten Freundinnen und Freunde und diese ziehen daraus Konsequenzen. Pflegt deshalb eure Freundschaften und respektiert die Meinung derer, die euch schon gut und lange kennen. Das kann euch sehr helfen, wenn ihr wichtige Entscheidungen treffen müsst. Manche Freundschaften werden nun aber auch zu Ende gehen, weil beide erkennen, dass sie sich auseinanderentwickelt haben. Doch diejenigen, die ihr gemeinsam erhaltet, werden sich als beständig, zuverlässig und eine wertvolle Quelle der Sicherheit erweisen. Das gilt ab März, und zwar besonders für die **April-Stiere** unter euch.

Stier
Liebe und Beziehungen

Für Stier-Singles sind die Voraussetzungen gut, eine wunderbare neue Liebe zu finden, die sich auch zu einer Partnerschaft entwickeln kann. Vielleicht sogar noch besser als letztes Jahr, weil der strenge Saturn nicht mehr so dazwischenfunkt. Ihr selbst bzw. eure Liebespartner:innen sehen vieles nicht mehr so kritisch. Selbst die allgemeine Zukunftsangst und die Unsicherheit, wie es weitergehen soll, wird euch nicht mehr so belasten, wenn es um die Liebe geht. Diese Erleichterung spüren besonders die vom **4. bis zum 16. Mai** Geborenen. Es ist sehr wahrscheinlich, dass ihr unbeschwert den Tanz der Hormone genießen könnt und dadurch willkommene Auszeiten erhaltet, die euch von den gesellschaftlichen und politischen Problemen unserer Zeit ablenken. Besonders im März und April könnt ihr herrliche Frühlingsgefühle genießen.

Dazu trägt auch der Schicksalsanzeiger Mondknoten bei, der noch bis Mitte Juli durch euer Zeichen läuft, wodurch ihr in der ersten Jahreshälfte wie ein Magnet auf potenzielle Seelenpartner:innen wirkt. Besonders die zwischen dem **20. April und 1. Mai** Geborenen erfahren nun Begegnungen, die in die Tiefe gehen und den Beteiligten das Gefühl geben, einander schon lange, vielleicht sogar aus einem vorherigen Leben, zu kennen. Ihr könnt eure Zwillingsseele finden, und ihr werdet sie so schnell nicht wieder verlieren! Bedenkt dabei jedoch bitte, dass „Zwillingsseele" nicht automatisch auch bedeutet, dass die Person nun euer Lebenspartner oder eure Lebenspartnerin werden kann. Vielleicht seid ihr beide, oder zumindest einer von euch, schon in einer anderen Beziehung, habt Familien und Verantwortung und darauf müsst ihr Rücksicht nehmen. Doch wenn ihr wirklich zwei Seelen seid, die einen längeren karmischen Weg zusammen gehen, werdet ihr in der Lage sein, das zu respektieren. Vielleicht sollt ihr einander nun als Freundinnen oder Berufspartner unterstützen und inspirieren. Wenn ihr jedoch frei für die Liebe und eine neue Partnerschaft seid, kann es auch die ganz große Liebe werden!

Eine gute Nachricht für euer soziales Leben ist der Eintritt Jupiters in euer Zeichen am 16. Mai für den Rest des Jahres. Das bringt meistens ein Zuwachs an Beliebtheit, der Freundeskreis vergrößert sich. Menschen wollen in eurer Nähe sein und interessieren sich für das, was ihr zu sagen habt. Daraus können sich alle Arten von Beziehungen entwickeln:

persönliche und private, die Liebe ebenso wie interessante berufliche Kontakte oder inspirierende Freundschaften. Eure Pläne und Visionen wirken anziehend auf andere und tatsächlich könnt ihr auch einiges davon gemeinsam mit Menschen verwirklichen, die euch wichtig sind oder werden. Vielleicht wollt ihr dies auch mit einer Heirat besiegeln, um eure Beziehung auf eine rechtliche Grundlage zu stellen. Und auch, weil es romantisch ist! Ein besonders schönes Wochenende zum Heiraten oder um euren Herzensmenschen mit einer romantischen Auszeit zu zweit zu verwöhnen, wäre der 3./4. Juni 2023.

Romantisch ist auch der Aspekt von Neptun, der besonders sanft und liebevoll auf die zwischen dem **11. und 19. Mai** Geborenen wirkt. Singles mit diesen Geburtsdaten können sich wunderbar verlieben und haben das ganze Jahr über immer wieder die Gelegenheit, traumhaft schöne romantische Zeiten zu erleben. Auch die fest Liierten genießen einen besonders liebevollen Draht zu der oder dem Herzallerliebsten. Wenn ihr das noch steigern wollt, dann solltet ihr eine Reise zu zweit planen, vorzugsweise an ein Gewässer, und dafür bietet sich besonders der Mai an. Auch der gemeinsame Genuss von Kunst und Kultur, zum Beispiel schöne Konzerte, fördern euren Zusammenhalt und schaffen schöne Erinnerungen.

Eine ganz andere und auch weniger sanft-romantische Energie ist der Einfluss der wilden Lilith. Sie bildet vom 8. Januar bis zum 3. Oktober einen stressigen Aspekt zu euch, und zwar in eurem privaten und familiären Bereich. Das kann streckenweise für Unruhe in der Familie sorgen. Wenn ihr Töchter habt, bestehen diese nun auf mehr Freiraum und Unabhängigkeit und wollen ihre eigenen Wege gehen. Aber auch Mitbewohnerinnen oder eine Mieterin/Vermieterin können für Anspannung in eurem Leben sorgen, weil es schwierig ist, mit ihnen Kompromisse zu finden, oder weil die Meinungen darüber auseinandergehen, wie euer Heim zu pflegen ist. Vielleicht würdet ihr am liebsten umziehen, weil ihr den Eindruck habt, dass eure Wohnsituation euch die Luft zum Atmen nimmt. Falls ihr Stress mit Frauen bekommt, solltet ihr immer genau hinschauen und überlegen: Was machen diese Frauen, das ich eigentlich am liebsten selbst täte, mich aber nicht zu tun traue, weil ich so angepasst bin, oder vielleicht auch zu bequem? Lilith bringt oft Begegnungen mit

Stier
Liebe und Beziehungen

Frauen, die uns bewusst machen sollen, wo wir eigene wilde und freie Anteile in uns um des lieben Friedens willen unterdrücken. Ab Oktober durchläuft Lilith dann die Jungfrau, und dann fällt es euch leichter, eure weibliche oder instinktive Urkraft zu verstehen und auszuleben. Auch das Verhältnis mit Töchtern oder Kolleginnen wird sich dann wieder verbessern. Vielleicht entstehen sogar aus anfänglichen Reibereien ganz neue Allianzen und Bündnisse!

Beachten müsst ihr für euer Liebesleben, dass vom 23. Juli bis zum 4. September die Venus rückläufig ist, und das könnte einen großen Einfluss haben. Diese Zeit ist ungünstig für Heiratspläne oder für gemeinsame Anschaffungen. Eure Vorstellungen über Beziehungen und gemeinsame Werte könnten sich ändern. Möglich ist auch, dass euch jemand aus eurer Vergangenheit begegnet, mit dem oder der noch eine Beziehungsangelegenheit offen ist. Vielleicht stellt ihr fest, dass ihr noch immer viel für diese Person empfindet. Oder umgekehrt, diese Person empfindet noch etwas für euch, aber ihr seid vielleicht in einer neuen Beziehung und das ist heikel. Falls ihr während dieser Phase eine neue Beziehung anfangt, solltet ihr auf jeden Fall die 90-Tage-Regel beherzigen[2]: drei Monate abwarten, ehe ihr euch tiefer einlasst, zumindest aber bis die Venus wieder direktläufig wird! Mehr dazu erfahrt ihr im Anschluss im Abschnitt zu den Phasen in der Liebe.

Highlights und kritische Phasen in der Liebe

Highlight: 27. Januar bis 20. Februar
Obwohl ihr beruflich viel zu tun habt, bleibt dennoch Zeit für Zärtlichkeit! Diese Phase ist auch sehr schön, um Freundschaften zu pflegen, dabei geht es häufig um gegenseitige Hilfe und Unterstützung. Falls ihr euch karitativ engagiert, könnt ihr dabei tolle Leute treffen und für Singles bieten sich gute Gelegenheiten, ins Gespräch zu kommen und zu flirten. Besonders prickelnd sind dahingehend die Tage vom 6. bis zum 10. Februar. Zum Valentinstag bekommt ihr bestimmt eine Aufmerksamkeit!

---

[2] Die 90-Tage-Regel gibt's zum Nachlesen auf meiner Homepage als Dossier. Der Text ist außerdem Bestandteil des schriftlichen Venus-Horoskops als PDF, welches ihr ebenfalls auf meiner Homepage bestellen könnt.

Highlight 16. März bis 11. April
Während dieser Zeit besucht Liebesgöttin Venus euer Zeichen und verleiht euch eine sehr charmante und verführerische Ausstrahlung. Außerdem bildet sie eine Reihe von äußerst aufregenden Aspekten! Vom 18. bis zum 24. März sind die Chancen sehr groß, die Seelenpartnerin oder den Seelenpartner zu treffen. Dies sind vielleicht die schönsten Tage des Jahres, um sich zu verlieben! Vom 27. März bis zum 2. April kann der Liebesblitz einschlagen, da muss sich aber erst noch erweisen, ob eine solche Begegnung von Dauer ist. Vom 5. bis zum 10. April ist eine besonders zärtliche Phase. Wenn ihr fest liiert seid, könnt ihr euch dann von Neuem in eure Partnerin oder euren Partner verlieben und eure Beziehung kann sich vertiefen!

Highlight 10. Mai bis 4. Juni
Ihr kommt nun leicht mit netten Menschen aus eurer unmittelbaren Umgebung ins Gespräch. Wenn es ein Frühlingsfest in der Nachbarschaft gibt, geht hin! Auch der Kontakt zu euren Geschwistern kann sich jetzt positiv entwickeln. Singles auf der Suche sollten die Augen im direkten Umfeld offenhalten: beim Einkaufen, an der Tankstelle, im Austausch mit alleinstehenden Schuleltern könnte es funken! Die Tage vom 10. bis zum 15. Mai sind besonders schön für den Zusammenhalt in bestehenden Beziehungen, vom 28. Mai bis zum 4. Juni ist die Stimmung besonders zärtlich und romantisch.

Kritisch: 1. bis 24. August
Nun kann es in eurem Liebesleben durch die rückläufige Venus kompliziert werden. Das kann mit einer verflossenen Liebe zusammenhängen, die nun wieder auftaucht und für die ihr vielleicht noch Gefühle habt (oder sie für euch), und das gefährdet eine bestehende Beziehung. Vielleicht beginnt ihr auch eine neue Affäre, die sich gar nicht mit eurem Familienleben verträgt, und bald darauf macht jemand einen Rückzieher. Möglicherweise kommt die Aufregung aber auch durch schwierige Liebesangelegenheiten einer Tochter oder Mitbewohnerin eures Haushalts in euer Leben. Die Sterne raten euch, nun keine überstürzten Entscheidungen zu treffen. Beherzigt die 90-Tage-Regel und wartet bei neuen Situationen oder nach dem Kennenlernen von Menschen drei Monate ab, ehe ihr deswegen euer Leben ändert.

Stier
Liebe und Beziehungen

Highlight: 27. Juni bis 6. Juli
In dieser Zeit habt ihr es in der Hand, eure Beziehungen und Freundschaften glücklich zu gestalten. Ihr verfügt über große persönliche Stärke und seid wie ein Fels in der Brandung. Wenn ihr euch eine schöne Unternehmung mit Freundinnen und Freunden wünscht, organisiert etwas und alle werden mitmachen! Denkbar wäre auch, dass ihr gemeinsam mit netten beruflichen Kontakten ein neues Projekt ins Leben ruft.

Kritisch: 29. September bis 9. Oktober
Diese Phase kann noch einmal kritisch sein, wenn ihr feststellen müsst, dass eine zuvor getroffene Liebesentscheidung doch nicht die richtige war. Dann wird es jetzt Zeit, die Konsequenzen zu ziehen und loszulassen. Vielleicht entschließt ihr euch nun aber auch, einer vergangenen Liebe noch mal eine neue Chance zu geben. Dazu müsst ihr aber bereit sein, aus Fehlern der Vergangenheit zu lernen und ungesunde Beziehungsmuster zu überwinden. Dann hätte sich der Sinn dieses Venustransits erfüllt und ihr könnt eine echte Heilung erleben.

Highlight: 14. Oktober bis 8. November
Wenn ihr euch und eure Beziehung gut durch die unruhigen Zeiten des Sommers navigiert habt, kommt jetzt die Zeit, Zusammenhalt und Romantik auf allen Ebenen zu genießen. Das gilt, falls ihr etwas Neues begonnen habt, ebenso wie für alle, die schon länger in einer festen Beziehung sind. Überlegt doch mal, ob ihr euch nun vielleicht einen Urlaub oder zumindest ein Wellnesswochenende zu zweit gönnen wollt. Wenn ihr Kinder habt, ist dies eine harmonische Zeit. Euer Nachwuchs macht euch Freude und eure Verbindung ist ungetrübt. Sofern nicht äußere Umstände dagegensprechen, empfehlen euch die Sterne, eine schöne Halloween-/Samhain-Party auszurichten: Ihr könntet dieses spirituelle Fest gemeinsam mit Jung und Alt würdig feiern!

Kritisch: 25. November bis 4. Dezember
Vor allem für feste Beziehungen könnten dies kritische Tage sein. Offenbar könnt ihr euch nicht über die gemeinsame Alltagsgestaltung einigen. Möglich ist auch ein Konflikt ums Geld, vielleicht möchtet ihr in

ein Herzensprojekt investieren und eurem Schatz ist das nicht recht. Andererseits ist die Leidenschaft nun besonders groß. Vielleicht könnt ihr euch ja im Bett versöhnen?

Highlight: 12. bis 17. und 23. bis 28. Dezember
Herrlich zum Flirten und für gesellige Gelegenheiten! Der großzügige Jupiter bei euch im Zeichen macht euch zum wahren Flirtmagneten, und gegenüber bildet Venus im Partnerhaus romantische und beziehungsfördernde Aspekte. Je großzügiger ihr jetzt seid, je mehr ihr an andere denkt und sie beschenkt, desto mehr wird zu euch zurückkommen! Achtung nur, zwischendrin gibt es ein paar kritische Tage, nämlich direkt vor Weihnachten:

Kritisch: 18. bis 22. Dezember
Passt auf, dass ihr euch mit eurem Schatz nicht entfremdet. Falls in eurer Beziehung etwas im Argen liegt, denkt ihr vielleicht sogar an eine Trennung. Aber so groß ist der Stress doch bestimmt nicht! Wahrscheinlich war es nur ein Missverständnis. Und gleich im Anschluss kommen wieder harmonische Aspekte, deswegen steht diese Tage am besten einfach durch, ohne euch zu sehr aufzuregen! Hilfe gibt es mit der 90-Sekunden-Regel, die ich euch am Anfang eures Kapitels schon verlinkt habe.

Highlight: 23. bis 29. Dezember
Nun kehrt wieder mehr Harmonie bei euch ein. Romantik und Zärtlichkeit werden über die Feiertage großgeschrieben. Falls ihr also nicht ganz traditionell feiert, bucht doch eine romantische Winterreise zu zweit. Gut möglich auch, dass ihr gerade frisch verliebt seid und euch schon auf Silvester mit eurer neuen Flamme freut!

Karriere und Finanzen

Ihr habt dieses Jahr viel vor. Ihr müsst Entscheidungen treffen und wichtige Gelegenheiten berücksichtigen. Aber keine Sorge! Alles, was ihr als vorteilhaft und angemessen erachtet, kann sehr gut funktionieren. Ihr müsst einfach Taten auf Worte folgen lassen.

Stier
Karriere und Finanzen

Beginnen wir mit Uranus, der euer Sternzeichen durchläuft. Der Drang nach etwas Neuem und Aufregendem ist sehr stark. Möglicherweise müsst ihr neue Fähigkeiten oder ein neues Softwareprogramm erlernen. Oder ihr entdeckt, wenn ihr selbstständig seid, vielleicht ein sensationelles neues Produkt oder eine Dienstleistung, die ihr euren Kunden anbieten könnt und die so neuartig ist, dass sie das Potenzial hat, euren Lebensweg positiv zu beeinflussen. Ihr habt Ausstrahlung, ihr seid attraktiv, anziehend und aufregend. Menschen (vor allem neue Bekannte) wollen mit euch zusammen sein. Ihr seht anders aus und strahlt eine exotische und spannende Schwingung aus, die andere mögen. Dieses führt zu zahlreichen unerwarteten Erlebnissen in eurem Leben, insbesondere in Bezug auf eure Karriere. Entweder ihr startet eine neue Arbeit, eine neue Karriere, ein neues Produkt oder eine neue Dienstleistung. Oder vielleicht zieht ihr euch von eurer bisherigen Tätigkeit zurück und fühlt euch dadurch befreit. Es ist, als würdet ihr endlich von anderen entdeckt – vielleicht entdeckt ihr auch euch selbst. Es ist ein Jahr der Selbstverwirklichung. Dies gilt insbesondere für die vom **4. bis zum 15. Mai** Geborenen.

Lasst uns nun Jupiter, den großen Wohltäter, ins Bild bringen. Jupiter wird vom 16. Mai 2023 bis zum 25. Mai 2024 anwesend sein. Dieser 12-jährige „Hoch-Zyklus" verspricht große Chancen, die auch eine Einkommenssteigerung betreffen könnte. Trotz aller Schwierigkeiten, die uns zurzeit beschäftigen, kann Jupiter euch dabei helfen, finanziell gut zurechtzukommen oder euch in diesem Bereich sogar zu steigern. Wenn ihr für andere arbeitet, steht eine Gehaltserhöhung oder ein Bonus an, der euch sehr freuen könnte. Wenn ihr im Verkauf tätig seid, werden eure Einnahmen steigen. Wenn ihr selbstständig seid, erhöhen sich eure Gewinne. Falls ihr ein Geschäft oder Produkt (oder Aktien oder euer Haus) verkaufen wollt, könnt ihr auch dadurch einen schönen Gewinn erzielen. Auch die Suche nach einer neuen Arbeit sollte positiv verlaufen. Sofern dies euer Wunsch ist, könnt ihr euren Job gegen einen anderen mit höherem Gehalt wechseln (und welcher Stier will nicht mehr Geld oder Sicherheit?). Letztendlich handelt es sich um eine ausgezeichnete Zeit, um sowohl finanziell als auch sozial erfolgreich zu sein. Und vergesst nicht die Reisemöglichkeiten und andere Vergünstigungen und Vorteile, die mit Reiseangeboten einhergehen!

Der Mondknoten durchläuft euer Sternzeichen bis zum 12. Juli. Dies kann auch ein günstiges Omen für eure Karriere sein, mit der Aussicht auf Anerkennung und Lob für eure Arbeit. Mit Jupiter ebenfalls in eurem Sternzeichen kann die Anerkennung euren Wunsch anspornen, neue und finanziell besser gestellte Positionen zu finden oder euren Umsatz und eure Dienstleistungen zu optimieren. Es weist auch auf die Anwesenheit einer wichtigen Person wie eine Mentorin oder eines Mentors hin, die/der euch in dieser Lebensphase bei Entscheidungen und Gelegenheiten hilft. Diese Möglichkeit ergibt sich vor allem für die zwischen dem **20. April und dem 1. Mai** Geborenen.

Zu beachten ist auch, dass ihr nach März Projekte abschließen könnt, an denen ihr schon länger arbeitet. Dieses wird euch ein Gefühl von erbrachter Leistung geben und verschafft euch großen Respekt, besonders wenn ihr zwischen dem **21. und 28. April** geboren seid.

Wenn ihr im Marketing oder in der Werbebranche tätig seid, wird euch 2023 wahrscheinlich Erfolg winken. Ihr zeigt hervorragende Fähigkeiten oder ihr bittet Personen, die in diesem Bereich außergewöhnlich talentiert sind, euch in eurer Arbeit zu unterstützen. Eure Vorstellungskraft und eure Fähigkeit, Bilder zu kreieren, denen andere nicht widerstehen können, werden sehr positiv aufgenommen. Ihr habt ein gutes Gespür für Mode. Wenn ihr Fotografin oder Künstler seid, kann dies besonders wichtig sein, insbesondere für die zwischen dem **11. und 19. Mai** Geborenen.

Wenn ihr am Ende des Stiers zwischen dem **18. und 21. Mai** Geburtstag habt, befindet ihr euch in einer Lebensphase, in der ihr in eure eigene persönliche Kraft kommt. Möglicherweise arbeitet ihr mit anderen an einem großen Projekt, das finanziell sehr erfolgreich sein kann. Es kann sogar wichtiger sein, als ihr zu Beginn erwartet hattet. Ausgezeichnet, denn je größer, desto besser und erfolgreicher! Ihr kommt in die Rolle einer Person mit großem Einfluss. Genießt es und seid dankbar für die Belohnungen, die damit einhergehen!

Stier
Karriere und Finanzen

Finanziell sieht das Jahr 2023 sehr vielversprechend aus. Verdienstmöglichkeiten eröffnen sich. Auch könnt ihr Gewinne aus dem Verkauf von Investitionen erzielen (Haus, Aktien oder andere Vermögenswerte). Es ist auch ein günstiges Jahr für Spekulationen, obwohl spekulieren vielleicht nicht eurer Art entspricht, da ihr „sichere Dinge" mögt. Aber ihr habt das Gefühl, dass euch 2023 Glück bringen wird, und ihr werdet auch Glück haben. Euer größtes Problem ist das Loslassen, das Verkaufen, solange der Preis hoch ist, denn allzu gerne haltet ihr an Dingen fest, meist zu lange und über den idealen Zeitpunkt hinweg. Tut das nicht! Feilscht nicht allzu lange, wenn jemand an einem Objekt interessiert ist, das ihr verkaufen wollt oder mit dem ihr handelt. Verkauft es, wenn der Preis hoch ist, wenn die Nachfrage groß ist, und geht nicht davon aus, dass diese Situation so bleiben wird. Denn dem ist nicht so, und eure Gewinne könnten schmelzen, wenn ihr zu lange festhaltet. Wenn euer Timing richtig ist, könnt ihr im Jahr 2023 große Gewinne erzielen.

Highlights und kritische Phasen in Beruf und Finanzen

Kritisch: 19. bis 26. Januar
Fallt nicht auf das falsche Lächeln einer Autoritätsperson herein. Die Freundlichkeit dieses Menschen dient nur dazu, euch dazu zu bringen, mehr zu arbeiten oder Dinge zu tun, die ihr lieber nicht tun wollt. Begegnet unberechtigten Forderungen ebenfalls mit einem Lächeln auf den Lippen, aber mit einer knallharten inneren Haltung, euch nicht ausnutzen zu lassen!

Highlight: 18. bis 27. Februar
Durch eine günstige Verbindung zwischen Mars und Merkur könnt ihr in diesen Tagen mit eurer Chefin oder eurem Chef über eine Gehaltserhöhung sprechen. Man wird dafür offene Ohren haben. Möglicherweise bekommt ihr am Ende zwar nicht einen höheren Lohn, aber dafür geldwerte Zusatzleistungen wie etwa ein kostenloses Jobticket für den ÖPNV oder ein Diensthandy, das ihr auch privat nutzen dürft. Überlegt daher beizeiten, welche Anreize für euch interessant wären.

Kritisch: 23. März bis 3. April
Es kann zu Intrigen kommen! Achtet darauf, stets alles gut mitzukriegen, was in der Firma läuft. Sondert euch nicht ab, sondern sucht aktiv den Kontakt und holt euch alle relevanten Informationen. Wer zu sehr im Abseits steht, läuft Gefahr, ganz ausgebootet zu werden.

Highlight: 12. bis 21. April
Ihr geht mit Selbstbewusstsein in Verhandlungen; das wirkt sich schließlich positiv aus! So könnt ihr mit Charme und Überzeugung für euch einstehen und Geschäftsabschlüsse in eurem Sinne gestalten. Besonders für Selbständige ist dies eine wichtige Phase. Geht bei Verhandlungen in diesen Tagen nicht mit eurem Honorar herunter, sondern erklärt, dass eure Arbeit genau den von euch gewünschten Preis wert ist. Angestellte können diese Tage nutzen, um eine Gehaltserhöhung einzufordern – allerdings ohne dabei allzu drängend aufzutreten. Wer freundlich, aber bestimmt in das Verhandlungsgespräch geht, wird eher Erfolg haben.

Kritisch: 2. bis 8. Mai
In dieser Zeit könntet ihr euch verspekulieren! Allem voran, weil ihr eine Situation falsch einschätzt oder die eigenen Möglichkeiten überschätzt. Hütet euch zudem vor Prahlerei – das kommt in diesen Tagen nicht gut an und kann böse auf euch selbst zurückfallen.

Highlight: 2. bis 7. Juni
Der Kosmos schickt euch Geistesblitze! Die Ideen, die euch jetzt einfallen, solltet ihr ernst nehmen. Denn darin steckt Potenzial – selbst dann, wenn es sich zunächst nach einem völlig tollkühnen Gedanken anhören sollte. Statt den Einfall zu verwerfen, geht es vielmehr darum, ihn in der kommenden Zeit in eine Einnahmequelle umzuwandeln!

Highlight: 28. August bis 11. Oktober
Wer im Dienstleistungssektor arbeitet, muss in dieser Zeit mit vielen Herausforderungen rechnen. Was sich zunächst als Belastung anhört, entpuppt sich im Laufe der Zeit jedoch als echte Chance. Denn diese Phase ist eine Art Bewährungsprobe. Wer sie meistert, wird schon bald belohnt. Etwa durch Verbesserung der Arbeitsbedingungen oder durch ein neues, lukratives Jobangebot. Auch diejenigen, die in anderen Branchen

Stier
Gesundheit und Spiritualität

tätig sind, können diese Phase nutzen. Allerdings müsst ihr dann selbst etwas in Bewegung setzen. Sucht euch Bereiche, in denen ihr brillieren könnt, um auf eure Stärken aufmerksam zu machen.

Highlight: 18. Oktober bis 6. November
Kreativität ist nicht nur für private Hobbys günstig. Auch im Berufsleben ist oft Kreativität gefragt; etwa zur Problemlösung. Denn mit den alten Methoden lassen sich aktuelle Schwierigkeiten nicht immer so einfach beheben. In dieser Phase ist eure kreative Gabe besonders aktiviert. Nutzt dies, um Arbeitsabläufe zu optimieren oder neue Geldquellen zu erschließen.

Kritisch: 25. November bis 15. Dezember
Schuldeneintreiber:innen greifen in den letzten Tagen des Jahres zu stärkeren Drohungen. Wer Darlehen zurückzahlen muss, darf in dieser Zeit nicht mit Verständnis rechnen, falls man eine Rate nicht bedienen kann. Besser ist es daher, schon beizeiten genug Geld zur Seite zu legen, um vereinbarungsgemäß die Schulden zu begleichen. Überzogene Forderungen der Gläubiger:innen oder neue, zusätzliche Kosten müsst ihr jedoch nicht akzeptieren.

Gesundheit und Spiritualität

Wenn alles immer so bleiben könnte, wie es ist, dann wären viele Stiergeborene glücklich! Doch leider ist das einzig Stetige im Leben die Veränderung. Umbrüche und Neuerungen haben euch in den letzten drei Jahren aus der geliebten Ruhe in eine neue Richtung geschubst. 2023 wird sich dies mit mehr Gelassenheit gestalten lassen, denn mittlerweile kennt ihr die Energie von Uranus und könnt besser mit ihr umgehen. Die ersten Monate des Jahres inspirieren euch dazu, nach inneren Werten zu suchen. Mit Meditation, Ruhe und Ausdauer wird euch dies gelingen. Als Ausgleich für Spannungen unterstützt euch immer wieder die Natur dabei, eure Mitte zu finden. Sport, wie etwa Yoga, Walking, Fahrradfahren und Schwimmen, hält euch in Form und stärkt euren Biorhythmus.

Am 16. Mai wechselt Jupiter in den Stier. Nach zwölf Jahren werdet ihr diesen wunderbar frischen Wind besonders spüren! Im Bereich Gesundheit wirkt sich dies sehr positiv auf eure innere Haltung und die Vitalisierung von Körper und Geist aus. Alle Maßnahmen, die zur Regeneration und Steigerung des Wohlbefindens dienen, sprechen gut an. Zum Beispiel eine Kieselerdekur für schönes volles Haar, denn unter Jupiter im Stier steht alles im Wachstum. Der große Wohltäter bringt Fülle, aber das kann auch heißen: Leibesfülle! Achtet darauf, dass ihr den Bogen mit Essen und Genuss nicht zu sehr überspannt. Der Jupitertransit ist keine gute Zeit zum Abnehmen! Erstens verzichtet ihr nun nicht gerne auf Genüsse aller Art, und zweitens setzt alles, was ihr jetzt genießt, tendenziell stärker an als sonst. Speisen, die schwer verdaulich sind, oder ein Zuviel an Genuss können sich daher relativ schnell auf der Waage bemerkbar machen. Deswegen esst hochwertig und lecker, aber schaut, dass ihr euer Gewicht haltet. Sollte die Waage plötzlich ein paar Kilo mehr anzeigen, hilft folgende Kurzdiät: Milchprodukte, Alkohol und Süßigkeiten weglassen, abends nur noch Protein und Gemüse, spätestens drei Stunden vor dem Zubettgehen das letzte Mal essen. Wichtig: esst bitte trotzdem so viel, bis ihr ein angenehmes Sättigungsgefühl habt! Wenn ihr euch Zeit zum Essen nehmt, werdet ihr ein besseres Sättigungsgespür und Körperbewusstsein bekommen.

Ihr seht also, die Ernährung dürfte in diesem Jahr ein ganz besonderes Thema für euch werden. Die Kraft von Kräutern und Essenzen, der eigene Garten/Balkon und die Liebe zur Natur erwecken eure Interessen unter anderem auch kulinarisch. Wie wäre es, eigenes Gemüse zu ziehen, falls ihr das nicht sowieso schon tut? Das schärft eure Sinne für die Qualität eures Essens. Denn das ist dieses Jahr euer Mantra: Qualität, nicht Quantität! Auf diese Weise könnt ihr Jupiters Kräfte konstruktiv für euch nutzen.

Uranus verbleibt ein weiteres Jahr in eurem Sternzeichen und ist mit allerhand Aufregungen verbunden. Diejenigen, die seinen Einfluss gerade spüren und dabei sind, sich neu zu erfinden und vieles im Leben zu verändern, werden vermutlich die eine oder andere schlaflose Nacht erleben. Deshalb kann es von Vorteil sein, einen regelmäßigen Schlafrhythmus

Stier
Gesundheit und Spiritualität

zu pflegen und vermehrt Ruhephasen in euren Alltag einzuplanen. Der Einsatz von ätherischen Ölen, zum Beispiel der beruhigende Duft von Lavendel, Ylang-Ylang oder Jasmin, fördert Wohlbefinden und Entspannung.

Um Visionen in die richtige Bahn zu lenken, zeigt Saturn nach wie vor Grenzen auf, mobilisiert aber zugleich euer Durchhaltevermögen. Das verursacht möglicherweise Spannungen, und die können sich gesundheitlich im Bereich der Zähne, im Nackenbereich, im Hormonhaushalt von Schilddrüse und in der Galle bemerkbar machen. Die gute Nachricht: Das sollte sich ab dem 7. März bessern, wenn Saturn in einen Freundschaftsaspekt zu eurer Sonne geht!

Im Herbst habt ihr günstige Tendenzen für alle Themen und Termine rund um Gesundheit, Regeneration und Spiritualität. Zusätzlich ist der Einsatz von Heilsteinen sehr förderlich. Ihre feinstoffliche Wirkung kann auf den Stier energetisierend, ausgleichend und stärkend wirken. Erdfarben wie Orange, Braun und Grün können ebenfalls euer Wohlbefinden stärken. Der wichtigste Heilstein für den Stier ist der Smaragd, ganz dem Element Erde mit seiner grünen Farbe zugeordnet. Als Stier werdet ihr 2023 spüren, wie die Welt sich dreht und wie der Fokus verstärkt, noch mehr als in den letzten zwei Jahren, auf Natur, Landwirtschaft, Ernährung und Gesundheit gelenkt wird. Somit ist dies ein Jahr spirituellen Wachstums und intensiver Sinnfindung. Langsam, aber stetig geht es weiter in die neue Zukunft.

Highlights und kritische Phasen für die Gesundheit

Kritisch: 9. bis 21. März
In dieser Zeit werdet ihr feststellen, dass es euch etwas an Antrieb und Kraft dafür fehlt, eure Vorhaben zu verwirklichen. Das Immunsystem könnte angegriffen sein. Allergien könnten sich verstärken. Nehmt euch Zeit und Ruhe. Stärkt eure innere Quelle durch Meditation und Musik. Unterstützend auf das Immunsystem wirken Teemischungen mit Pfefferminze, Thymian und Salbei.

Highlight 23. März bis 16. April
Jetzt bekommt ihr Aufwind. Ihr spürt endlich wieder, wie eure Vitalität zurückkommt. Langsam, aber sicher erkennt ihr eure Stärken. Jeder Sonnenstrahl ist wie ein Geschenk. Körper und Seele kommen wieder in Einklang mit der Natur. Ihr seid auf dem besten Weg, mit Gelassenheit die schönen Dinge und Momente des Lebens zu genießen.

Kritisch: 23. April bis 3. Mai
Diese Zeitqualität wird sich bei allzu viel Leichtsinn auf die Gesundheit auswirken. Die verführerische Frühlingssonne kann im Wechsel mit Aprilwetter eure Gesundheit auf die Probe stellen. Achtet jetzt auf gute Ernährung, viel Schlaf und Bewegung in frischer Luft. Dem Immunsystem helft ihr mit Vitamin C, Roibuschtee, Ingwer und Galgant auf die Sprünge. Haltet die Füße warm und vermeidet stressige Situationen.

Kritisch: 20. Juni bis 2. Juli
In dieser Zeit ist es besser, eure Euphorie etwas zu zügeln. Ihr wollt das Leben an den Stier-Hörnern packen, könntet aber schnell ausgebremst werden. Vorsicht beim Sport und bei allen körperlichen Aktivitäten. Die Verletzungsgefahr ist erhöht, vor allem wenn ihr es zulasst, dass ihr hektisch und unachtsam werdet. Bleibt eurem Motto treu und vertraut auf das eigene Tempo. Sicher ist sicher!

Highlight 10. Juli 26. August
Jetzt verspürt ihr zunehmend Lebensenergie. Der Sommer wird eine Quelle der Stärkung. Alle sportlichen Aktivitäten im Freien sind ein Genuss für euch. Nicht nur der Körper wird es euch danken, sondern auch eure geistige Entwicklung wird von dem Spirit dieser Zeit profitieren. Als kleiner Wehmutstropfen könnte sich gelegentlich, bei zu vielen Feiern und Festen, der Magen zu Wort melden. Dem könnt ihr mit der heilenden Kraft und dem Genuss von Beifußtee entgegenwirken.

Stier
Gesundheit und Spiritualität

Kritisch: 22. August bis 30. August
Dies ist eine Zeit, in der euer Körper zu euch spricht. Intuitiv solltet ihr diese Nachrichten verfolgen. Vorsorgetermine sowie Stärkung der Seele durch die Sonne im Spätsommer und die Anwendung von Johanniskraut innerlich und äußerlich zeigen große Wirkung.

Kritisch: 25. November bis 2. Dezember
Jetzt könntet ihr ein wenig verzagt und besonders empfindsam sein. Andererseits ist das eine gute Zeit, um auf eure innere Stimme zu hören und darauf zu achten, was ihr jetzt braucht. Falls ihr spürt, dass etwas nicht in Ordnung ist, nehmt das ernst und sucht eure Heilpraktikerin oder euren Arzt auf. Seid kreativ bei eurem Speiseplan und den Schätzen der Natur. Nutzt die Kraft verschiedener Gewürze und Kräuter. Was den Körper speist, tut der Seele gut, besonders für euch, liebe Stiere.

Highlight: 4. Dezember bis 22. Dezember
Unterstützung in der Adventszeit bekommt ihr von Chiron, dem verwundeten Heiler. Spirituell habt ihr in diesem Jahr euren Geist und eure Seele inspirieren können. Vieles, was euch aus der Vergangenheit belastet hat, steht nicht mehr im Vordergrund. Es ist ein Stück Freiheit, Erkenntnis und ein Gewinn an Zuversicht, die euch beflügeln und ins neue Jahr begleiten.

Zwillinge
21. Mai – 21. Juni

Insgesamt dürfte 2023 ein bedeutendes Jahr werden, in dem ihr viele neue Projekte und einen neuen Lebensabschnitt beginnen könnt. Ihr startet mit viel Marsenergie ins Jahr. Der Powerplanet befindet sich schon seit August 2022 und noch bis zum 25. März 2023 in eurem Zeichen. Zu Jahresbeginn und bis zum 12. Januar ist er noch rückläufig. Gut möglich, dass einige eurer ehrgeizigen Projekte seit dem 30. Oktober etwas ins Stocken geraten sind, aber verliert deshalb nicht den Mut! Ab dem 12. Januar läuft Mars wieder direkt und dann geht es mit Volldampf voraus! Zahlreiche Ideen schwirren in eurem Kopf umher. Ihr befindet euch in einer intensiven und aktiven Lebensphase. Während dieser Zeit werdet ihr zahlreiche Veränderungen bei Arbeit, Wohnort, Familie und Beziehungen im Allgemeinen in die Wege leiten. Eine neue Phase eures Lebens ist in Vorbereitung, und ihr schmiedet Pläne, um alle Gelegenheiten optimal nutzen zu können. An Energie wird es euch vor allem nach dem 12. Januar nicht mangeln. Möglicherweise müsst ihr eure Aktivitäten jedoch etwas bremsen, denn sie könnten denen, die von euren schnellen Entscheidungen betroffen sind, etwas übertrieben erscheinen. Ihr braust von Thema zu Thema oder von Ort zu Ort (auch buchstäblich, achtet auf Strafzettel!). Gebt euch und anderen Beteiligten die Möglichkeit, euch an die zahlreichen Veränderungen eures Lebens anzupassen. Es ist viel los, vielleicht wird es sogar teilweise chaotisch, aber ihr tretet in einen neuen Lebenszyklus ein, das ist eine neue, aufregende Situation. Anders ausgedrückt, es ist in Ordnung, aufgeregt, durchsetzungsfähig und geistig blitzschnell zu sein. Aber ihr solltet eure Grenzen kennen und anderen gegenüber nicht zu aggressiv oder zu fordernd auftreten. Vermeidet Auseinandersetzungen und Streitigkeiten, die ihr durch eure Ungeduld hervorrufen könntet. Dabei kann euch die 90-Sekunden-Regel[1] gute Dienste leisten ! Verlangsamt gegebenenfalls euer Tempo, analysiert eure Möglichkeiten und alles sollte positiv verlaufen.

[1] Diese wunderbare Übung hilft euch, bei Gefühlen von Wut und Zorn wieder in eure innere Mitte zu kommen und einen klaren Kopf zu behalten. Es gibt dazu ein Video auf meinem YouTube-Kanal und auch ein schriftliches Dossier auf meiner Homepage. Der Text ist zudem Bestandteil der schriftlichen Mars-Analyse als PDF.

Zwillinge
Liebe und Beziehungen

Am 7. März beginnt Saturn einen neuen, gut zweijährigen Transit und er bildet während dieser Zeit einen herausfordernden Aspekt zu euch. Diese Entwicklung ist Teil des Anpassungsprozesses, der begann, als Mars im August letzten Jahres in euer Sternzeichen eintrat. Für euch beginnt nun eine neue Phase der Reife und ihr habt neue Verantwortlichkeiten – euch selbst und anderen gegenüber. Während der kommenden sieben Jahre werdet ihr die Grundlage für die nächsten dreißig Jahre eures Lebens schaffen. Es geht um Arbeit, Bildung, Familienangelegenheiten und/oder Ruhestand. Ihr habt Ideen, aber die Vision, wie es funktionieren soll, ist vielleicht noch etwas verschwommen. Es ist wichtig, jeden Tag euer Bestes zu geben. Denn dann werden sich Türen öffnen und ihr werdet für eure harte Arbeit und eure Talente belohnt. Es mag den Anschein haben, als würde alles zu lange dauern. Dem ist nicht so. Ihr seid lediglich zu ungeduldig. Stellt euch die Situation wie einen Tresor mit einem Zahlenschloss vor. Die Türe dazu öffnet sich erst mit der richtigen Zahlenkombination, und leider nicht so schnell, wie euch lieb wäre. Ein Teil der Antwort liegt in eurer Verantwortung euch selbst und anderen gegenüber. Augenblicklich seid ihr vielleicht noch nicht frei. Aber das Fundament, an dem ihr derzeit arbeitet, wird euch erlauben, dem Traum der Freiheit näher zu kommen, oder zumindest mehr Freiheit zu erlangen, als ihr derzeit habt.

Fantasieplanet Neptun bildet weiterhin einen schwierigen Aspekt zu eurem Sternzeichen. Mit diesem sogenannten Quadrat lebt ihr seit zehn Jahren und es fordert euch immer wieder auf, sensibel auf andere zu reagieren. Es ist wichtig, ehrlich und offen zu kommunizieren und anderen gegenüber alle relevanten Fakten offenzulegen. Es kann auch sein, dass ihr das Bedürfnis verspürt, euch zu erholen, zu entspannen und alle Aktivitäten, die stressig waren, einzuschränken. Andererseits (Zwillinge nehmen gerne zwei Wege gleichzeitig, manchmal in entgegengesetzte Richtungen) wollt ihr Pläne für eure Zukunft entwickeln, Projekte annehmen und diese auf eure Weise erledigen, aber ohne dies mit anderen zu teilen oder anderen mitzuteilen. Wenn ihr jedoch andere nicht daran teilhaben lasst, können Misstrauensprobleme entstehen. Dieses gilt auch andersrum. Das heißt, andere sind möglicherweise nicht ganz offen und ehrlich zu euch, und wenn sie von der vereinbarten Vorgehensweise abweichen, fühlt ihr euch möglicherweise betrogen und hintergangen.

Verhaltet euch ehrlich und integer, um Missverständnisse zu vermeiden. Behaltet auch gleichzeitig die Menschen, mit denen ihr zusammenarbeitet, genau im Auge und erhebt eure Stimme, wenn sich die Dinge in eine fragwürdige Richtung entwickeln. Neptun hat jedoch auch sein Gutes: Er fördert eure Kreativität und Intuition. Dieses ist sehr positiv im Marketing, in der Werbebranche, bei Illustration, Tanz und Musik. Eure persönliche Entwicklung in spiritueller oder künstlerischer Hinsicht kann viele Glücksmomente bringen.

Chiron, der verwundete Heiler, durchläuft auch 2023 das Widderzeichen, was den Wunsch wecken könnte (falls dieses noch nicht geschehen ist), euch einer Organisation für einen guten Zweck anzuschließen und Engagements im politischen Umfeld zu übernehmen, die zu positiven Entwicklungen in der Gesellschaft beitragen.

Liebe und Beziehungen

Das erste Quartal des Jahres steht ganz im Zeichen von Eroberungsplanet Mars, der euch lustvoll und mutig macht. Rückenwind und Selbstbewusstsein erhaltet ihr auch durch Glücksplanet Jupiter noch bis Mitte Mai. Das hilft vor allem den Singles unter euch, auf andere zuzugehen und die Initiative zu ergreifen. Falls ihr bisher oft schüchtern wart und nicht recht wusstet, wie ihr euch jemandem annähern sollt, verspürt ihr nun mehr Mut und seid auch geistig angeregt, um ins Gespräch zu kommen. Und so bringt euch das Frühjahr viele schöne Flirtchancen, besonders im Februar. Der Mars macht auch verstärkt Lust auf Sex und Erotik. Beim Flirten fängt es schneller als sonst an zu prickeln und ihr geht aufs Ganze! Möglich auch, dass ihr nicht so wählerisch seid und einfach mal ohne viel Nachdenken eine gute Gelegenheit für einen One-Night-Stand ergreift. Bedenkt dabei jedoch, dass solch spontane Intimität euch stärker binden kann als gedacht.

Für die fest Liierten unter euch kann der Mars sowohl die erotische Lust in eurer Beziehung steigern als auch zu Streit führen, das hängt davon ab, wie gut euer Einvernehmen generell ist. Wenn ihr häufiger als sonst Ungeduld oder Ärger verspürt, versucht, das nicht bei eurer Partnerin oder

Zwillinge
Liebe und Beziehungen

eurem Partner abzuladen. Treibt stattdessen lieber mehr Sport oder sucht andere Aktivitäten, bei denen ihr eure enorme Energie sinnvoll einsetzen könnt. Im Idealfall schwitzt ihr beim Sport gemeinsam mit dem oder der Herzallerliebsten oder tobt genüsslich zwischen den Laken und lebt die Marsenergie auf diese Weise aus! Wenn ihr euch einmal streitet, seid ihr gefordert, eure spitze Zunge im Zaum zu halten, damit ihr eure Partnerin oder euren Partner nicht unnötig verletzt. Auch wenn ihr recht habt und euch wahrscheinlich beim Argumentieren keiner das Wasser reichen kann: Verletzte Gefühle lassen sich nicht wegdiskutieren. Empathie und Anteilnahme sind gefragt! Ab Ende März beruhigt sich die Lage wieder, und wenn ihr im Rückblick feststellt, dass ihr es zeitweilig übertrieben habt, wird sich eure Partnerin oder euer Partner über eine ernst gemeinte Entschuldigung sicher freuen! Vor allem im April könnt ihr ganz wunderbar für Harmonie und Einvernehmen sorgen, dabei unterstützt durch die Venus.

Ein weiterer wichtiger Einfluss im neuen Jahr ist der neue Lilith-Transit. Die wilde Göttin inspiriert euch von Januar bis Anfang Oktober, den Austausch mit interessanten Menschen zu suchen. Vor allem spannenden Frauen gelingt es, eure innere wilde und freiheitsdurstige Seite zum Klingen zu bringen. Für Singles können sich daraus äußerst prickelnde Flirts ergeben. Generell kann eure Offenheit für Menschen mit interessanten, kreativen, aber auch psychologischen Ansichten euch auch neue Freundschaften oder berufliche Inspirationen bringen. Ab Oktober und bis Juni 2024 geht die Lilith in die Jungfrau und es kann zu Anspannungen in eurem Familienleben kommen. Thema kann zum Beispiel sein, wer bei euch zu Hause wie viel Freiraum braucht und erhält. Töchter ziehen vielleicht aus oder ihr verspürt selbst den Wunsch, umzuziehen, weil ihr euch in eurem Heim eingeengt fühlt. Es sind auch Konflikte darüber möglich, wer im Haushalt welche Aufgaben übernimmt. Wenn ihr Stress mit Frauen bekommt, dann kann euch das Seiten in euch selbst spiegeln, die ihr vielleicht bisher mit Rücksicht auf die Familie immer unterdrückt habt.

Ein besonders wichtiger Faktor für die romantische Liebe ist Fantasieplanet Neptun, und der steht nun schon seit zehn Jahren in einem herausfordernden Aspekt. Viele von euch haben damit bereits ihre Erfahrungen gemacht, nämlich Verwirrungen und Enttäuschungen in der Liebe. 2023 betrifft dieser Aspekt vor allem die Geburtstagskinder vom **13. bis zum 19. Juni**. Unter Neptuns Einfluss ist es schwer, genau zu erkennen, woran ihr seid, manchmal sogar, was ihr fühlt. Ihr könntet euch himmelhoch jauchzend verlieben und kurze Zeit später zu Tode betrübt und enttäuscht sein. Ihr könntet auf Menschen treffen, die euch verheimlichen, dass sie bereits gebunden sind. Je nachdem in welches Haus dieser Transit in eurem Geburtshoroskop fällt, könntet ihr auch selbst eine heimliche Affäre beginnen, obwohl ihr gebunden seid. Vielleicht ist es auch eure Partnerin oder euer Partner, die oder der auf Abwege gerät und versucht, dies vor euch zu verbergen. Am besten geht ihr damit um, indem ihr radikal ehrlich seid, wobei euch bis zum September auch Lilith helfen wird. Sie lehnt es nämlich ab, Gefühle zu verheimlichen, zu intrigieren und Spielchen zu spielen. Sie will, dass ihr zu euch selbst steht, und wird euch die Kraft geben, ehrlich zu sein, klare Fragen zu stellen und nicht wegzuschauen. Das kann schmerzlich sein, denn Neptun wirft nicht nur Nebelbomben, sodass ihr nicht erkennt, was los ist. Er verführt euch auch dazu, selbst dann, wenn ihr klarseht, das Offensichtliche lieber zu verdrängen. Deshalb unser Tipp: Seid vor allem schonungslos ehrlich zu euch selbst. Dafür könnt ihr gegebenenfalls auch Freundinnen und Freunde zurate ziehen, die vielleicht mit etwas Abstand besser durchschauen, ob ihr euch in ein Schlamassel verstrickt habt. Und im zweiten Schritt solltet ihr dann auch mit Beteiligten und Beziehungspartnerinnen und -partnern ehrlich sein und genau hinschauen. Der Neptuneinfluss kann es außerdem mit sich bringen, dass man aus Frust und Enttäuschung zu Substanzen greift, zum Beispiel indem man versucht, den Kummer in Alkohol zu ertränken. Das kann kurzfristig Linderung verschaffen, ist aber auf Dauer die falsche Strategie. Wenn ihr merkt, dass es für euch in diese Richtung geht, solltet ihr die Hilfe eines Coaches oder einer Therapeutin in Anspruch nehmen. Wenn es euch aber gelingt, in euren Beziehungen liebevoll, empathisch und ehrlich miteinander umzugehen, können solche Krisen eure Liebe noch vertiefen und Heilung ist möglich. Das bestätigt auch Chiron, der günstig für euch steht und euch dabei unterstützt, aus den Lektionen des Lebens und der Liebe die richtigen Schlüsse zu ziehen, die heilsam für eure Seele wirken können. Er weist auch darauf hin, dass es euch trotz mangelnder Therapieplätze gelingen kann, die richtige beratende oder therapeutische Unterstützung zu erhalten.

Zwillinge
Liebe und Beziehungen

Wichtig wird für die nächsten gut zwei Jahre der Einfluss des neuen Saturntransits durch die Fische. 2023 prüft Saturn vor allem die Geburtstagskinder vom **21. bis zum 29. Mai**. Berufliche, persönliche oder partnerschaftliche Herausforderungen können auftreten, die nach Konsequenzen verlangen. Häufig werden diese wohl durch berufliche Entwicklungen ausgelöst, zum Beispiel eine neue, große Aufgabe oder Verantwortung. Werdet ihr dann noch genug Zeit für eure Beziehung haben? Müsst ihr vielleicht aus beruflichen Gründen an einen anderen Ort ziehen? Oder gibt es einen großen Umbruch oder gar einen Jobwechsel, der euch sehr in Anspruch nimmt? Solche Fragen werden euch beschäftigen. Vielleicht steht auch ein lang gehegter Kinderwunsch im Raum und ihr überlegt nun, diesen erneut aufzuschieben, um frei für berufliche Chancen zu sein. Aber wie sieht das euer Partner oder eure Partnerin? Auch Probleme mit Ämtern, der Steuerbehörde, Vorgesetzten oder staatlichen Autoritäten können euer Privatleben belasten. Saturns Prüfungen sind anspruchsvoll und die Lernaufgabe ist, reifer, achtsamer und verantwortungsbewusster zu werden. Deshalb solltet ihr euch dem stellen, es lohnt sich! Für einige von euch können nun Entwicklungen, die bereits vor 7, 14 oder sogar 21 Jahren ihren Anfang genommen haben, zur Wiedervorlage kommen, wenn sie noch nicht gelöst oder abgeschlossen sind. Denkt einmal über diese Zeiträume in eurer Vergangenheit nach, vielleicht findet ihr dort die Wurzel eines aktuellen Problems. Saturn wird euch auffordern, endlich die Konsequenzen aus dieser Erkenntnis zu ziehen oder eine Beziehung vielleicht sogar zu beenden. Wenn ihr eine solche Krise jedoch gemeinsam mit Partnern, der Familie oder Freundinnen durchsteht, werden eure Verbindungen dadurch stärker und belastbarer als je zuvor.

Highlights und kritische Phasen in der Liebe

Highlight: 3. bis 19. Januar
Startet ihr vielleicht frisch verliebt ins neue Jahr? Dann habt ihr nun Grund zur Freude und euer neues Liebesglück lässt euch so manche Sorgen vergessen. Für fest Liierte wäre das eine schöne Zeit, um sich gemeinsam beim Wintersport zu vergnügen oder etwas Schönes mit einer netten Clique zu erleben.

Kritisch: 20. bis 24. Januar
Ernüchterung oder gar Liebeskummer können sich nun wie ein Schatten über die gute Stimmung legen. Was ist los? Habt ihr irgendwelche Warnzeichen nicht beachtet? Denkbar ist auch, dass eine schöne Winter-Urlaubsliebe nun zu Ende geht, und ihr wisst, dass es wahrscheinlich ein Abschied für immer ist.

Highlight: 20. Februar bis 5. März
Sehr prickelnde Phase für Singles, die gerne flirten möchten. Venus und Mars machen euch Mut und Lust, auf das Objekt eurer Begierde zuzugehen. Möglich auch, dass ihr euch in euren Coach oder eure Therapeutin verknallt! Da raten die Sterne aber noch zur Zurückhaltung. Auch eure Freundschaften sind nun eine Quelle der Inspiration. In einer Freundschaft kann nun auch etwas geheilt werden, oder ihr erlebt besondere Nähe dadurch, dass ihr euch gegenseitig helft und stützt.

Kritisch: 7. bis 17. März
Die Liebesplaneten können euch zu gewagten Abenteuern anregen. Schneller als sonst kommt ihr euch mit Flirtkandidatinnen und -kandidaten nahe. In dieser Zeit lauft ihr jedoch Gefahr, eine Affäre zu beginnen, die euch für längere Zeit verwirrt zurücklässt oder sich als Enttäuschung erweist. Vielleicht findet ihr (später) auch heraus, dass noch Dritte mit im Spiel sind oder waren. Der Spaß kann also Folgen haben, wenn ihr nicht achtsam seid.

Highlight: 16. April bis 7. Mai
In dieser Zeit seid ihr beliebt, die Menschen suchen eure Nähe und ihr möchtet euch auch selbst etwas Gutes tun. Verabredet euch doch mit Freundinnen zu einem Flohmarktbesuch und findet schicke Outfits oder schöne Dekogegenstände für kleines Geld! Das würde euch Spaß machen. Auch zum Flirten ist es eine gute Zeit, weil euer Charme unwiderstehlich ist.

Highlight: 5. Juni bis 7. Juli
Die Liebesplaneten schicken euch nun gemeinsam mit der verführerischen Lilith heiße Liebesenergie. Die kann sich auf viele Arten äußern, durch Flirts und neue Affären, aber auch indem ihr in eurer

Zwillinge
Liebe und Beziehungen

Kommunikation enorm inspiriert seid und andere mit süßen Worten und Liebesbotschaften um den Finger wickelt. Insofern kann es auch eine gute Zeit sein, um Apps und das Internet zum Flirten zu nutzen.

Kritisch: 8. bis 12. Juli
Passt in diesen Tagen auf, dass ihr euch nicht um Kopf und Kragen redet. Eure festen Beziehungen könnten darunter leiden, dass euer Verhalten als Flirt ausgelegt wird, dabei wolltet ihr nur nett sein.

Kritisch: 2. bis 7. August und 19. August bis 6. September
Dies könnten schwierige Zeiten in der Familie oder eurem Heim werden. Missverständnisse, zum Beispiel über die Urlaubsplanung, können zu Unstimmigkeiten führen. Dabei scheint es darum zu gehen, wer welche Aufgaben übernehmen soll und wer wann verreisen kann. Vielleicht habt ihr eine gemeinsame Verantwortung, die ihr euch aufteilen müsst. Vielleicht müsst ihr aber auch im Job plötzlich eine extra Aufgabe übernehmen und das geht zulasten des Familienurlaubs. Womöglich gibt es auch Stress mit Mietern oder Vermieterinnen wegen der Nebenkostenabrechnung. Und ausgerechnet jetzt seid ihr schnell gereizt und verliert die Geduld, wenn Planungsdetails besprochen oder Listen erstellt werden müssen. Da hilft nur die 90-Sekunden-Regel! Denn es ist wichtig, dass ihr euch einigt und einen guten Plan macht.

Highlight: 16. September bis 6. Oktober
Liebe, Lust und verführerische Ideen machen euch während dieser Zeit unwiderstehlich! Ihr könnt jetzt mit euren Worten und Botschaften jeden um den Finger wickeln und die Chance ist groß, dass ihr bekommt, was ihr wollt! Auch eure Experimentierfreude in der Liebe ist geweckt.

Highlight: 19. bis 30. Oktober
Jetzt habt ihr Lust, euer Heim gemütlich zu gestalten und herbstlich zu dekorieren. Vielleicht steht auch unerwarteter Besuch vor der Tür. Für die Spirituellen unter euch kann dies auch eine sehr schöne Zeit sein, einen Hausaltar einzurichten und sich mit Eingebungen aus der geistigen Welt zu beschäftigen. Wahrscheinlich habt ihr auch Lust, Samhain/Halloween zu feiern und zu zelebrieren.

Kritisch: 2. bis 6. November
Singles, bleibt jetzt in eurer Mitte und seid ehrlich zu euch selbst. In diesen Tagen ist die Gefahr erhöht, dass ihr euch in einer Liebesangelegenheit täuscht oder getäuscht werdet. Die fest Liierten erleben hingegen, dass ihr:e Partner:in stark und verlässlich zu ihnen steht.

Highlight: 8. bis 21. November
Ihr erlebt eine lustvolle und kuschelige Phase mit euren Liebespartnerinnen oder -partnern. Möglich, dass ihr in einem Konflikt im Freundeskreis zu Hilfe gerufen werdet. Tatsächlich könnt ihr wahrscheinlich helfen und durch empathisches Zuhören dazu beitragen, dass die Situation entwirrt werden kann. Wenn ihr Kinder habt, ist die Harmonie groß.

Kritisch: 22. November bis 6. Dezember
In Gesprächen, Meetings, aber auch in euren privaten Beziehungen ist die Stimmung angespannt. Aus erregten Diskussionen können Streitigkeiten werden, in denen scharfe Worte fallen. Häufig geht es dabei darum, wer recht hat. Möglich ist auch, dass eure Partnerin oder euer fester Partner euch zur Rede stellt, weil sie oder er glaubt, ein Fehlverhalten beobachtet zu haben, und ihr seht überhaupt nicht ein, wieso ihr euch rechtfertigen sollt. Auch in eurer Familie kann der Haussegen schief hängen, zum Beispiel weil eine pubertierende Tochter ihrer eigenen Wege geht, was euch gar nicht passt. Und ihr reagiert vielleicht aufbrausend, wenn Mitbewohner:innen oder Familienmitglieder euch kritisieren oder auch nur in ihre Pläne einbinden wollen. Versucht, euch ein bisschen abzusprechen, wer wann wie viel Freiraum dafür bekommt, sein eigenes Ding zu machen.

Karriere und Finanzen

Die ersten drei Monate des Jahres 2023 sind eine sehr aktive Zeit für geschäftliche Angelegenheiten und eine Fortsetzung von Entwicklungen, die ihren Anfang in den letzten vier Monaten von 2022 genommen haben. Projekte warten auf euch, die euch ein Gefühl der Begeisterung und neuer Energie geben. Euer Geist wird durch diese Projekte sehr angeregt, und jede Idee scheint weitere Ideen zu aktivieren, wie in einem

Zwillinge
Karriere und Finanzen

nicht endenden Kreislauf. Ihr genießt Abenteuer und Aufregung. Euer Selbstvertrauen wird zudem gestärkt, da man euch zuhört. Ihr seid gerne aktiv und mögt Brainstormings. Das alles zahlt sich aus. Dies gilt insbesondere für die vom **29. Mai bis zum 13. Juni** Geborenen.

Es bieten sich Möglichkeiten, wichtige Leistungen zu erbringen. Wenn ihr an einem Projekt gearbeitet habt, solltet ihr dieses zum Abschluss bringen und die gebührende Anerkennung erhalten, die ihr für eine sehr gut gemachte Arbeit verdient. Ihr erhaltet mehr Respekt und andere erkennen endlich eure Fähigkeit, wichtige Projekte zu bearbeiten und zu vollenden. Das verheißt Gutes für eure Zukunft. Es zeigt auch eine Zeit an, in der andere euch mehr Verantwortung und mehr Autorität anvertrauen. Ihr könnt eine Leitfigur für jemanden werden oder von jemandem profitieren, der für euch eine Autoritätsperson darstellt. Diese Tendenz gilt besonders für alle vom **13. bis zum 21. Juni** Geborenen.

Nach März kann es durchaus sein, dass bei der Arbeit mehr von euch erwartet wird. Es ist sehr wichtig, dass ihr eure Zeit gut einteilt und euch nicht auf Projekte festlegt, deren Fristen sich überschneiden. Ihr nehmt eure Verantwortung ernst. Wenn ihr jedoch ins Hintertreffen geratet, kann es schwierig sein, aufzuholen. Andere werden das bemerken und könnten eure Leistung oder Verzögerungen kritisieren. Achtet darauf, dass man euch nicht die Verspätung eines Projektes in die Schuhe schiebt. Es könnte auch eine Zeit sein, in der ihr euerseits geneigt seid, andere für die Mängel eines Projekts verantwortlich zu machen, was zu Spannungen in der Zusammenarbeit führen könnte. Seht die Lösung eher darin, pünktlich und zuverlässig abzuliefern, und verlangt sanft, aber bestimmt von anderen, dass sie ihre Aufgaben ebenfalls pünktlich erledigen. Ein Problem kann jedoch entstehen, wenn ihr zu anspruchsvoll und kritisch seid. Wenn jemand im Team Verzögerungen verursacht, scheint es euch mehr zu treffen als die anderen, vielleicht weil sie darauf angewiesen sind, dass ihr alles richtig handhabt. Verantwortung und Rechenschaftspflicht werden in den nächsten zwei Jahren sehr wichtig sein, und 2023 besonders für die vom **21. bis zum 29. Mai** Geborenen. Darüber hinaus kann es für euch notwendig sein, im Leben ein Gleichgewicht zwischen Arbeit, sozialen Aktivitäten, Bewegung und Ruhe zu finden. Wenn ihr zu viel arbeitet und die anderen Aspekte eures Lebens schleifen lasst, werdet ihr möglicherweise sowohl geistig als auch körperlich erschöpft sein. Nehmt euch eure Ruhe und haltet ein notwendiges Gleichgewicht in eurem Leben.

Viele von euch können sehr kreative und einfallsreiche Ideen bei der Arbeit zeigen, beispielsweise im Marketing und in der Werbebranche. Ihr habt ein sagenhaftes Gespür für Design und Farbe. Eure Bilder können Aufsehen erregen und viel Interesse wecken. Gleichzeitig habt ihr möglicherweise Misstrauensprobleme mit Arbeitskolleginnen und -kollegen. Seid achtsam gegenüber jedem Klatsch, der euch betreffen könnte. Wenig Schmeichelhaftes müsst ihr sofort richtigstellen. Behaltet außerdem eure Ziele im Auge und lass euch nicht ablenken. Ihr habt eine Tendenz, euch an Nebenschauplätzen zu verausgaben. Man sieht euer Talent, aber man erwartet auch, dass ihr euch auf die vereinbarte Leistung konzentriert und diese erbringt. Sofern ihr dies nicht tut, könnte es euch euren Ruf kosten. Vielleicht fühlt ihr euch als Opfer. Dies kann sich auch umgekehrt zeigen, wenn jemand anderes in eurem Team vom Weg abkommt. Davon könntet ihr euch desillusioniert oder enttäuscht fühlen. Stellt auf jeden Fall sicher, dass ihr und andere, mit denen ihr zusammenarbeitet, konzentriert seid, auf Kurs bleibt und euch innerhalb der Parameter der Projekte bewegt. Beachtet außerdem, dass dies keine günstige Zeit ist, um mit Kolleginnen oder Kollegen eine Liebesaffäre zu haben. Im ungünstigsten Fall gibt es einen Skandal. Oder es endet in Tränen der Enttäuschung, weil jemand nicht ehrlich und offen ist und sich herausstellt, dass eine dritte Person involviert ist. Achtet darauf, dass ihr euch in einer solchen Situation nicht zum Narren macht. Seht die Dinge, wie sie sind, und nicht irgendeine Fantasie oder Täuschung, die keine realistische Grundlage hat. Dieses Risiko besteht hauptsächlich für die vom **13. bis zum 19. Juni** Geborenen.

Finanziell müsst ihr dieses Jahr auf euer Geld aufpassen. Anfangs handelt ihr viel und die Finanzen sehen gut aus, wahrscheinlich bis Mai. Verträge und Vereinbarungen können lukrativ sein. Aber nach Mai seid ihr möglicherweise anfällig für Kritik von Personen, mit denen ihr zusammenarbeitet, oder ihr geratet mit euren Projekten in Rückstand. Sowohl Kritik als auch Verzögerungen können eure finanzielle Situation belasten. Es ist

Zwillinge
Karriere und Finanzen

wichtig, konzentriert zu bleiben und eure zeitlichen Verpflichtungen einzuhalten, sonst könnt ihr Aufträge verlieren oder bestraft werden. Finanzielle Spekulationen liegen euch durchaus. Das funktioniert am besten in den ersten zwei bis fünf Monaten des Jahres. Danach solltet ihr eure Risikobereitschaft gegebenenfalls reduzieren.

Highlights und kritische Phasen in Beruf und Finanzen

Highlight: 27. Januar bis 10. Februar
Man liest immer wieder, wie wichtig es sei, sich beruflich Ziele zu setzen, um die eigene Karriere voranzutreiben. Doch das ist keine reine Kopfsache; man muss seine Ziele auch fühlen. Man braucht eine sinnliche Vorstellung davon, was man erreichen möchte. In diesen Tagen gelingt euch das besonders gut! Visualisiert das, was ihr erreichen möchtet! So programmiert ihr euer Unterbewusstsein und macht euch selbst Lust auf die nächsten beruflichen Schritte!

Kritisch: 12. bis 19. Februar
Es treffen gleich zwei ungünstige Konstellationen zusammen. Zum einen tretet ihr jemandem in eurem Jobnetzwerk auf die Füße. Nun droht ein wichtiger Kontakt wegzubrechen. Versucht beizeiten, den Fauxpas wieder auszubügeln. Das eigene Fehlverhalten einzugestehen, hilft dabei. Gleichzeitig lässt euch eure Vorgesetzte oder euer Vorgesetzter im Stich. Zwar scheint sie oder er euch gewogen zu sein, doch außer warmen Worten ist in diesen Tagen nichts aus der Chefetage zu erwarten.

Kritisch: 12. bis 29. April
Um finanziell gut dazustehen, müsst ihr jetzt viel Energie aufwenden. Geld kommt nämlich nicht von alleine, sondern ist die Frucht eures Handelns. Wer faul in der Hängematte chillt, wird in eine leere Geldbörse blicken. Wer jedoch in die Hände spuckt und keine Mühen scheut, kann mit verdienten Renditen rechnen. Aber ein Beigeschmack bleibt: Denn auch große Anstrengungen führen wahrscheinlich zu eher mittelmäßigen Einnahmen. Tatsächlich müsst ihr auf der Hut sein, dass euch euer mühsam verdientes Geld nicht illegitim wieder abgeluchst wird.

Highlight: 27. Juni bis 5. Juli
Manchmal muss man der Fügung eine Chance geben. In diesen Tagen lohnt es sich, bewusst zu handeln und gegebenenfalls sogar ein Risiko einzugehen, ohne sich aber fest an ein bestimmtes Ergebnis zu klammern. Nachdem ihr die Sache angestoßen habt, solltet ihr den weiteren Verlauf dem Schicksal überlassen. Dieses meint es gut mit euch, sofern ihr euch dann nicht mehr so viel einmischt.

Highlight: 11. bis 28. Juli
Knüpft neue Kontakte! Diese werden sich irgendwann als nützlich erweisen. Geht auf andere Menschen zu. Das gilt allem voran im beruflichen Umfeld, aber auch darüber hinaus. Denn auch Begegnungen außerhalb der Firma können Jobimpulse auslösen. Nicht jede Begegnung wird halten, was sie am Anfang verspricht. Daher ist es wichtig, sich nicht nur auf wenige Personen zu fokussieren. Hier gilt nun ausnahmsweise: Masse statt Klasse! Es wird sich erst im Laufe der Zeit zeigen, wer davon euch hilfreich zur Seite steht und wer nicht.

Kritisch: 24. bis 29. August, 16. bis 22. September
Private Angelegenheiten bremsen euren beruflichen Elan aus. Offenbar seid ihr zu sehr mit Familienthemen oder Ähnlichem beschäftigt und vernachlässigt dadurch die eigenen Karrierepläne. Die Herausforderung liegt darin, Berufliches nicht schleifen zu lassen und trotzdem die privaten Probleme zu lösen. Falls euch das alleine nicht gelingt, holt euch Hilfe! Niemand muss alles alleine ausfechten.

Highlight: 1. bis 9. Oktober
Beste Gelegenheit, aus alten Verträgen rauszukommen! Notiert euch im Kalender, jetzt Abos, Mitgliedschaften und laufende Dienstleistungen zu kündigen. Mit etwas Nachdruck gelingt das womöglich sogar dort, wo ihr noch gar kein vertragsgemäßes Kündigungsrecht habt.

Kritisch: 10. bis 22. November
Was genau der Auslöser sein wird, ist individuell verschieden. Aber es kann nun zum Streit mit Kolleginnen oder Kollegen kommen. In vielen Fällen werden Neid und Konkurrenzkampf mit im Spiel sein. Wie verhaltet ihr euch am besten? Sich zu emotionalen Ausbrüchen hinreißen

Zwillinge
Gesundheit und Spiritualität

zu lassen, ist auf jeden Fall eine schlechte Idee. Besser ist, ihr bleibt die ganze Zeit sachlich und formell – auch wenn es euch schwerfällt und ihr innerlich brodelt. Denkt an die 90-Sekunden-Regel!

Highlight: 5. bis 8. Dezember
Die Übernahme von mehr Verantwortung kann zu einem höheren Ansehen auch in der Kollegenschaft führen. In Einzelfällen kann es sogar eine Auszeichnung sein, die dazu beiträgt, dass andere einem mit mehr Respekt begegnen.

Kritisch: 12. bis 20. Dezember
Selbstständige müssen in der Vorweihnachtszeit geduldig mit ihren Kunden und Kundinnen umgehen – oder klare Kante zeigen! Denn in diesen Tagen zeigt sich ein Teil der Kundschaft fordernd bis unverschämt. Manche Spielchen kann man zwar noch mitmachen, aber wenn eure persönlichen Grenzen überschritten werden, solltet ihr den Kontakt abbrechen. Auf solche Kunden könnt ihr verzichten.

Gesundheit und Spiritualität

Woher nehmt ihr Zwillinge nur die Kraft für alle eure Vorhaben? Voller Ideen und Inspiration startet ihr in das Jahr 2023, denn euer Denken ist schnell und euer Wissensdurst groß! Dank eures Herrschers Merkur seid ihr auch im Thema Gesundheit und Wohlbefinden stets gut informiert. Kaum ein Trend, der euch jung und vital hält, geht ungetestet an euch vorbei. Der lange Transit von Mars in eurem Zeichen (August 2022 – März 2023) hat euch und euer Immunsystem sicher auf Trab gehalten. In der Astromedizin sind euch die Lunge und die Atemwege zugeordnet und so ist es gut möglich, dass ihr in den letzten Monaten des Öfteren mit Infekten der oberen Atemwege oder Nebenhöhlen zu kämpfen hattet. Auch Schulter-Arm-Probleme könnten sich durch Überanstrengung oder Verspannungen durch zu viel Zeit am Schreibtisch in euren Armen und Händen zeigen. Es ist ratsam, immer wieder Ruhepausen einzulegen, aufzustehen und Arme und Hände zu stretchen und zu lockern. Auch die Konzentration wird in dieser hektischen Zeit sehr beansprucht. Dieses Thema dürfte euch nicht unbekannt sein. Gedanken kommen und gehen. Unterstützung für eure Konzentrationsfähigkeit findet ihr durch Atemübungen, Yoga und Tanzen sowie bei allen sportlichen Aktivitäten an frischer Luft. Schenkt eurem Herz und eurem Kreislauf etwas mehr Beachtung. Lang anhaltende Müdigkeit sollte gegebenenfalls ärztlich abgeklärt werden.

Ab dem 7. März zieht Saturn in die Fische und verweilt dort bis Mai 2025. Dieser Transit kann sich für euer Luftelement immer wieder als anstrengend und herausfordernd erweisen. Gesundheitlich könnten die Abwehr und euer Immunsystem vermehrt Unterstützung und Ruhephasen brauchen. Körper und Seele in Einklang zu bringen ist nicht immer einfach für euch. Auch ihr werdet erkennen, wie wichtig es ist, eurer inneren Stimme zu folgen. Sanddorn, Hagebutte und Zitrone versorgen euch mit Vitamin C. Entspannung findet ihr in der Natur bei langen Spaziergängen, Waldbaden und sportlicher Betätigung. Durch Meditation und Yoga könnt ihr den Fokus auf eure eigenen Bedürfnisse verstärken. Wasser unterstützt eure geistige Beweglichkeit. Aromaöle wie Zitrone, Immortelle und Minze unterstützen eure Konzentration.

Am 3. Oktober wandert Lilith, die schwarze Mondin, in die Jungfrau weiter. Mehr denn je werdet ihr jetzt spüren, wie wichtig es ist, eure eigene Urkraft zu finden und diese zu leben. Zwillinge können zu Hautirritationen und Allergien neigen. Sinnvoll ist es deshalb für euch, die Atemorgane zu schützen und zu unterstützen. Spitzwegerich hat sich als altes Heilmittel für Bronchien und Lunge bewährt, ihr findet ihn übrigens fast in jedem Park und Wald. Habt ihr nicht einmal Lust, etwas Neues zu lernen und euren eigenen Hustensaft anzusetzen? Wichtig für alle Zwillingsgeborenen ist Sauerstoff in jeglicher Form, speziell, weil sie dem Element Luft zugeordnet sind. Bei der Ernährung unterstützen euch frische Kräuter wie Thymian und Salbei, und grüne Smoothies sind besonders wertvoll.

Eine besondere Kraft wird dem Tragen und Anwenden von Heilsteinen zugesprochen. Bernstein, der Heilstein eures Luftelementes, spendet Energie, vor allem bei Hektik, in unruhigen Zeiten und bei Konzentrationsmangel. Er unterstützt bei innerer Verspannung und löst Ängste. Zwillinge kämpfen oft mit Gedankenkarussellen, gerade wenn es um den Schlaf geht, und neigen dann dazu, den Tag mit ins Bett zu nehmen. Eine

Zwillinge
Gesundheit und Spiritualität

Teemischung aus Veilchen, Pfefferminze, Melisse, Thymian und Fenchel stärkt eure Lunge und somit auch euer Wohlbefinden. Legt euch ein Lavendelkissen mit ins Bett, um den Gedanken dabei zu helfen, schneller zur Ruhe zu kommen. Wunderbar auf euer Luftelement wirken sich übrigens auch ätherische Öle von Narde, Immortelle, Lavendel, Anis und Minze aus.

Highlights und kritische Phasen für die Gesundheit

Highlight: 17. Januar bis 5. Februar
Chiron, der verwundete Heiler, führt euch zu Erkenntnissen und Einsichten, mit denen ihr eure gesundheitlichen Themen besser in den Griff bekommen könnt. Er hilft euch, euer Immunsystem zu stärken und gleichzeitig mit der Kraft aus der Apotheke Natur den bestmöglichen Nutzen für euch zu erzielen. Bewusst sucht ihr jetzt eine kleine tägliche Auszeit, um zu Kräften zu kommen. Dies könnt ihr zusätzlich mit Meditation, Yoga und Waldbaden erreichen. Lavendel, Veilchen und Passionsblume unterstützen den Schlafrhythmus. Ein Aromabad mit Muskatellersalbei, Immortelle und Narde beruhigt Körper und Geist. Gesunde Ernährung, ein ausgewogener Speiseplan mit frischem Gemüse und Kräutern beleben euren Stoffwechsel.

Kritisch: 9. bis 21. März
In dieser Zeit könntet ihr eine körperliche und geistige Erschöpfung wahrnehmen. Jeglicher Kraftaufwand macht müde. Das Immunsystem meldet sich zu Wort. Es ist besser, in dieser Phase öfter kleine Auszeiten zu nehmen. Zum Beispiel am Abend mit einem wohltuenden Bad, einer beruhigenden Meditation mit Klangschalen-Musik und einer erwärmenden Tasse Tee mit Pfefferminze, Thymian und Salbei.

Highlight: 30. März bis 12. April
Jetzt bekommt ihr ein Gefühl der Stärke und die Kraft, Strukturen in eurem Leben neu einzubauen. Gesundheitlich könnt ihr dies unterstützen, indem ihr durch die ersten Sonnenstrahlen im Frühling wandert oder Fahrrad fahrt. Jetzt könnt ihr viele aufgeschobene Themen in Angriff

nehmen. Eine Zahnsanierung oder neue Behandlungsmethoden für Knie, Knochen und Gelenke können durch Stabilität und Aktivierung der Körperenergie gute Erfolge erzielen.

Kritisch: 22. April bis 3. Mai
In diesem Zeitfenster könnt ihr euch etwas ausgebremst fühlen. Darunter könnte die Stimme leiden und ihr stellt vieles infrage. Auch jetzt könnt ihr erkennen, dass sich Phasen von Höchsteinsatz mit Phasen von Erschöpfung ablösen. Es wird euch bewusst, dass ihr eurem Körper mehr Schonzeiten zugestehen solltet. Setzt euch mit eurem Bewusstsein auseinander. Arbeitet daran, Körper und Geist in Einklang zu bringen. Versucht, euren Speiseplan bewusst zu ändern. Melisse und Wermut sind in dieser Zeit eine gute Art von Erfrischung für euch.

Highlight: 12. Juni bis 2. Juli
Unter diesem kosmischen Einfluss könnt ihr eure Lebenskraft neu aktivieren, dabei hilft euch unter anderem auch eure Intuition. Vieles, was euch in den letzten Wochen ausgebremst hat, könnt ihr nun bewusst mit Hilfe von Chiron, dem verwundeten Heiler, in die Klärung bringen.

Highlight: 24. Juli bis 11. August
Eine Zeit, in der vieles gelingt. Ihr könnt eure Wünsche in die Tat umsetzen. Ein Geistesblitz jagt den nächsten, schreibt alles auf! Falls eure Gedanken zu chaotisch werden, könnt ihr diese am besten mit Meditation und Yoga sortieren. Führt ein Traumtagebuch. Werdet euch der Kraft bewusst, die in euch schlummert. Jede Verwandlung beginnt mit dem Wunsch nach Verwandlung und dieser Wunsch könnte sich nun zeigen. Nutzt die Kraft des Bernsteins, um zu eurer inneren Mitte zu finden.

Kritisch: 24. Oktober bis 2. November
Jetzt können gesundheitliche Themen hochkommen, die mehr Tiefgang und Analysen brauchen. Alle Heilmittel, die zur inneren Reinigung und körperlichen Entgiftung führen, wie etwa Mariendistel, Löwenzahn und Brennnessel, zeigen jetzt besondere Wirkung. Haltet Maß in allen Bereichen und besinnt euch auf eure Ziele. Stützt Lunge und Bronchien. Sauna und warme Kräutertees mit Pfefferminze, Salbei, Spitzwegerich

Zwillinge
Gesundheit und Spiritualität

und Thymian sind jetzt Wohltäter für Körper und Stimme. Falls euch dennoch die Luft ausgeht, solltet ihr euch immer wieder eine Auszeit in der Natur nehmen und die Ruhe genießen.

Highlight: 10. Dezember bis 22. Dezember
Passend zum Jahresende werdet ihr bewusst eurer inneren Stimme folgen. Vergangenheit und Zukunft sind durch die vielen neuen Erfahrungen im Fluss. Entspannende Bäder, zum Beispiel mit ätherischen Aromaölen von Melisse, Zypresse und Weißtanne, verzaubern diese innere Reise zu euch selbst. Meditation und Yoga entschleunigen und stärken eure Mitte.

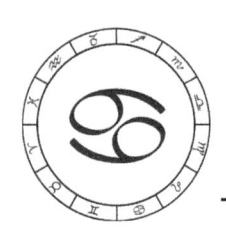

Krebs
21. Juni – 23. Juli

Macht euch nicht so viele Sorgen! Es stimmt, wir haben als Gesellschaft mit Widrigkeiten zu kämpfen und Herausforderungen zu stemmen, und ihr als soziale Wesen mit viel Gemeinsinn denkt häufig nach, wie das alles gehen soll. Doch ihr habt Grund zum Optimismus, denn ihr dürft euch auf ein kosmisches Kraftpaket der Unterstützung freuen. Die Erfolgsplaneten Jupiter und Saturn werden euch ab dem Frühjahr mit günstigen Aspekten fördern und unterstützen. Ihr seid nicht allein. Gemeinsam mit eurer Familie, euren Lieben, Vertrauten, Kolleginnen und Kollegen oder auch mit der Rückendeckung durch Gleichgesinnte wird euch vieles gelingen, was ihr euch vornehmt!

Ihr habt in den letzten fünf bis zehn Jahren einen weiten Weg zurückgelegt. Allmählich fügen sich die Teile eures Lebens zu einem reichen, schönen Bild zusammen. Ihr seid finanziell, emotional oder beruflich unabhängiger geworden und benötigt nicht mehr so sehr die Unterstützung anderer. Seid stolz auf euch! Die Reise der vergangenen Jahre hat es euch ermöglicht, euren eigenen inneren Kern der Stärke und Fähigkeit zu finden. Die Umstände eurer Arbeit haben sich wahrscheinlich verbessert, auch wenn die Art und Weise, wie sich dies entwickelt hat, möglicherweise nicht euren Vorstellungen entsprach. Aber egal: Nun seid ihr bei euch angekommen, seid ihr selbst und habt erkannt, was ihr alles erreichen könnt, selbst emotionaler Schmerz kann euch nicht daran hindern. Ihr seid Kämpfer, Überlebenskünstlerinnen. Möglicherweise müsst ihr noch daran arbeiten, die Vergangenheit emotional loszulassen, Geschichten alter Zeiten über Bord zu werfen und Altlasten loszuwerden. Dies ist nie einfach für einen Krebs, aber es wird euch enorm helfen und ihr werdet noch stärker und produktiver. Möglicherweise müsst ihr darauf achten, nicht euer Vertrauen in andere zu verlieren oder zu erleben, dass andere das Vertrauen – und auch die Nähe – zu euch verlieren.

Der sanfte Neptun wird hier behilflich sein, da er in Harmonie zu eurem Sternzeichen steht. Neptun bringt Liebe – sowohl romantisch als auch spirituell. Mit der Liebe kommen Vergebung und Loslassen der

Krebs
Liebe und Beziehungen

Vergangenheit. Viele Menschen lieben euch und sie spornen euch an, in eurem Leben voranzukommen. Verbringt Zeit mit diesen Menschen, denn ihr werdet erfahren, dass diese Momente reich und heilig sind. Dieser Aspekt beinhaltet auch tiefe Romantik und Zuneigung zu einer besonderen Person, bei der ihr das Gefühl habt, völlig offen sein zu können. Es ist etwas ganz Besonderes und inspiriert euch auch, kreativ zu sein, was ohnehin ein Teil eurer Fähigkeiten ist. Es ist außerdem eine günstige Zeit für spirituelle, künstlerische, kulturelle, musikalische und Reiseabenteuer. Es ist ein schönes Jahr, um mit jemandem, den ihr liebt, eine romantische Reise an einen exotischen Ort zu unternehmen. Feiert mit Menschen, die ihr gern habt und liebt. Es unterstützt den Heilungsprozess von Chiron im Quadrat zu eurem Sternzeichen, den wir weiter oben schon beschrieben haben.

Jupiter wird am 16. Mai in den Stier weiterziehen und bildet dann für ein Jahr angenehme und freundschaftliche Aspekte zu euch. Dies wird positive Veränderungen mit sich bringen: Von einer Zeit der Übertreibung, vielleicht auch Verschwendung und Nachlässigkeit hin zu einer Zeit, in der ihr ein besseres Urteilsvermögen habt. Mit dem besseren Urteilsvermögen kommen größere Erfolge in allen Lebensbereichen. Besonders hervorzuheben sind eure Verbindungen zu Gruppen und Gleichgesinnten. Eure Beteiligung an Gruppen scheint jetzt ein klarer Vorteil zu sein, nutzt also die Gelegenheiten, die sich hier im Jahr 2023 ergeben. Es ist ein Weg, der neue und schöne Freundschaften hervorbringen kann. Und 2023 begünstigt auch viele schöne Erlebnisse mit Freundinnen und Freunden. Es ist möglich, dass ihr sogar eine neue Gruppe oder einen Verein gründet, in der ihr der oder die Vorsitzende seid. Zieht euch bitte nicht vor dieser Verantwortung zurück, denn ihr werdet als Gruppenleiter:in sehr wirkungsvoll sein. Es können sich auch pädagogische oder erzieherische Bindungen ergeben. Andere trauen euch die Führung zu, mit der ihr selbst vielleicht manchmal hadert. Doch euer Umfeld hat recht! Wenn ihr euch einmal traut, werdet ihr merken, wie sehr ihr in dieser Rolle aufgehen könnt. Mutig zu sein und euch selbst zu überwinden wird euch glücklich machen und euch Glück bringen.

Außerdem steht euch eine sehr produktive und erfolgreiche, gut zweijährige Periode bevor, wenn Saturn nach dem 7. März seinen Transit durch die Fische beginnt. Es wäre hilfreich, wenn ihr einen Zwei- bis Dreijahresplan erstellt, mit Zielen, die ihr euch steckt und erreichen wollt. Wenn eure Ziele realistisch sind, könnt ihr sie wirklich erreichen und die Belohnungen werden großartig sein, sowohl beruflich als auch privat. Erfolge im großen Stil können euer Selbstvertrauen und das Vertrauen anderer in eure Fähigkeiten stärken. Harte Arbeit und Engagement zahlen sich aus. Ihr steigt auf eine höhere Ebene in der Gesellschaft auf. Die Zukunft sieht besser aus als die Vergangenheit, besonders wenn ihr aus der Vergangenheit gelernt habt und in der Lage seid, diese loszulassen. Eure intensiven Emotionen sind eure größte Stärke und das schönste Geschenk, das ihr euch selbst und anderen machen könnt. Je authentischer ihr seid, umso mehr helft ihr anderen dabei, dies ebenfalls zu sein.

Liebe und Beziehungen

In der Liebe gibt es gute Nachrichten! Ihr habt auch dieses Jahr viele romantische Liebeschancen. Und diejenigen von euch, die im Laufe des letzten Jahres bereits jemanden zum Lieben gefunden haben, können in den nächsten zweieinhalb Jahren die neu gewonnenen Beziehungen festigen und vertiefen. Das gilt nicht nur, falls ihr euch neu verliebt habt, sondern auch, wenn ihr neuen Freundinnen und Freunden, Bekannten und generell Menschen begegnet seid, mit denen ihr auf einer Wellenlänge liegt. Und es können dieses Jahr noch weitere hinzukommen! Bis Mitte Juli könnt ihr dank Schicksalsanzeiger Mondknoten auf Menschen treffen, die euch auf eurem Lebensweg weiterhelfen oder für die ihr von besonderer Bedeutung seid. Und ab dem 16. Mai wird Glücksplanet Jupiter für den Rest des Jahres euer Freundschaftshaus beleben. Bei den Geburtstagskindern **vom 26. Juni bis zum 8. Juli** strahlt er besonders intensiv, aber es ist sehr wahrscheinlich, dass er auch bei den übrigen Krebsgeborenen Planeten im Horoskop günstig aktiviert. Er bringt nicht nur Gelegenheiten, neue Leute zu treffen, sondern auch solche, mit ihnen etwas in der Gesellschaft zu erreichen und voranzukommen. Ihr seid beliebt, die Menschen suchen eure Nähe, ihr erhaltet viele Einladungen und auch bei beruflichen Zusammenkünften könnt ihr Leute treffen, die euch ebenso privat interessieren. Und so werden euer Freundeskreis,

Krebs
Liebe und Beziehungen

Vereine und Verbände, in denen ihr tätig seid, Gruppen von Gleichgesinnten und nicht zuletzt auch berufliche Kontakte zu einer Quelle der Inspiration und des gesellschaftlichen Vorankommens. Besonders vielversprechend sind hier die Monate von März bis Mai, in dieser Zeit solltet ihr jede Gelegenheit wahrnehmen, Leute zu treffen!

Auch der gut zweijährige Saturntransit ab März des Jahres dürfte eine schöne Qualität in euer soziales Leben bringen oder verstärken, nämlich die der Verlässlichkeit und Stabilität. Es können ältere oder erfahrenere Menschen in eurem Leben auftauchen, deren Weisheit und Ansichten euch faszinieren. Vielleicht trefft ihr auf jemanden wie einen Guru oder eine Weisheitslehrerin, wenn ihr euch auf eine spirituelle Reise begebt, was euch tief berühren kann. Manche von euch werden sich nun auch in jemand deutlich Älteres verlieben, und ihr spürt beide, dass es das Richtige ist und der Altersunterschied keine Rolle spielt. Besonders vielversprechend sind hier der März, Juli und Oktober. Durchaus möglich, dass eine solche neu angebahnte Liebe anfangs eine ganze Weile braucht, bis sich daraus eine Beziehung entwickelt, aber die kann dann auch Bestand haben. Das kann auch im Ausland geschehen, möglicherweise aber auch im Rahmen einer beruflichen Fortbildung. Wenn ihr schon liiert seid, kann die Energie von Saturn in euch das Bedürfnis wecken, eure Beziehung zu festigen, vielleicht auch durch eine Heirat. Und wundert euch nicht, wenn ihr dafür am liebsten an einen fernen Ort reisen würdet! Dieser Aspekt wirkt 2023 besonders auf die **vom 21. bis zum 30. Juni** Geborenen.

In eurem sozialen Kreis könnt ihr durch euer berufliches Standing, vielleicht auch durch eine Auszeichnung oder ein gesellschaftliches Engagement große Anerkennung erlangen. Wenn ihr die Initiative ergreift und euch einbringt, werdet ihr viele finden, die sich euch anschließen und mit euch gemeinsam etwas unternehmen möchten, sei es privat, sozial oder politisch. Für einige von euch, besonders die Geburtstagskinder **vom 6. bis zum 16. Juli**, dürfte es sich auch lohnen, wenn ihr euch online auf Datingplattformen oder Apps nach neuen Flirtkandidatinnen oder -kandidaten umschaut. Das kann besser funktionieren, als ihr denkt! Und wenn ihr gebunden und gar nicht auf Partnersuche seid, kann euch das Internet ebenfalls interessante neue Kontakte bieten, mit denen ihr auf einer Wellenlänge liegt. Euer Urteilsvermögen wird sich wie schon erwähnt im Laufe des Jahres gut entwickeln und es dürfte euch nicht schwerfallen, vernünftige Leute von Schaumschlägerinnen und Täuschern zu unterscheiden. Wenn ihr also netzaffin seid oder es mal probieren wollt, scheut euch nicht, diese Möglichkeiten auszunutzen.

Zärtliche Romantik und tiefe Liebe stehen für euch ebenfalls in den Sternen, das verrät ein schöner Aspekt des sanften Neptuns, Planet der Romantik, Fantasie und Spiritualität. Hier sind es besonders die Geburtstagskinder **vom 13. bis zum 20. Juli**, die durch eine romantische Liebe in den siebten Himmel gehoben werden. Sei es, dass ihr jemand Neues kennenlernt oder mit dem bestehenden Partner oder der Partnerin zärtliche Gefühle wieder aufleben lasst. Das könnt ihr besonders fördern, wenn ihr euch eine gemeinsame Reise vornehmt, möglichst an einen Ort am Meer, an einem See oder beispielsweise eine romantische Kreuzfahrt, und zwar am besten rund um den eingangs erwähnten Geburtstag! Damit könnt ihr sozusagen die Liebesmagie in eurem gesamten kommenden Lebensjahr verankern. Aber auch sonst gibt es viele Gelegenheiten, diese besonderen Romantikkonstellationen zu aktivieren. Zum Beispiel indem ihr gemeinsam auf Konzerte geht und Musik genießt, oder auch dann, wenn ihr euch gemeinsam für eine gute Sache, einen lieben Menschen oder ein freundliches Haustier engagiert. Jeder Akt von Liebe für andere wird auch eure romantische Seite zum Klingen bringen.

Für einige von euch hängt der Himmel aber nicht nur voller Geigen. Chiron, der verwundete Heiler, und Machtplanet Pluto haben euch in den letzten Jahren einiges abverlangt. So haben euch vielleicht Menschen, die ihr geliebt oder mit denen ihr viele Jahre gearbeitet habt, verlassen oder sind dabei, euch zu verlassen. Etwa eure Eltern, Kollegen, Freundinnen oder andere Personen, die einen starken Einfluss auf eure Entwicklung im Leben haben. Vielleicht musstet ihr auch erleben, dass jemand, den ihr liebtet, toxisch war, und noch so viel Liebe und Zuwendung konnten daran nichts ändern. Solche Erlebnisse müssen heilen, und das braucht Zeit. Die Heilung beschleunigt sich jedoch, wenn ihr in der Lage seid, vergangene Verletzungen loszulassen. Oder wenn ihr euch durchringt, die Konsequenzen zu ziehen und eine toxische Beziehung endlich zu beenden. Übungen in Dankbarkeit und Vergebung sowie Freude an kreativen

Krebs
Liebe und Beziehungen

Beschäftigungen oder auch die Erfüllung in einem schönen Job können euch sehr helfen, wenn ihr durch einen solchen Prozess gehen müsst. Konzentriert euch auf diejenigen, die euch lieben und hinter euch stehen. Und außerdem dürft ihr wie gesagt damit rechnen, dass tolle neue Leute euer Leben bereichern und die Lücken füllen, die andere hinterlassen haben. Das gilt vor allem für die **vom 3. bis zum 12. Juli**, aber auch **vom 19. bis zum 22. Juli** Geborenen.

Ein wichtiger innerer Prozess dürfte im Januar abgeschlossen werden, wenn die wilde Lilith ihren Durchgang durch den Krebs beendet. Vermutlich habt ihr ein Stück Unabhängigkeit und Kreativität gewonnen, möglicherweise auch neue spannende Beziehungen. Und ihr durftet lernen, dass Menschen euch auch dann lieben, wenn ihr zu euren Ecken und Kanten steht. Nun ist es Zeit, die neuen Erkenntnisse und Beziehungen in eurem Leben zu integrieren und denjenigen eure Wertschätzung und Dankbarkeit zu schenken, die euch auf diesem Weg begleitet haben. Während ihres Durchgangs durch den Löwen wird Lilith keinen Hauptaspekt zu euch bilden. Ab Oktober geht sie dann in die Jungfrau und bringt euch für neun Monate anregende und positive Impulse, die euch darin bestärken, eure innere Kraft mehr auszuleben und euren Urinstinkten zu vertrauen.

Für euer Familienleben wünscht ihr euch Harmonie und Zusammenhalt. Tatsächlich habt ihr von Mai bis Oktober eine lange Zeit, in der euer Familienleben stark angeregt ist und die neuen Entwicklungen euch in Atem halten. Vieles ist möglich, zum Beispiel dass eines eurer Kinder heiratet, dass ihr eine aufregende neue Anschaffung für die ganze Familie tätigt oder dass ein „schwarzes Schaf" der Familie endlich wieder integriert werden kann. Im Juli deutet sich die Heilung eines Familienzwistes oder eine Wiedervereinigung an. Allerdings scheint da noch nicht das letzte Wort gesprochen zu sein. Vielleicht traut jemand dem neuen Frieden noch nicht oder andere Familienmitglieder fühlen sich dabei übergangen. Aber ab September findet ihr einen gemeinsamen Nenner und alle sind zufrieden. Im November kann die Angelegenheit noch mal auf dem Prüfstand stehen, aber zu Weihnachten herrscht Harmonie pur!

Highlights und kritische Phasen in der Liebe

Highlight: 3. bis 27. Januar
Besonders romantische Phase mit schönen Liebesüberraschungen und vielen kuscheligen Momenten. Vielleicht könnt ihr das Jahr mit einer winterlichen Liebesreise beginnen? Wer keine:n Partner:in zum Kuscheln hat, kann nun jemanden kennenlernen, vielleicht die Skilehrerin! Oder ist es ein Kumpel, mit dem es auf einmal zu kribbeln anfängt? Zum Valentinstag erhaltet ihr bestimmt eine Aufmerksamkeit oder den Impuls, jemandem eine romantische Überraschung zu bereiten!

Highlight: 16. März bis 11. April
Eine tolle Zeit für eure Freundschaften! Euer sozialer Kreis kann sich erweitern. Eure beruflichen Kontakte und Interessengemeinschaften versprechen schöne Anregungen, und Singles können hier auch fündig werden und Flirts anfangen. Leute, die ihr beruflich trefft, könnten auch privat interessant für euch werden. Eventuell überlegt ihr auch, euch gemeinsam mit Freunden oder Freundinnen beruflich oder politisch zu engagieren.

Kritisch: 18. bis 29. April
Ihr fühlt euch schneller als sonst persönlich angegriffen, was eure privaten und auch beruflichen Beziehungen belasten kann. Wenn ihr euch aufregt, kann die 90-Sekunden-Regel[1] euch helfen, wieder in eure Mitte zu kommen. Gespräche mit euren Lieben über beruflichen Stress können entlasten, aber achtet darauf, dass ihr anderen nicht zu viel aufladet! Eure Liebesgefühle scheinen derweil zu schlummern. Ihr braucht Ruhe und müsst wieder zu euch selbst kommen, ehe ihr eine liebevolle Atmosphäre wahrnehmen oder erschaffen könnt.

---

[1] Diese wunderbare Übung hilft euch, bei Gefühlen von Wut und Zorn wieder in eure innere Mitte zu kommen und einen klaren Kopf zu behalten. Es gibt dazu ein Video auf meinem YouTube-Kanal und auch ein schriftliches Dossier auf meiner Homepage. Der Text ist zudem Bestandteil der schriftlichen Mars-Analyse als PDF.

Krebs
Liebe und Beziehungen

Highlight: 7. bis 19. Mai
Nun seid ihr besonders charmant, liebevoll und fürsorglich. Das kommt an! Nutzt diese Zeit, um euren bestehenden Beziehungen etwas Gutes zu tun, und zeigt eurem Herzensmenschen, wie viel er oder sie euch bedeutet! Und wenn ihr alleinstehend seid, könnt ihr nun viel für eure Selbstliebe tun, zum Beispiel indem ihr ein Herzensprojekt für euch selbst verwirklicht.

Kritisch: 21. bis 26. Mai
In dieser Zeit kann eine schwierige berufliche Situation euch verunsichern. Oder eine dahingesagte Bemerkung verletzt euch und nagt an eurem Selbstwertgefühl. Widersteht dann der Versuchung, euch durch Shopping oder Süßigkeiten zu trösten. Es wird schnell wieder besser. Außerdem sind eure Freundinnen und Freunde für euch da!

Highlight: 28. Mai bis 5. Juni
Nun fühlt ihr euch wieder wohl in eurer Haut, und eine Liebesüberraschung kann euch alle Sorgen vergessen lassen! Für die Geburtstagskinder der 3. Dekade sind besonders schöne, romantische Momente möglich. Eure Liebesfantasie ist geweckt und ihr wirkt sehr verführerisch.

Highlight: 23. Juni bis 5. Juli
Wunderbare, gesellige Zeit. Ihr seid beliebt, die Menschen suchen eure Nähe und ihr genießt es, im Mittelpunkt zu stehen. Wenn ihr Geburtstag habt, ladet ein und alle werden kommen! Samstag, der 1. Juli wäre ideal zum Feiern! Falls ihr dann schon im Urlaub seid, habt ihr wahrscheinlich auch dort Spaß mit euren Mitreisenden und auch mit Menschen, die ihr neu kennenlernt, und solltet euch feiern lassen! Auch für eure Familie ist es eine ganz besondere Zeit. Bei einem Familienzwist kann Besserung eintreten und man geht wieder aufeinander zu. Vielleicht auf eurem Geburtstagsfest?

Kritisch: 14. bis 26. Juli
In diese Zeit fällt der Neumond im Krebs am 17. Juli. Die Konstellation verweist auf einen süßen Schmerz und Wehmut. Ihr könnt gleichzeitig viel Liebe und Romantik erleben, aber auch an schmerzliche Erlebnisse

der Vergangenheit erinnert werden. In dem Fall ist die Lernaufgabe, diese zu akzeptieren und zu integrieren, damit ihr freier für Beziehungen der Zukunft werdet. Manchmal gehört der Schmerz eben zur Liebe dazu.

Highlight: 8. bis 17. August
Nun könnte ein Familienmitglied wieder auftauchen, zu dem ihr lange keinen Kontakt mehr hattet, vielleicht das „schwarze Schaf" der Familie. Und es stellt sich heraus, dass ihr nun alle dazugelernt habt und euch entschließt, wieder mehr zusammenzurücken und die betreffende Person mit offenen Armen aufzunehmen. Familie ist euch einfach besonders wichtig.

Kritisch: 22. September bis 10. Oktober
Ein Spannungsfeld entsteht zwischen euren beruflichen Anforderungen und den Bedürfnissen der Familie oder eurer Wohnsituation. Wenn ihr von allen Seiten gefordert seid, es aber nicht allen recht machen könnt, geht euch das schnell unter die Haut. Vielleicht verliert ihr dann auch einmal die Nerven und werdet laut. Oder ihr fühlt euch persönlich angegriffen. Die 90-Sekunden-Regel kann helfen, euch zu beruhigen. Versucht, ein wenig Abstand zu gewinnen, euch zu sortieren und klar zu erkennen, was zu tun ist. Sprecht gegebenenfalls mit euren Lieben oder Mitbewohnerinnen und -bewohnern, sie haben bestimmt Verständnis und lassen euch nicht im Stich!

Highlight: 9. Oktober bis 8. November
Sehr schöne und lustvolle Zeit! Wunderbar zum Flirten, weil euch im richtigen Moment die passenden Worte einfallen. Und wenn ihr eine:n Liebespartner:in habt, könnt ihr intensive erotische Zeiten erleben. Falls ihr schon länger in einer Beziehung seid, habt ihr heiße Ideen, wie ihr euren Schatz nach allen Regeln der Kunst verführen könnt. Lasst es prickeln! Wenn ihr Kinder habt, kommt jetzt richtig Leben in die Bude. Unternehmt etwas zusammen! Besonders eure Söhne sind mutig und aktiv. Sie helfen euch gerne, wenn ihr eine größere Aufgabe zu bewältigen habt.

Krebs
Karriere und Finanzen

Highlight: 4. bis 15. Dezember
Harmonie pur! Ihr könnt nun auch heikle Themen ansprechen und findet einen Konsens. Vielleicht lernt ihr auch jemand Neues kennen und erfahrt Dinge, die euch aufbauen und glücklich machen. Singles können gut auf Weihnachtsfeiern flirten. In euren festen Beziehungen genießt ihr Stabilität und Zusammenhalt. Freut euch darüber und zeigt einander, dass dies nicht selbstverständlich, sondern ein Geschenk ist!

Kritisch: 18. bis 21. Dezember
Nun könnte sich in einer Freundschaft eine überraschende Wendung ergeben, die ihr nicht gleich versteht. Lasst euch davon nicht nervös machen und nehmt es nicht persönlich, das lässt sich bestimmt klären. Vielleicht werdet ihr auch bei einem Streit unter Freundinnen oder Freunden als Ratgeber:in hinzugezogen. Ihr könnt besonders gut empathisch zuhören und auf diese Weise wahrscheinlich helfen, den Konflikt beizulegen.

Highlight: 22. bis 29. Dezember
Wie schön! Über die Weihnachtstage verspricht der Kosmos viel Harmonie, Liebe und Verständnis zwischen euch und euren liebsten Menschen. Lasst das Jahr gemütlich ausklingen und genießt die Zeit im Kreis eurer Familie und engen Freundinnen und Freunde. So schöpft ihr Kraft und balanciert euch aus.

Karriere und Finanzen

Euch steht eine äußerst günstige Phase eures Berufslebens bevor, weil die beiden großen Erfolgsplayer Saturn und Jupiter förderliche Aspekte für euch bilden! Wahrscheinlich habt ihr vor kurzem neue Aufgaben übernommen oder steht kurz davor, dies zu tun. Das wird sich auf jeden Fall positiv auf eure Zukunft auswirken! Ihr habt einen Plan, und der erfordert einiges an Zeit und/oder Geld. Vielleicht hegt ihr gelegentlich Zweifel daran, aber im Grunde glaubt ihr an eure Vorhaben, denn ihr habt alles gut durchdacht und seid bereit, euch dafür einzusetzen. Tatsächlich sollte das klappen! Wobei es noch bis zum Frühjahr dauern kann, bis ihr alle notwendigen Vorbereitungen abgeschlossen habt, damit euer Vorhaben Erfolg hat. Im Vorfeld habt ihr vielleicht sogar zu viel Geld investiert oder versucht, zu viel auf einmal zu tun, um die Dinge zu beschleunigen. Doch jetzt fügt sich alles, ihr werdet wahrscheinlich reichlich belohnt. Ihr könnt euch auch entscheiden, nicht nur kurzfristig den Gewinn abzuschöpfen, sondern dieses Projekt noch eine ganze Weile weiterzuführen, denn es kann auch eine langfristige Investition in eure Zukunft sein. Dies gilt insbesondere für die **vom 21. bis zum 30. Juni** Geborenen.

Chancen auf finanzielle Gewinne in unmittelbareren Projekten sind auch in diesem Jahr wahrscheinlich. Ihr verfügt über Organisationstalent und könnt Meetings oder Präsentationen auf die Beine stellen, die sehr erfolgreich verlaufen. Wenn ihr ein Produkt, eine Dienstleistung oder eine Ausbildungsidee habt, die ihr über ein Online-Meeting-Format wie Zoom oder GoToMeeting mit anderen teilen wollt, erhaltet ihr möglicherweise eine größere Resonanz als erwartet. Es kann sehr lohnend sein, besonders für die **vom 26. Juni bis zum 8. Juli** Geborenen.

Es gibt jedoch noch größere potenzielle Erfolge für euch im Technologiebereich mit Uranus in eurem 11. Haus, im Freundschaftsaspekt zu eurer Sonne, und in direkter Verbindung mit Jupiter. Wenn ihr Softwareentwickler, -verkäuferinnen, Computer-Troubleshooter oder Programmiererinnen seid, kann dies eine sehr aufregende Zeit für euch werden. Es ist möglich, dass ihr an einer atemberaubenden neuen Entwicklung im technologischen, astrologischen oder Medienbereich partizipiert. Eure Angebote können enorm beliebt sein. Es kann für euch persönlich von Vorteil sein, in den sozialen Medien aktiv zu sein, da diese sehr vorteilhaft in der Vermarktung eurer Ideen und Präsentationen sein können. Ihr könnt eine große Fangemeinde anziehen, und wenn ihr herausfindet, wie ihr diese Popularität mit einem Service oder Produkt, das andere wirklich wollen, zu Geld machen könnt, kann sich das finanziell sehr lohnen. Dies gilt besonders für die **vom 6. bis zum 16. Juli** Geborenen.

Einige von euch sind dieses Jahr vielleicht noch recht anfällig für emotional sensible Themen bei der Arbeit. Ihr glaubt an eine Sache, und vielleicht handelt es sich um etwas, wo ihr in eurer Arbeit führend seid. Andere, die mit euch an derselben Mission arbeiten, haben möglicherweise das Gefühl, dass ihr nicht mit ihrem Glauben und ihren Idealen übereinstimmt. Wenn eure Motive infrage gestellt werden, kann es zu

Krebs
Karriere und Finanzen

schmerzlichen Konfrontationen kommen. Ist eure Motivation wirklich ehrlich? Sind die anderen ehrlich mit euch? Es kann sich um einen Persönlichkeitskonflikt oder um einen Machtkampf handeln, der euch oder sie schwächt. Die Frage des Vertrauens wird im Vordergrund stehen, und die eigene Position kann durch den Vorwurf der fehlenden Authentizität und Aufrichtigkeit in Bezug auf den Zweck bedroht sein. Seid mit euch also im Klaren, wer ihr seid und warum ihr etwas macht. Akzeptiert, dass andere möglicherweise eine andere Ideologie haben. Versucht, eine Lösung und Gemeinsamkeiten zu finden, bevor jemand verletzt oder entlassen wird. Andernfalls könnte es sein, dass ihr kündigt oder aufgebt, und es wird eben nicht mehr wie früher sein. Ihr werdet euch mit der Zeit beruflich erholen, aber es ist nicht notwendig, dass ihr solche Konflikte durchmacht. Ihr könnt das vermeiden, indem ihr eure Gefühle und Motivationen gegenüber anderen, mit denen ihr arbeitet, einfühlsam und ehrlich darstellt. Dies gilt hauptsächlich für die **vom 3. bis zum 12. Juli** und auch die **vom 19. bis zum 22. Juli** Geborenen.

Für die meisten von euch verspricht dieses Jahr finanziellen und beruflichen Erfolg. Ihr investiert sinnvoll in die Zukunft. Ihr seid bereit, einige Risiken einzugehen, und in den meisten Fällen funktioniert es auch gut. Ihr seid besonders gut in Immobilien-, Ausbildungs- und Technologieprojekten. In Gruppen geht es gut, solange alle ideologisch auf derselben Seite stehen und am selben Strang ziehen. Ihr kommt auch gut mit sozialen Medien zurecht und findet einen Weg, eure Beliebtheit zu Geld zu machen.

Highlights und kritische Phasen in Beruf und Finanzen

Kritisch: 9. bis 18. Januar
Schlechte Nachrichten für Freelancer:innen: Kundenakquise erweist sich zu Jahresbeginn als besonders schwierig. Die Angesprochenen reagieren entweder gar nicht oder halten Zusagen nicht ein. Auch mit bestehenden Geschäftspartnerinnen und -partnern gibt es Verständigungsprobleme. Am besten ist, ihr lasst die betreffenden Personen erst einmal in Ruhe. Zum Monatsende könnt ihr sie erneut ansprechen; dann läuft die Kommunikation wieder rund. Wer auf Jobsuche ist, muss ebenfalls knapp die

ersten drei Januar-Wochen ausharren. Denn auch Bewerber:innen erhalten in dieser Zeit noch keine verbindlichen Zusagen. Das Jahr ist noch jung, bewahrt Ruhe.

Highlight: 3. bis 8. März
Zunächst könnte sich diese Phase gar nicht wie ein Highlight anfühlen. Denn ihr werdet damit konfrontiert, dass euch bestimmte Kenntnisse oder Zertifikate fehlen, um beruflich weiter voranzukommen. Doch dieser Hinweis erweist sich schon bald als ein Fingerzeig des Glücks. Denn nehmt ihr ihn ernst und bildet euch entsprechend weiter, stehen euch in nächster Zeit viele neue Türen offen. So kommt ihr im Job voran, was sich auf lange Sicht auch positiv auf eure Einnahmesituation auswirkt. Insofern dankt der Überbringerin oder dem Überbringer der Nachricht und schaut, wo ihr euch weiterbilden könnt.

Highlight: 8. bis 14. April
Jetzt heißt es: Karrierepläne schmieden! Mehr noch: Zeigt eurer Umgebung, worauf ihr zusteuert. Wer seine Kompetenzen und Ziele offenbart, darf damit rechnen, auf Unterstützerinnen zu treffen. Nehmt die hilfreiche Hand eines Förderers an! In einigen Fällen sind es zudem glückliche Umstände, die euch das Erklimmen der nächsten Stufe auf der Karriereleiter ermöglichen.

Kritisch: 8. bis 20. Mai
Achtung vor Spontankäufen! Es juckt zwar in den Fingern, aus einer Laune heraus etwas in den Warenkorb zu legen – doch später wird sich herausstellen, dass das keine gute Idee war. Man erwirbt beispielsweise Schrottartikel oder solche, an denen man nicht lange Vergnügen hat. Wer Geld nicht zum Fenster hinauswerfen möchte, kauft jetzt mit nüchternem Sachverstand ein und prüft, bevor er die Geldbörse oder Kreditkarte zückt, ob der Kauf wirklich erforderlich ist.

Highlight: 27. Juni bis 10. Juli
In dieser Zeit durchläuft Geschäftsplanet Merkur das Tierkreiszeichen Krebs. Merkur ist bekannt als kühler Rechner, was den manchmal emotionalen Krebsen in finanziellen Angelegenheiten als Ergänzung gut bekommt. Die Zahlen nüchtern zu betrachten hilft auf jeden Fall, die besten

Krebs
Gesundheit und Spiritualität

Entscheidungen zu treffen. Insofern könnt ihr in diesen Tagen eure Finanzen auf Vordermann bringen, Papiere sortieren und euer Portfolio checken und gegebenenfalls ändern. Schlussendlich ist die Zeit ideal, die Steuererklärung fertigzustellen.

Kritisch: 28. August bis 16. September
Die Nachrichten, die euch während dieser Zeit erreichen, sind nicht immer korrekt. Ihr müsst damit rechnen, dass sie entweder veraltet oder noch nicht vollständig sind. Sich auf diese Informationen zu verlassen, kann in die Irre führen. Ihr solltet daher keinesfalls wegweisende berufliche oder finanzielle Entscheidungen auf Grundlage der Daten fällen, die ihr in diesen Wochen erhaltet.

Highlight: 28. September bis 8. Oktober
Wenn es um die Finanzen geht, dürft ihr ruhig eine Spur egoistischer werden. Schließlich geht es nicht nur um das Bewahren eures Vermögens, sondern bedenkt auch, dass ihr nichts hinzu geschenkt bekommt. Warum dann also beispielsweise jemanden permanent aushalten? Oder bei Verhandlungen zu große Zugeständnisse zum eigenen Nachteil anbieten? Nein! Jetzt seid ihr mal an der Reihe.

Kritisch: 24. November bis 1. Dezember
Ihr müsst euch gegen einen Kollegen oder eine Kollegin durchsetzen! Eigentlich streben Krebsgeborene Harmonie an und betonen das Miteinander. Doch jetzt kommt ihr mit Freundlichkeit nicht weiter. Wenn ihr nicht Nachteile am Arbeitsplatz erleiden wollt, bleibt euch nichts anderes übrig, als in den Konflikt einzusteigen. Lasst euch dabei von anderen nicht einschüchtern. Bekanntlich sind diejenigen am ungefährlichsten, welche die größten Töne spucken.

Gesundheit und Spiritualität

Liebe Krebse, ihr seid Kinder des Mondes und damit mehr als alle anderen an die Phasen unseres wichtigsten Trabanten gebunden. Wenn ihr lernt, die verschiedenen Mondphasen in euren Alltag zu integrieren und euch danach zu richten, wirkt das wahre Wunder für euer Wohlbefinden und den Bezug zu euch selbst. Ihr nehmt feine Schwingungen sehr gut wahr, eure Intuition ist unschlagbar, oder nennt es euer Bauchgefühl. In der Astromedizin werdet ihr mit dem Magen, Zwölffingerdarm, mit Galle, Brust, Milchdrüsen und Lymphe verbunden. Aufgrund eurer Fähigkeit, mehr als andere zu fühlen und zu spüren, reagiert euer Körper

bei Stress und Unstimmigkeiten meist direkt mit eurem Magen. Ihr wisst wahrscheinlich, wie wohltuend eine Wärmflasche oder eine gute Tasse Tee sich auf euren Körper und Geist auswirken kann. Ein ausgewogener Speiseplan mit frischem Gemüse und Kräutern fördert euren Stoffwechsel. Bitterstoffe wie Tausendgüldenkraut, Beifuß, Mariendistel und Fenchel unterstützen Galle und Leber. Warme Speisen wie Suppen, Getreidebreie, gedünstetes Obst und Gemüse begünstigen den Stoffwechsel. Hingegen lassen scharfe und stark gewürzte Speisen eure Magensäure schnell überreagieren.

Als Krebs habt ihr eure zarte Seele in den letzten Jahren immer wieder durch Rückzug schützen müssen. So manches Vertrauen wurde enttäuscht. Jetzt lernt ihr intuitiv und mit etwas Mut, das Leben neu zu erobern. Neue Erkenntnisse haben euch geprägt. Viel musste euer Rücken tragen und vieles hat euch in die Knie gezwungen. Doch 2023 werdet ihr dies nun endlich abstreifen können. Das Lymphsystem war auf Sparflamme eingestellt und bekommt wieder neuen Schwung durch mehr Bewegung und Achtsamkeit für die eigenen Bedürfnisse. Euer Optimismus spiegelt sich in all euren Aktivitäten. Dies wirkt sich sehr positiv auf eure Gesundheit aus. Das Leben kommt wieder in den Fluss. Das Lymphsystem könnt ihr mit der Heilwirkung von Klette und Labkraut anregen. Die Wasserkur nach Pfarrer Kneipp mit Warm-/Kaltduschen regt den Kreislauf an und unterstützt die Selbstheilung. Das innere Leuchten fängt wieder an zu strahlen. Auftrieb, Antrieb und der eigene Glaube an euch selbst beflügeln euer Fortkommen. Ab dem 25. März bekommt ihr deutlich Rückenwind und neue Energie.

Der Spannungsaspekt auf eure Sonne von Chiron, dem verwundeten Heiler, der sich noch bis April 2026 im Widder befindet, fordert euch dazu auf, Verletzungen anzusehen und diese in Heilung zu bringen. Dieser Transit beschäftigt euch schon länger und ihr habt euch in den letzten Jahren sicher schon öfter mit Wunden aus der Vergangenheit

Krebs
Gesundheit und Spiritualität

auseinandersetzen dürfen oder auch müssen. Als Krebsgeborene kann dies nicht nur euch selbst, sondern auch eure Familie beschäftigen. Wichtig für euch ist es zu lernen, dass ihr euer eigenes Zentrum sein dürft. Verliert euch durch Partner:innen oder eure Familie nicht selbst aus den Augen.

Saturn verlässt am 7. März den Wassermann und wandert weiter in das Zeichen Fische. Gesundheitsthemen werden somit für euch in den nächsten zwei Jahren mehr Beachtung bekommen. Jegliche Maßnahmen, etwa alternative Heilmethoden, Physio- und Osteopathie, Reha- und Kurmaßnahmen, haben gute Chancen, von Behörden gefördert zu werden. Um der Seele Raum zu geben, bedarf es einer Auszeit. Neptun in den Fischen fördert diesen Wunsch zusätzlich. Er bildet schon länger einen freundschaftlichen Aspekt zu eurem Zeichen. Der Herr der Meere erweckt in euch Fernweh und die Sehnsucht nach Horizonterweiterung. Nutzt diese Zeit zur Verwirklichung eurer Wünsche und Träume. Greift nach den Sternen und setzt sie in Taten um. Lasst euch inspirieren von dieser mystischen Zeit. Vieles wird sich zu euren Gunsten lösen. Habt Vertrauen in euren Weg.

Bewegung im Einklang mit der Natur und dem Element Wasser wie Schwimmen, Kneippen, Sauna und Yoga unterstützt euer Wohlbefinden. Stärken könnt ihr euren Spirit und eure Emotionen mit der inspirierenden Kraft ätherischer Öle von Lemongras, Iris, Neroli und Rose. Besondere Energie erhaltet ihr vom Aventurin, eurem Heilstein. Er unterstützt besonders eure Herzenergie und verbindet euch auf wundersame Weise mit der Kraft der Natur.

Highlights und kritische Phasen für die Gesundheit

Kritisch: 14. bis 28. Januar
Vorsichtig, ganz eurem Element entsprechend, startet ihr ins neue Jahr. Von Vorteil für eure Gesundheit ist es, wenn ihr in dieser Zeit euer Immunsystem auf Vordermann bringt. Die Atmungsorgane könnten Unterstützung brauchen und bei so manchem könnte es euch die Sprache verschlagen. Versucht den Alltag etwas zu strukturieren und zu organisieren. Das wirkt sich positiv auf die ständige Unruhe eures Geistes aus.

Nach wie vor sind Salbei und Honig eine wohltuende Unterstützung für Hals und Stimme. Ingwer und Galgant wärmen von innen und stärken die körpereigene Abwehr.

Highlight: 1. bis 28. Februar
Was für eine inspirierende Zeit, um sich endlich auf die eigenen gesundheitlichen Themen zu besinnen. In dieser Phase werdet ihr viel über euch selbst erkennen. Lasst euch nicht aus der Ruhe bringen, denn so manche schnelle Handlung ist nicht von Vorteil für euch. Diese Zeitqualität birgt einen besonderen Zauber. Viele Missverständnisse werden aufgelöst und Beziehungen werden durch die heilende Kraft von Chiron auf die richtigen Wege geleitet. Durch Meditation, Entspannung durch Spaziergänge in der Natur und gesundes Essen mit frischen Kräutern findet ihr zu eurer Mitte.

Highlight: 25. März bis 12. April
In dieser Zeit könnt ihr im Bereich Gesundheit viel für euch gewinnen. Ihr findet Zuspruch und Hilfe bei der Umsetzung eurer gesundheitlichen Projekte. Zahnarzttermine und alle unterstützenden Heilmethoden wie Osteopathie, Physiotherapie, planbare Operationen und Kurmaßnahmen sind jetzt besonders gut umsetzbar.

Kritisch:20. April bis 3. Mai
Was euch nicht auf den Magen schlägt, berührt die Seele, das wisst ihr sicher bereits. In dieser Zeit reagiert ihr sehr emotional auf alle Ereignisse und auf das Umfeld. Der Magen könnte rebellieren. Hilfreich für euer Wasserelement sind Rückzug und körperliche Aktivitäten in die Natur. Mit der Kraft des Frühlings gelingt es euch, so manche Schwäche zu umgehen. Achtet besonders auf euren Speiseplan und trinkt genügend Wasser. Bitterstoffe aus der Natur wie etwa Wermut, Beifuß und Löwenzahn fördern und stützen den Magen. Zudem ist es gut, warme Speisen und Getränke zu sich zu nehmen.

Highlight: 24. Juni bis 9. Juli
Den Körper verwöhnen und die Seele baumeln lassen. Wenn ihr es schafft, Genuss und die Pflichten des Alltages in Einklang zu bringen, profitiert euer Seelenbereich und innere Zufriedenheit wird sich einstellen.

Krebs
Gesundheit und Spiritualität

Ein Rat der Sterne wäre auch, in diesem Teil des Sommers, es ist ja auch euer Geburtstag, Urlaub zu nehmen, falls es möglich sein sollte.

Highlight: 24. Juli bis 11. August
Der Sommer, die Natur und die Sonne stärken eure Lebenskraft. Dies ist eine Zeit der körperlichen Regeneration. Gesundes Essen und eine tägliche Auszeit vom Alltag stärken jetzt Körper und Geist. Belebende Getränke mit frischer Minze, Zitrone und Rosmarin unterstützen den Kreislauf. Große gesundheitliche Wirkung könnt ihr über alle körperlichen Aktivitäten wie Fahrradfahren, lange Spaziergänge, Schwimmen und Kneippen erzielen. Dies begünstigt vor allem das Lymphsystem, die Venen und den Kreislauf.

Kritisch: 17. bis 29. August
In dieser Zeit könnten Träume und Visionen oft mit Täuschungen und Einschränkungen einhergehen. Unter diesem Einfluss könntet ihr versuchen, eurer inneren Stimme kein Gehör zu geben. Als Krebs neigt man dazu, bei zu viel Stress sein Herz mit Essen zu schützen. Seid euch dieser Zeit bewusst und lenkt eure Gedanken auf die Spiritualität und Sinnerweiterung. Somit findet ihr Wege, dem Gefühls-Chaos aus dem Weg zu gehen.

Kritisch: 21. Oktober bis 4. November
Während dieser Zeit ist es wichtig, seinen ethischen Grundsätzen treu zu bleiben. Jetzt habt ihr die Möglichkeit, im Gesundheitsbereich etwas aufzuräumen und euren Intuitionen zu trauen. Vielleicht möchtet ihr etwas mehr Rückzug und macht euch auf die Suche nach tiefgründiger Sinnfindung. Haltet euch an eure Pläne und meidet Konflikte. Regeneration und schnelle Hilfe bei körperlicher Schwäche findet ihr durch die heilende Kraft der Schafgarbe, die durch ihre sanfte Wirkung in vielen Gesundheitsbereichen Anwendung findet.

Löwe
23. Juli – 23. August

Eure Zukunftspläne sind noch im Fluss, aber ihr startet das Jahr mit gutem Schwung. Die zwei großen Göttinnen des Sternenhimmels, Liebesgöttin Venus und die wilde Lilith, verweilen über große Teile des Jahres in eurem Zeichen und diese Energien werden euch mit Momenten beschenken, die ihr nicht so schnell vergessen werdet. Also richtet noch mal eure Mähnen, liebe Löwen, das Jahr wird euer inneres Feuer ordentlich anheizen!

Bis zum 16. Mai steht Jupiter in Harmonie zu eurem Sternzeichen und weist auf Popularität und Vertrauen hin. Er begünstigt Reisen und den Umgang mit jüngeren Menschen, zum Beispiel Kindern. Ihr leuchtet, sprüht vor Energie und Lebensfreude und eure offene Kontaktfreudigkeit ist noch mehr geweckt als sonst. Bei der Arbeit gibt es zahlreiche Möglichkeiten, gute Leistungen zu erbringen. Ihr könnt euer natürliches Strahlen nicht nur dazu nutzen, selbst voranzukommen, sondern auch andere damit unterstützen und fördern! Denn anderen unter die Arme zu greifen, um die eigene, innere Begeisterung zu finden, liebt eine Löwesonne genauso, wie selbst im Mittelpunkt zu stehen.

Ihr habt viele spannende Ideen. Wenn ihr diese jedoch detaillierter analysiert, stellt ihr möglicherweise fest, dass der richtige Zeitpunkt für große Veränderungen noch nicht gekommen ist. Zu viele Dinge sind noch undefinierbar, und ihr wollt Fehler vermeiden. Tatsächlich laufen die meisten Vorhaben gut, und so besteht eigentlich keine Notwendigkeit, große Änderungen vorzunehmen, es sei denn, sie sind unumgänglich. Dennoch können Fehler passieren, aufgrund von Überschätzung oder weil ihr euch nicht die Zeit für eine vollständige Analyse nehmt. Es gibt immer wieder Überraschungen. Dinge laufen nicht so, wie ihr es erwartet habt, und Pläne müssen plötzlich angepasst werden. Ihr seid zwar wahre Meister:innen darin, euch sehr schnell äußerst emotional über Dinge aufzuregen, die euch gegen den Strich gehen. Doch ist eure innere Harmonie meistens auch genauso schnell wieder hergestellt. Ein Löwe brüllt dann kurz, um sich danach wieder hinzulegen. Die Grundeinstellung, die

Löwe
Liebe und Beziehungen

euch von den Sternen mitgegeben worden ist, ist positiv und voller Hoffnung. Dieser Optimismus ist eure große Stärke, die euch im Leben begleitet und weit bringen kann. Euch ist durchaus klar, dass ihr nicht alle Ereignisse im Leben und in der Zukunft kontrollieren könnt. Aber ihr seid einfallsreich und erwägt immer wieder neue Möglichkeiten, nach dem Motto: Eine davon wird es schon bringen! Vieles erscheint auf den ersten Blick großartig und möglich. Wenn ihr etwas Neues wagen wollt, entscheidet euch, selbst wenn ihr nicht sicher seid, ob das neue Vorhaben oder die neue Beziehung für immer sind. Denn jede Entscheidung, zu der ihr steht, ist ein weiterer wichtiger Schritt auf eurem Entwicklungsweg.

Manchmal kann es jedoch auch herausfordernd sein, eure Wünsche zu verwirklichen. Dann solltet ihr nichts erzwingen. Euer Gefühl für Timing ist nicht immer verlässlich. Das wird noch kommen. Aber wenn ihr feststellt, dass es eigentlich doch ganz gut läuft, dann belasst es zunächst dabei und bringt euch nicht unnötig in eine Position, in der Dinge passieren, die ihr nicht erwartet habt und die ihr nicht kontrollieren könnt. Euer Ego steht euch hier gelegentlich im Weg. Wenn euer Job euch beispielsweise langweilt, ihr aber die Sicherheit, die er bietet, beibehalten wollt, lebt eure Lust auf Abenteuer anderweitig aus. Erlaubt euch kurzfristige Auszeiten, etwa Reisen oder mit Freundinnen und Freunden ausgehen, aber bleibt, was Finanzen und Beziehungen anbetrifft, so stabil wie möglich. Lernt Leute kennen oder erlernt neue Fähigkeiten, geht vor die Tür, trefft Menschen und unternehmt Neues, denn ihr habt eine starke Ausstrahlung und Anziehungskraft. Dabei unterstützt euch die Venus, die vom 5. Juni bis zum 9. Oktober ausgiebig euer Zeichen besucht. Seid jedoch vorsichtig, wenn ihr euren Status in einem wichtigen Lebensbereich ändert, seien es Partnerschaften, Wohnort oder Arbeit. Gelegenheiten werden sich bieten, und sie erscheinen attraktiv. Aber stellt nach sorgfältiger Prüfung sicher, dass ihr und die andere Partei den Nutzen nicht überschätzt und die erforderlichen Opfer oder den nötigen Aufwand realistisch seht. Das gilt besonders zwischen dem 23. Juli und 4. September, wenn die Venus in eurem Sternzeichen rückläufig ist. Hier seid ihr vielleicht geneigt, ein Feuer wieder zu entfachen, das eigentlich schon längst erloschen ist. Verliert euch nicht im Zauber der Retrospektive.

Erfreulicherweise werden die Ansprüche, die andere an euch stellen, ab März spürbar geringer. Ihr könnt eure Zeit besser einteilen und eure Verpflichtungen öfter selbst bestimmen. Das ist hilfreich, da ihr noch zahlreiche Anpassungen vornehmen müsst, sei es zu Hause, im Beruf, in der Karriere oder möglicherweise in wichtigen Beziehungen. Euer Kreis enger Freunde und vielleicht sogar Partnerinnen ändert sich. Neue Personen kommen hinzu und alte Bekannte verschwinden, sei es aus beruflichen oder gesundheitlichen Gründen, oder aufgrund eines Wohnsitzwechsels.

Liebe und Beziehungen

Euch erwarten spannende, zärtliche und lustvolle Zeiten in der Liebe! Wenn ihr Single und auf der Suche seid, schenken euch die beiden Wohltäter des Tierkreises, Venus und Jupiter, bis Oktober durchgängig grandiose Möglichkeiten, neue Menschen kennenzulernen. Beide sorgen dafür, dass ihr hoch im Kurs steht, eine tolle Ausstrahlung habt und auch selbst Freude daran empfindet, euch etwas Gutes zu tun und schön auszusehen. Das wirkt wiederum anziehend auf andere. Von der segensreichen Wirkung der Venus profitieren besonders die Geburtstagskinder **vom 4. bis zum 22. August**. Jedoch ist es wahrscheinlich, dass die Venus bei noch viel mehr Löwegeborenen schöne Möglichkeiten für Flirt und Liebe aktiviert. Oft gestalten sich eure Flirts und neuen Beziehungen besonders spannend, provokant und außergewöhnlich, dafür wird Lilith sorgen, die von Januar bis Ende Oktober durch euer Zeichen läuft! Sie weckt eure Lust auf Abenteuer, auf neue Formen von Beziehungen, und ihr wollt eure tiefsten Gefühle erleben und ausleben.

Auch wenn ihr fest liiert seid, dürfte in euren Beziehungen keine Langeweile aufkommen. Dafür sorgt ihr wahrscheinlich selbst, denn unter dem Einfluss von Lilith wünscht ihr euch mehr Freiraum, mehr Augenhöhe, mehr Abenteuer und nicht zuletzt auch mehr Lust und Erotik in eurer Partnerschaft. Gleichzeitig legt ihr dank des Einflusses von Liebesgöttin Venus viel Wert darauf, eure Beziehungen zu erhalten und nicht aufgrund einer Affäre zu zerstören. Und so habt ihr manchmal die Qual der Wahl. Obwohl ihr als Löwegeborene in der Liebe eher konservativ seid und Wert auf klare Verhältnisse legt, könntet ihr dieses Jahr doch

Löwe
Liebe und Beziehungen

verführt sein, mehrere Beziehungen parallel zu unterhalten, einfach weil die Möglichkeiten da sind. Ob Single oder fest liiert: Es wird schwer, eurer Ausstrahlung zu widerstehen. Ihr könnt bekommen, was oder wen ihr wollt!

Erwähnenswert ist, dass der Durchgang der beiden Göttinnen Venus und Lilith durch euer Zeichen auch eure Selbstliebe fördern kann. Wenn ihr eurem inneren Löwen oder euerer inneren Löwin etwas Gutes tun wollt, könnt ihr dafür das neue Jahr wunderbar nutzen. Besonders anregend und heilsam sind alle Arten von kreativen Tätigkeiten. Wenn ihr eine künstlerische Ader habt, solltet ihr diese auf jeden Fall ausleben. Therapeutische Richtungen, die mit Kunst und Musik zu tun haben, dürften ebenfalls eine wohltuende Wirkung haben. Auch die Arbeit mit dem inneren Kind wird dieses Jahr sehr fruchtbar sein.

Viele von euch hatten in den letzten beiden Jahren häufiger Beziehungskrisen, zum Beispiel weil Partnerin oder Partner beruflich stark eingespannt oder gesundheitlich angeschlagen waren und deshalb nicht zur Verfügung standen. Auch die depressive Stimmung oder häufige Kritik des Partners oder der Partnerin haben euch möglicherweise sehr belastet. Doch dies sollte sich ab März spürbar bessern! Wenn ihr die Krise gemeinsam gemeistert habt, werdet ihr nun feststellen, dass eure Partnerschaft stärker und belastbarer ist als zuvor. Manche von euch haben auch die Konsequenzen gezogen und sich getrennt oder sind vielleicht auch von Partner oder Partnerin verlassen worden, stellen jetzt aber fest, dass sie die neu gewonnene Freiheit und Entspannung, die nun eintritt, richtig genießen. Ihr solltet nun auch nicht mehr an einer Partnerschaft festhalten, von der ihr längst erkannt habt, dass sie euch beiden nicht guttut, denn sonst könnte sich das noch weitere zweieinhalb Jahre hinziehen. Zwar lassen die direkten Konfrontationen nach, aber unterschwellig können ungelöste Beziehungsprobleme weiterwirken und euren Alltag zermürben. Wenn ihr euch also mit dem Gedanken tragt, dass eine Trennung überfällig ist, dann solltet ihr das noch im Januar oder Februar über die Bühne bringen. Denn dann wärt ihr auch frei, um die weiter oben beschriebenen großartigen Liebesaspekte auskosten zu können!

Einige von euch laufen jedoch auch Gefahr, in ein Beziehungschaos hineinzugeraten. Dies betrifft hauptsächlich die **vom 6. bis zum 17. August** Geborenen. Besonders wenn ihr fremdflirtet oder mehrere Beziehungen parallel laufen habt, kann das kompliziert werden. Das muss wirklich kein böser Wille sein, es scheint ganz wie von selbst zu passieren, weil so viel knisternde Erotik in der Luft liegt und ihr experimentierfreudiger seid als sonst. Und auf einmal stellt sich heraus, dass da mehrere Kandidatinnen oder Kandidaten im Raum stehen, die alle gerne näher mit euch zu tun hätten. Möglich ist auch, dass ihr ein Techtelmechtel anfangt, obwohl ihr bereits in einer festen Beziehung seid, und das wächst euch einfach über den Kopf. Denn eigentlich seid ihr für Heimlichtuereien und komplizierte Beziehungskonstrukte überhaupt nicht geschaffen. Hier kann es im März und April heikle Situationen geben, etwa weil jemand aus eurem Freundeskreis etwas ausplaudert. Wie eingangs schon erwähnt, kann euer gutes Unterscheidungsvermögen im Laufe des Jahres etwas ungenau werden und ihr trefft vielleicht Entscheidungen in der Liebe, die unerwartete Konsequenzen haben. Besonders im Juni könntet ihr vor lauter Leidenschaft außer Rand und Band geraten und spontan Dinge tun, die ihr hinterher bereut. Denn zunächst scheinen euch alle zu Füßen zu liegen und mitmachen zu wollen. Die Liebe scheint alle Grenzen zu sprengen, aber wenn Gefühle verletzt werden, kann die Sache außer Kontrolle geraten.

Für alle Löwegeborenen ist wichtig, dass die Venus vom 23. Juli bis zum 4. September in eurem Zeichen rückläufig wird. Was immer ihr „angestellt" habt, holt euch dann wieder ein. Und falls ihr während dieser Zeit einen neuen Flirt beginnt oder auch gemeinsam mit eurem festen Partner oder eurer Partnerin ein neues Projekt in Angriff nehmt, seid ein bisschen vorsichtig. Es kann zu Missverständnissen und Fehlentscheidungen kommen, zum Beispiel weil man nicht die gleichen Wertvorstellungen in Bezug auf Partnerschaften hat. Oder weil es sich eine:r von beiden einfach noch mal anders überlegt. Die rückläufige Venus ruft außerdem auch gerne verflossene Liebhaber:innen wieder auf den Plan. Das kann verbunden sein mit der Chance, die Beziehung noch einmal neu aufzurollen und noch mal von vorne zu beginnen. Doch wenn jemand auftaucht, der euch noch liebt, während ihr selbst bereits in einer neuen Beziehung seid, ist das natürlich heikel. Und wenn ihr dann noch feststellt, dass

Löwe
Liebe und Beziehungen

ihr trotz neuer Beziehung eigentlich immer noch Leidenschaft für den oder die Ex empfindet, droht Gefühlschaos. Zumal ihr unter dem Einfluss von Lilith durchaus dazu neigt, euren heißesten und leidenschaftlichen Gefühlen zu folgen, besonders wenn diese euch auch noch inspirieren und eure Kreativität anregen. Denkt immer daran, dass diese besondere Venuskonstellation auch die Chance mit sich bringt, Beziehungsfehler der Vergangenheit zu erkennen, die man nicht wiederholen möchte. Überlegt deshalb in schwierigen Situationen genau: Welches Beziehungsmuster ist hier am Werk? Bin ich gerade dabei, ein Verhalten zu wiederholen, das ich unbedingt abstellen wollte? Oder sehe ich die Chance, gemeinsam mit einer vergangenen oder auch einer neuen Liebe solche alten Muster zu überwinden? Solange ihr euch unsicher seid, wird euch die 90-Tage-Regel[1] sicherlich gute Dienste leisten: drei Monate abwarten, ehe ihr euch tiefer einlasst und Entscheidungen trefft, die euer Leben nachhaltig verändern.

Was euer Familienleben angeht, ist besonders im Frühjahr eure Verbindung zu den Kindern sehr schön und ihr solltet gemeinsame Aktivitäten einplanen, zum Beispiel bei einer Reise. Auch habt ihr das Gefühl, von euren Kindern viel lernen zu können, aber sie lernen auch von euch, was euch stolz und glücklich macht. Die Beziehung zu euren Eltern könnte sich ab März entspannen, falls es vorher häufiger kritische Auseinandersetzungen gab. Im Sommer müsst ihr ein bisschen darauf achten, dass sich nicht alles nur um euch dreht. Womöglich seid ihr so mit euch selbst oder eurem Liebesleben beschäftigt, dass Zeit und Aufmerksamkeit für die Familie darunter leiden. Dann könnte sich Groll aufstauen, der sich dann im Oktober/November in Konflikten und Auseinandersetzungen entlädt. Aber im Dezember rauft ihr euch wieder zusammen!

---

[1] Die 90-Tage-Regel gibt's zum Nachlesen auf meiner Homepage als Dossier. Der Text ist außerdem Bestandteil des schriftlichen Venus-Horoskops als PDF, welches ihr ebenfalls auf meiner Homepage bestellen könnt.

Highlights und kritische Phasen in der Liebe

Highlight: 20. Februar bis 16. März
Wunderbar für einen kleinen Urlaub der Liebe! Und wenn ihr allein oder mit Freundinnen und Freunden unterwegs seid, könnte sich auch ein Flirt auf Reisen ergeben. Magisch und heilsam sind die Tage vom 27. Februar bis zum 6. März. Ihr könnt euch nun in jemanden verlieben, mit dem ihr euch gemeinsam für eine bessere Welt einsetzt oder den ihr als Heiler oder Heilerin aufgesucht habt!

Kritisch: 17. bis 23. März
Diese Tage können kritisch sein, wenn ihr ein Liebesgeheimnis habt, zum Beispiel einen heimlichen Flirt oder eine Liebelei im beruflichen Zusammenhang. Jemand aus eurem Freundeskreis könnte es ausplaudern, vielleicht sogar ohne jede böse Absicht. Aber dann ist die Geschichte in der Welt und das kann euch in Schwierigkeiten bringen. Entweder ihr macht erst gar nichts, was ihr geheim halten müsst, oder ihr verzichtet darauf, es jemandem anzuvertrauen.

Highlight: 11. bis 30. April
Schöne, unkomplizierte Zeit mit Freundinnen und Freunden, lockeren Bekannten und Leuten, mit denen ihr gemeinsame Interessen teilt. Die Arbeit in gesellschaftlichen Gruppen oder ein politisches Engagement kann für Singles eine Quelle von Spaß und Flirtmöglichkeiten werden. Wenn ihr in einem beruflichen Netzwerk oder im Vertrieb arbeitet, könnt ihr gegen Ende dieser Zeit nicht nur Spaß haben, sondern auch gute Umsätze machen.

Kritisch: 20. bis 29. Mai
Nun könntet ihr euch von eurem Gegenüber unter Druck gesetzt fühlen. Beziehungskonflikte können unter die Haut gehen und langfristige Folgen haben. Tatsächlich kann euch ein Streit darüber, wer recht hat, entzweien. Muss das sein? Beherzigt die 90-Sekunden-Regel[2] und beruhigt

---

[2] Diese wunderbare Übung hilft euch, bei Gefühlen von Wut und Zorn wieder in eure innere Mitte zu kommen und einen klaren Kopf zu behalten. Es gibt dazu ein Video auf meinem YouTube-Kanal und auch ein schriftliches Dossier auf meiner Homepage. Der Text ist zudem Bestandteil der schriftlichen Mars-Analyse als PDF.

Löwe
Liebe und Beziehungen

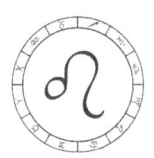

euch, wenn ihr Zorn in euch aufsteigen fühlt. Selbst wenn ihr euch durchsetzt, fühlt ihr euch nachher wahrscheinlich miserabel. Gleichzeitig fällt es euch schwer, Zugang zu liebevollen Gefühlen zu finden.

Highlight: 5. Juni bis 9. Oktober
Während des gesamten Zeitraums befindet sich Liebesgöttin Venus in eurem Zeichen. Grundsätzlich ist das ein wunderbarer Aspekt, den ihr genießen solltet. Die Venus lässt euren Charme erstrahlen, macht eure Ausstrahlung (noch) attraktiver und pusht euer Selbstwertgefühl. Gleichzeitig wünscht ihr euch viel Harmonie in euren Beziehungen und seid auch bereit, Liebe zu schenken und zu empfangen. Des Weiteren ist es eine gute Phase, um Zeit mit Freundinnen und Freunden zu verbringen. Ihr könntet euch gegenseitig Stilberatung geben, Karaoke singen, gemeinsam Sport treiben, Urlaub machen und einfach viel Spaß miteinander haben. Wahrscheinlich habt ihr auch Lust, euer eigenes Styling aufzupeppen und Schönheit zu versprühen. Kauft euch schicke neue Outfits oder auch preiswerte, coole Vintage-Klamotten. Es ist auch eine Zeit, um andere durch Lob, Begeisterung und positives Feedback zu inspirieren. Öffnet euer Herz und lasst die Energie strömen! Jedoch gibt es während dieser insgesamt so langen positiven Phase einige heikle Zeiten und die habe ich im Folgenden aufgelistet:

Kritisch: 25. Juni bis 4. Juli
In dieser Zeit lauft ihr Gefahr, andere vor den Kopf zu stoßen, wenn ihr nur euren eigenen Spaß im Auge habt. Und die könnten sich dann ganz überraschend von euch abwenden, es kann sogar zu einer Trennung kommen, die euch völlig verblüfft. Nehmt Rücksicht auf die Gefühle von Menschen, die euch viel bedeuten, auch wenn ihr deshalb nicht jede Lust auskosten könnt. Es ist keine gute Zeit für Egoismus! Heikel sind während dieser Phase auch Flirts mit Kolleg:innen oder Vorgesetzten. Sie erliegen vielleicht eurem Charme, aber das muss nicht heißen, dass daraus eine ernstzunehmende Beziehung wird, und ihr solltet es auch nicht vergnügt herumerzählen. Ihr könntet eurem eigenen Ruf und dem anderer schaden.

Kritisch: 22. Juli bis 10. August
Eine verflossene Liebe könnte wieder auftauchen und das bringt Komplikationen mit sich, wenn ihr bereits in einer neuen Beziehung seid. Denkbar ist auch, dass ihr im beruflichen Zusammenhang einer oder einem Ex wieder begegnet, und das führt, je nachdem wie euer Umgang miteinander ist, zu Unstimmigkeiten. Falls ihr tatsächlich in eine komplizierte Situation geratet, bedenkt bitte, dass die Beteiligten recht überraschend reagieren können, das könnt ihr vorher nicht abschätzen. Deswegen verhaltet euch integer und korrekt. Dadurch erspart ihr euch selbst und anderen Herzschmerzen und könnt außerdem dazu beitragen, dass es in der betreffenden Beziehungsangelegenheit zu einem Heilungsprozess kommt.

Kritisch: 26. bis 30. September
Diese Zeit ist dann noch einmal kritisch, wenn es vorher Situationen gab, die noch nicht geklärt und gelöst worden sind. Nun können Leute abrupt auf Distanz zu euch gehen oder euch überraschend verlassen. Aber auch jetzt könnt ihr das Ruder noch mal herumreißen, indem ihr offen für klärende Gespräche seid und gegebenenfalls eine Entschuldigung ausspricht.

Kritisch: 8. bis 14. November
In dieser Zeit ist die Situation zu Hause angespannt. Ihr haltet lange still, aber wenn ihr wütend werdet, dann richtig. Seid trotzdem vorsichtig, auch wenn ihr gute Gründe habt, euch aktuell im Recht zu sehen. Denn es handelt sich möglicherweise um angestauten Unmut, der noch von einer Situation im Sommer herrührt. Schaut mal, ob es bei einer Auseinandersetzung wirklich um das geht, was gerade vordergründig diskutiert wird, oder ob dahinter vielleicht etwas ganz anderes steckt. Und lasst den Streit nicht eskalieren, denn die Situation entspannt sich bald wieder:

Highlight: 15. November bis 4. Dezember
Nun machen sich Harmonie und gutes Einvernehmen breit. Das ist auch eine gute Gelegenheit, um vorausgegangene Konflikte liebevoll zu besprechen und zu klären. Bei familiären Streitigkeiten können eure

Löwe
Karriere und Finanzen

Geschwister eine positive Schlüsselrolle spielen. Vertraut auf eure Intuition und lacht herzlich mit euren Lieben. Dafür seid ihr gemacht!

Highlight: 30. Dezember 2023 bis 23. Januar 2024
Zu Silvester könnt ihr es richtig krachen lassen und seid dabei wahrscheinlich umgeben von Leuten, die ihr liebt und mögt! In sozialer Hinsicht dürftet ihr einen tollen Start ins nächste Jahr hinlegen! Das ist eure Chance, euch als das zu zeigen, was ihr seid, der Mittelpunkt einer jeden Feier und ein Garant für einen unvergesslichen Start in das neue Jahr!

Karriere und Finanzen

Jupiter beginnt das Jahr in eurem 9. Haus, was für alle Geschäfte im Zusammenhang mit Bildung, Reisen oder dem Gesetz günstig ist. Aber dann tritt er nach dem 16. Mai zusammen mit Uranus in den Stier und in euer 10. Haus ein, und die Bedingungen können sich ändern.

Wenn Jupiter und Uranus euer 10. Haus, das Karrierehaus durchlaufen, können Anfragen nach euren Dienstleistungen oder Produkten aus unerwarteten Quellen kommen. Ihr könnt beruflich wachsen. Wenn ihr selbstständig seid, ergeben sich neue Wege für Wachstum und Erfolg. Wenn ihr für andere arbeitet, könnt ihr aufgrund eurer hervorragenden Arbeit möglicherweise eine Gehaltserhöhung erhalten. Unter Umständen ergeben sich weitere Einnahmequellen. Möglicherweise müsst ihr aber auch vorsichtig sein und dürft euch nicht übernehmen. Nehmt nicht mehr Arbeit an, als ihr bewältigen könnt. Vielleicht stellt ihr fest, dass die Arbeit, zu der ihr euch bereit erklärt habt, viel mehr Zeit (und Kosten) erfordert, als ihr ursprünglich erwartet hattet. Dies gilt insbesondere für die zwischen **dem 28. Juli und 8. August** Geborenen, und noch mehr in der Zeit nach dem 16. Mai.

Vielleicht erhaltet ihr ein Angebot für einen Arbeitswechsel und müsst eine sehr wichtige Entscheidung treffen. Womöglich gibt es eine Situation, die sich eurer Kontrolle entzieht. Ist beispielsweise euer Unternehmen ausreichend solvent? Oder muss es gewisse Aktivitäten aufgeben oder ist es gezwungen, Mitarbeiter:innen zu entlassen? Vielleicht wird euch überraschend eine neue Arbeit oder Stelle außerhalb eures gewohnten Umfelds angeboten? Diese Dinge können gut funktionieren, aber es ist möglich, dass ihr darauf nicht vorbereitet seid oder ihr einfach nicht genügend über die neue Situation wisst, um eine intelligente und ausgewogene Entscheidung treffen zu können. Springt nur in etwas drastisch Neues, wenn ihr wirklich alles abschätzen könnt. Wenn die Umstände euch jedoch dazu zwingen, Änderungen vorzunehmen, ist es am besten, nicht zu warten. Möglicherweise müsst ihr schnell eine Anpassung vornehmen. Je länger ihr braucht, um euch an Veränderungen anzupassen, die sich eurer Kontrolle entziehen und die euren Lebensunterhalt beeinträchtigen, desto schwieriger wird es. Euer Mantra sollte lauten: „schnell anpassen". Die Menschen um euch herum verändern sich, besonders bei der Arbeit. Auch euer Vorgesetzter oder eure Arbeitgeberin kann sich ändern. Das alles betrifft euch. Es kann aufregend sein oder auf eine Zeit des Chaos hindeuten. Nochmals: schnell anpassen! Dies betrifft hauptsächlich die **vom 6. bis zum 17. August** Geborenen. Achtet darauf, dass ihr euch nicht von dem verlockenden Glanz des Neuen zu sehr blenden lasst und euch dadurch vom Verlässlichen und Vertrauten abwendet.

Nächstes Jahr ist Venus rückläufig und verbringt mehr als ihre üblichen drei bis vier Wochen in eurem Sternzeichen. Vom 5. Juni bis zum 9. Oktober werdet ihr andere Menschen anziehen, sowohl persönlich als auch für eure Arbeit. Dies kann eine sehr interessante Zeit sein, während der sich Möglichkeiten bieten, finanziell etwas mit anderen zu unternehmen. Es ist auch eine Zeit, in der ihr zusätzliches Einkommen erzielen könnt. Euer Gespür für Stil und euer Marketingtalent sind gefragt und Belohnungen wert. Seid offen für Vorschläge von anderen. Diese können sich ausbezahlen, solange ihr eurer Sorgfaltspflicht nachkommt und feststellt, dass die anderen auch halten können, was sie versprechen. Wenn euer Geburtsdatum zwischen dem **4. und 22. August** liegt, werdet ihr diese positiven Themen am ehesten erleben. Es ist durchaus möglich, dass diese Angebote von Personen stammen, mit denen ihr in der Vergangenheit bereits Geschäfte gemacht habt. Wenn alles gut lief, braucht ihr euch keine Sorgen zu machen. Wenn es vorher allerdings nicht optimal war, dann solltet ihr besorgt sein und zweimal überlegen.

Löwe
Karriere und Finanzen

Einige von euch sind nach wie vor noch sehr gefragt. Möglicherweise erreicht ihr einen Höhepunkt eurer Karriere und verdient euren Status an der Spitze der Konkurrenz. Aber jetzt, wo ihr dort seid, entdeckt ihr, dass es mit viel mehr Arbeit verbunden ist, als ihr erwartet hattet. Die Anforderungen anderer mögen überwältigend erscheinen. Vielleicht fragt ihr euch: „Wie mache ich es allen recht? Was erwarten sie von mir – Superman oder Superwoman?" Ja, das erwarten sie in der Tat. Doch dieser Druck lässt nach, wenn Saturn am 7. März den Wassermann verlässt. Bis dahin werdet ihr ihn noch spüren, vor allem wenn ihr zwischen dem **15. und dem 23. August** geboren seid. Stellt sicher, dass ihr einen Zeitplan erstellt, der eure Arbeit und euer soziales Leben in Einklang bringt und euch genügend Zeit für Ruhe und Bewegung bietet. Andernfalls kann dies zu Müdigkeit und sogar zum Burn-out führen.

Finanziell ist 2023 ein Jahr, in dem ihr Spekulationen vermeiden solltet. Ihr könnt lernen zu handeln und zu spekulieren, aber riskiert dieses Jahr nicht euren Lebensstil, mit Uranus und Jupiter in Spannung zu eurem Sternzeichen nach dem 16. Mai. Ihr könntet Risiken falsch einschätzen und euer Timing ist nicht das beste. Ein konservativerer Anlageansatz wird empfohlen. Achtet darauf, nicht mehr Geld auszugeben, als ihr einnehmt, und geht nicht zu leichtfertig ins Minus. Ihr könnt dieses Jahr Geld verdienen, aber es kann unregelmäßig sein. Bedenkt, dass einkommensstarke Monate sich auch mit auftragsschwachen abwechseln. Habt ihr ein reguläres Gehalt, könnte es zu unvorhergesehenen Ausgaben kommen, legt vorsichtshalber möglichst etwas zur Seite.

Highlights und kritische Phasen in Beruf und Finanzen

Kritisch: 3. bis 17. Januar

Frustrierender Jahresstart für alle, die eine neue Stelle suchen oder anderweitig ihren bestehenden Arbeitsplatz verändern möchten. Momentan scheint gar nichts zu klappen und jedes Vorhaben versandet. Möglicherweise sind eure Überlegungen noch nicht ausgereift. Überprüft zudem, ob ihr euch wirklich auf die Stellenangebote beworben habt, die euer Herz und eure Seele begeistern. Denn grundsätzlich solltet ihr nur einen neuen Job beginnen, wenn es eine gute Resonanz mit eurem Inneren gibt.

Highlight: 25. Januar bis 4. Februar
Selbstständige sind gut beraten, sich nun mit anderen Unternehmer:innen zu verbinden. Bildet ein Netzwerk, bringt eure Kompetenzen zusammen! In der Gemeinschaft seid ihr stärker und am Ende hat jeder was davon. Konkurrenzdenken hingegen blockiert. Doch diese Phase kann auch für Angestellte interessant sein, nämlich dann, wenn ihr euch für Verbesserungen am Arbeitsplatz engagiert. Wie wäre es, jetzt stärker Kontakt zum Betriebsrat aufzunehmen oder sich ehrenamtlich für Benachteiligte in der Firma stark zu machen? Das entspricht eurem Wunsch, sich um Schwächere zu kümmern, und tut euch selbst gleichzeitig gut!

Highlight: 20. März bis 3. April
Wie wäre es mit einer beruflichen Weiterbildung? Für die Karriere ist das auf jeden Fall förderlich! Jetzt ist die ideale Zeit, sich darum zu kümmern. Sucht euch eine Thematik heraus, die euch interessiert und die auf dem Arbeitsmarkt gefragt ist. Setzt euch in Verbindung mit den Bildungsanbietern und natürlich mit eurer Chefin oder eurem Chef. Gut möglich, dass die Kosten komplett oder anteilig von der Firma übernommen werden. Achtet auch auf Inhouse-Schulungen, die in dieser Zeit angekündigt werden.

Kritisch: 29. April bis 15. Mai
Geht auf Abstand zu euren Vorgesetzen. Sie sind derzeit schwer durchschaubar und scheinen mit sich selbst beschäftigt zu sein. Ansagen aus der Chefetage bringen unnötige Verwirrung und vermutlich begegnet ihr euch in diesen Wochen zudem eher kühl und abweisend. Nehmt das nicht persönlich!

Highlight: 31. Mai bis 8. Juni
Euch packt der Mut, neue Wege zu gehen! Das gilt sowohl beruflich als auch im Umgang mit euren Finanzen. Für Geldangelegenheiten kann das bedeuten, nun in Bereichen zu investieren, von denen ihr bislang aus Furcht die Finger gelassen habt. Was den Job angeht, sind die Tage geeignet, eine Entscheidung, die schon länger gereift ist, öffentlich zu machen.

Löwe
Karriere und Finanzen

Highlight: 12. bis 20. August
Verbissenheit ist zwar selten eine gute Tugend, kann aber auch vorteilhaft sein. Nämlich dann, wenn man für seine Rechte einsteht und nicht zu schnell aufgibt. Genau dies gelingt euch in dieser Zeit! Sieht ganz so aus, als würdet ihr dadurch schon bald zu den Gewinnern gehören!

Kritisch: 28. August bis 16. September
Böse Worte kommen euch teuer zu stehen. Passt daher auf, wem ihr was an den Kopf werft. Zügelt euren Ärger und schluckt auch mal eine Äußerung herunter, die eventuell verletzend sein könnte. Sonst bereut ihr es später und es hat womöglich sogar negative Auswirkungen auf euren Kontostand.

Highlight: 9. Oktober bis 7. November
Venus, die in der Astrologie mit der Liebe, aber auch mit monetären Aspekten assoziiert wird, befindet sich im Geldbereich eures Sonnenhoroskops. Dadurch erhöhen sich spürbar die Chancen, immer wieder gute Geschäfte abzuschließen. Auch für Verhandlungen ist diese Zeit geeignet, weil es euch gelingt, mit Charme und Witz die Geschäftspartnerin oder den Geschäftspartner für euch, eure Ideen und Vorstellungen zu gewinnen. Am Anfang dieser Phase müsst ihr euch noch etwas einspielen. Doch spätestens ab dem 16. Oktober läuft alles wie geschmiert.

Highlight: 24. November bis 1. Dezember
Wer im Kreativbereich tätig ist, sprudelt jetzt vor Ideen und kann neue Projekte anstoßen. Eure Energie dafür scheint unbegrenzt! Und wer in seinem Brotjob hierfür keine Verwendung hat, sollte sich Gedanken darüber machen, ein Nebengewerbe mit der eigenen Kreativität zu gründen!

Kritisch: 13. bis 22. Dezember
Die letzten Tage vor Weihnachten könnt ihr relaxen; denn arbeitsmäßig kriegt ihr nun ohnehin nicht mehr viel geregelt. Wer kann, sollte sogar Urlaub nehmen. Denn ständige Störungen am Arbeitsplatz bringen in diesen Tagen zusätzlichen Stress, den niemand braucht. Wer hingegen

versucht, noch vor Jahresende viel Liegengebliebenes abzuarbeiten, wird vor lauter Tohuwabohu Fehler machen, die dann im nächsten Jahr entweder zusätzliche Arbeitszeit kosten oder zu Geldverlusten führen.

Gesundheit und Spiritualität

Liebe Löwen, groß ist euer Energiepotenzial! Ihr Kinder des Feuers mögt es laut, mögt es heiß und lebendig. Müde? Ihr doch nicht! Zu viel Trubel? Niemals! Gleichzeitig beherrscht ihr es, ohne schlechtes Gewissen faul in der Sonne zu liegen und euch von eurem Repräsentanten bescheinen zu lassen, sehr königlich, selbstverständlich. Die zwei großen Transite in diesem Jahr in eurem Zeichen, Lilith und Venus, haben natürlich auch Auswirkungen auf eure Gesundheit. Lilith durchwandert vom 8. Januar bis zum 3. Oktober den Löwen und verstärkt zusätzlich diese Feuerenergie. Lasst euch nicht unter Druck setzen und bewahrt im wahrsten Sinne einen kühlen Kopf. Ratsam ist dies vor allem in zweierlei Hinsicht. Sportliche Betätigung wie Capoeira, Zumba und Power-Boxing bringen schnelle Entlastung für euer Wohlbefinden und euer Herz. Je lauter, desto besser. Ihr fühlt euch mit dem Transit durch Lilith vielleicht auch inspiriert, kreativ zu werden und eure musischen Talente auszuleben. Fantastisch, dieses Jahr ist euer Jahr.

Am 7. März zieht Saturn weiter in die Fische und verlässt den Wassermann. Partnerthemen finden Lösungen und Entspannung. Ein befreiendes Gefühl stellt sich ein, wenn die Ketten der Verantwortung abfallen. Als Könige und Königinnen des Tierkreises kennt ihr eure Stärken und euren Mut. Dennoch solltet ihr das Wohl eures Volkes in den Vordergrund stellen und als weise:r Herrscher:in die Führung übernehmen. Ihr müsst nicht immer beweisen, wie mutig ihr seid, übernehmt euch nicht und geht nicht ein drittes Mal auf den Zehnmeterturm, wenn euch die zwei Male davor eigentlich schon mehr als gereicht haben. Denn Hochmut kommt vor dem ... na ihr wisst, was ich meine.

In der Zeit vom 21. Mai bis zum 21. August, wenn Lilith wiederholt eine schöne Verbindung zu Heiler Chiron eingeht, werdet ihr den starken Drang nach Selbstverwirklichung spüren. Nichts, was euch im Weg steht,

Löwe
Gesundheit und Spiritualität

kann euch wirklich aufhalten. Euer Feuer brennt für Durchsetzung und Zielverwirklichung, passt nur auf, dass ihr im Laufe eures bisherigen Lebens wirklich auch feuerfest geworden seid. Eine große körperliche Unruhe könnte sich nämlich sonst breitmachen. Achtet besonders darauf, dass euer Herz nicht überstrapaziert wird und ihr euch gerade in dieser Zeit mehr Ruhe gönnt. Eure innere Uhr sollte den Takt eures Lebens bestimmen. Meidet hitzige Diskussionen und versucht euch auch einmal aus dem Mittelpunkt herauszunehmen. Achtet darauf, eine ausreichende Menge Wasser zu trinken. Körperliche Alarmsignale sollten Beachtung finden. Scheut nicht den Gang zur Ärztin oder zum Arzt, sondern stellt euch bewusst euren Gesundheitsthemen. Ungesundes Essen könnte Sodbrennen und Magenschmerzen verursachen. Vermehrte Ruhephasen und Spaziergänge in der Natur wirken Wunder. Achtet auf ausreichend Schlaf und steht täglichem Stress und Hektik gelassen gegenüber. Dennoch ist dies eine besondere Zeit zur Selbstverwirklichung.

Gesundheit und Power liegen bei euch im Zentrum des Herzens. Euer Planet ist die Sonne. In vielen Hochkulturen wurde die Sonne als Gottheit verehrt, wie etwa bei den Griechen Helios und bei den Römern Sol. Mit seiner majestätischen Körperhaltung beeindruckt der Löwe sein Umfeld. Man sieht euch an, dass ihr das Leben gerne lebt und mit eurer Feuerenergie gerne im Brennpunkt steht. Die Löwen tanzen im Feuerelement immer auf der schmalen Grenze zwischen hell lodern und verbrennen. Vielleicht mögen sie das auch ein bisschen. Als Löwegeborene geht ihr instinktiv euren Weg der Selbstverwirklichung und gleichzeitig seid ihr selbst euer größter Zweifler, auch wenn ihr dies selten zugeben würdet. Gelber Enzian stabilisiert Herzleitsystem und Herzrhythmusstörungen, die heilende Energie des Diamanten und des Bergkristalls unterstützen und gleichen aus. Die Wirkung der ätherischen Öle Neroli und Orange sind eure Impulsgeber, um zur Ruhe zu kommen und den Takt des Herzens wiederzufinden. Falls ihr rotsehen solltet, helfen Weißdorn, Minze und Melisse als Teemischung, den Blutdruck zu kontrollieren, um den Herzschlag zu stabilisieren und nicht zu schnell aus der Haut zu fahren.

Highlights und kritische Phasen für die Gesundheit

Highlight: 6. bis 18. Januar
Diese Zeit werdet ihr als belebend und stärkend wahrnehmen. Vieles, was ihr noch gescheut und zurückgehalten habt, um das Leben zu leben, wird jetzt angegangen. Ziele können verwirklicht werden. Haltet aber eure Feuerenergie in Schacht. Lasst es nicht zu intensiv werden. Denkt an eure Herzthemen und vergesst nicht, euch einen feuerfesten Schutzmantel anzulegen. Unterstreicht eure Löwequalitäten und werdet mit eurem Handeln zur Inspiration für die Gesellschaft.

Kritisch: 21. Januar bis 4. Februar
Den Start ins neue Jahr beginnt ihr euphorisch und zielbewusst. Etwas ausgebremst könntet ihr euch fühlen, wenn sich der Rücken zu Wort meldet. Auch Knochen und Zähne sind in dieser Zeit besonders empfindlich und chronische Gesundheitsthemen benötigen mehr Beachtung.

Highlight: 18. März bis 12. April
Gesundheitlich könnt ihr einiges in Bewegung setzen. Physiotherapie und alle stärkenden Mittel kommen gut zum Einsatz. Diese Zeit ist besonders gut für eine Frühjahrskur. Euer Unterbewusstsein wird euch leiten, um eurer inneren Stimme zuzuhören und dieser zu vertrauen. Lasst euch in ruhigen Momenten verführen, diesen Erkenntnissen nachzugeben.

Highlight: 7. bis 24. Mai
In diesen Wochen werdet ihr vermehrt auf eure Intuition hören. Beruhigende Düfte des Sommers wie Lavendel verstärken den Drang nach mehr Ruhe. Der Zugang zu euren Wünschen und Träumen wird euch bewusst. Lasst euch tragen von dieser besonderen Zeit und gebt euren Impulsen nach, auch wenn ihr diese vielleicht mit dem Verstand nicht begreifen könnt. Lasst euch führen!

Löwe
Gesundheit und Spiritualität

Kritisch: 18 Juni bis 2. Juli
Während dieser Zeit ist Vorsicht geboten. Vorschnelles Handeln, Ungeduld und Hektik erhöhen die Gefahr von Unfällen oder Verletzungen und das würde euch ausbremsen. Gebt nicht allen Impulsen nach. Nehmt euch genug Zeit für Termine und vermeidet komplizierte Planungen, die euch unter Druck setzen.

Kritisch: 18. August bis 1. September
Dieser Aspekt kann als anstrengend empfunden werden. Das Immunsystem könnte Unterstützung brauchen. Energie könnt ihr in der Natur aufladen. Sport befreit den Geist. Achtet auf eure Ernährung. Frische Kräuter, Smoothies unterstützen euch. Zur Herzstärkung könnt ihr euch gelegentlich ein kleines Gläschen Herzwein gönnen. Dies ist ein stärkendes Elixier aus Rotwein und Petersilie.

Kritisch: 4. bis 16. Oktober
Nun werdet ihr eure Grenzen wahrnehmen. Das höhere Bewusstsein meldet sich und ermöglicht es euch, euch mit euren Schattenthemen auseinanderzusetzen. Alles geht etwas langsamer und tiefer, Müdigkeit könnte sich bemerkbar machen. Versucht nichts zu beschleunigen. Nehmt euch Zeit, um bewusst zur Ruhe zu kommen. Jetzt könnt ihr feststellen, wohin die Schritte auf eurem Weg gelenkt werden sollen. Gesundheitsthemen könnten sich aus der Tiefe melden. Kümmert euch um euch selbst und konzentriert euch darauf. Magnesium, Passionsblume und Lavendel können den Schlaf unterstützen.

Highlight: 15. Dezember bis 22. Dezember
In der Advents- und Weihnachtszeit wird euch vieles als Geschenk vorkommen. Es ist die Kraft in euch, die innere Stimme und das Bewusstsein für das, was für euch wichtig geworden ist. Mit dieser Erkenntnis entfacht ihr erneut euer inneres Feuer. Das Glück liegt in uns selbst und bringt inneren Reichtum und Frieden. Den Zauber und die Düfte dieser erleuchtenden Zeit könnt ihr zusätzlich in den Alltag einfließen lassen.

Jungfrau
23. August – 23. September

Freut euch auf einen tollen Aspekt von Jupiter ab dem 16. Mai! Der Glücksplanet wird dann für ein Jahr aufbauende und erfolgversprechende Impulse in euer Sternzeichen senden. Auch Innovationsplanet Uranus steht langfristig günstig für euch. Das heißt, euch gehen die Ideen nicht aus, und ihr werdet beruflich wie privat interessante Menschen treffen und vielversprechende Chancen erhalten. Mit diesen beiden Trumpfkarten im Ärmel seid ihr gerüstet für einen großen und wichtigen Transit von Saturn, zuständig für langfristige Erfolge durch unermüdliche Arbeit. Der beginnt ab dem 7. März und zeigt an, dass die kommenden beiden Jahre voraussichtlich einen Höhepunkt eures Lebens darstellen. Ihr habt hart gearbeitet, um bis hierher zu gelangen. Doch das heißt leider nicht, dass ihr euch nun ausruhen könntet, eher im Gegenteil: Jetzt geht die Arbeit erst richtig los und ist mit noch mehr Verantwortung verbunden. Möglich ist zum Beispiel eine Beförderung. Für andere bedeutet dies eine neue, besonders ehrenvolle Aufgabe oder Auszeichnung. Aber es werden auch größere Anforderungen an eure Zeit und Ressourcen gestellt. Auch wenn ihr etwas erreicht habt, das euer Wunsch war, erfordert es nun mehr Aufwand und Anstrengung als gedacht, diesen Erfolg in eurem Leben zu verankern. Mehr als je zuvor müsst ihr auf eine gute Work-Life-Balance achten. Teilt euch eure Kräfte gut ein, euer Leben muss zwischen Arbeit, Ruhe, Bewegung und sozialen Aktivitäten ausgeglichen sein. Andernfalls kann dies nicht nur eine Zeit der Errungenschaften, sondern auch der Erschöpfung sein. Passt gut auf euch auf. Vielleicht müsst ihr euch auch mehr um andere kümmern, denn Saturn durchläuft nun euer kosmisches Partnerhaus und währenddessen sind andere mit ihren Bedürfnissen auf euch angewiesen.

Obwohl die Anforderungen an eure Zeit groß sind, können die Belohnungen sehr schön sein, dafür sorgt Jupiter. Ihr expandiert in vielen Lebensbereichen und seid deshalb sehr gefragt. Ihr habt Talent, das andere erkennen. Ihr habt euch großen Respekt verschafft. Finanziell erhaltet ihr den angemessenen Verdienst für das, was ihr erreicht habt, und für die Arbeit, die ihr noch leistet. Außerdem seid ihr beliebt und populär.

Jungfrau
Liebe und Beziehungen

Ihr erhaltet viele schmeichelhafte gesellschaftliche und berufliche Einladungen, insbesondere nach dem 16. Mai. Vielleicht müsst ihr aus beruflichen Gründen des Öfteren reisen. Oder vielleicht reist ihr auch einfach aus Freude daran, neue, euch unbekannte Orte zu besuchen.

Neptun wird für die nächsten zwei Jahre zusammen mit Saturn noch in Opposition zu eurem Sternzeichen stehen. Deshalb müsst ihr auf eure Gesundheit und euer Energieniveau achten. Wenn ihr dies nicht tut, werdet ihr möglicherweise schnell müde und ihr spürt ein Leck in eurem Energiesystem. Beachtet außerdem, dass es in euren Beziehungen zu Vertrauensproblemen kommen kann. Zusätzlich besteht auch die Gefahr, dass vertrauliche Informationen an den falschen Stellen durchsickern. Zuverlässigkeit kann ebenfalls ein Thema sein. Haltet eure Zusagen und Versprechen unbedingt ein, sonst leidet möglicherweise euer Ruf, für den ihr so hart gearbeitet habt. Um Gerüchten vorzubeugen, ist es wichtig, Offenheit und Transparenz anderen gegenüber walten zu lassen und von ihnen dasselbe zu erwarten. Es dauert lange, Vertrauen aufzubauen, doch wie schnell ist es zerstört. Ihr müsst sicherstellen, dass diejenigen, mit denen ihr zusammenarbeitet oder enge Beziehungen habt, absolut ehrlich zu euch sind, ebenso auch ihr zu ihnen. Andernfalls können Gefühle verletzt werden, und die Situation kann von wunderbar zu emotional beunruhigend oder sogar unangenehm umschwenken. Stellt sicher, dass Menschen, mit denen ihr euch umgebt, gut geerdet und möglichst ausgeglichen sind. Sonst kann es zum Beispiel passieren, dass ihr versucht jemandem zu helfen, um dann feststellen zu müssen, dass ihr in einem Netz aus Chaos und Missverständnissen gefangen seid. Ihr fragt euch vielleicht: „Wie bin ich überhaupt in diese Situation geraten? Und wie komme ich da wieder raus?" Es dreht sich alles um Wahrheit, Transparenz, Offenlegung und einen Mangel an kritischem Urteilsvermögen, in Zeiten, in denen ihr es am meisten benötigt.

Dennoch gibt es in diesem Jahr viele positive Aspekte, die eure Kreativität beflügeln und zum Erfolg führen. Ihr seid im Zeichen Jungfrau geboren, das Zeichen des Scharfsinns. Diese Fähigkeit solltet ihr im Überfluss anwenden. Seid kritisch und genau. Bewertet Situationen und Personen, mit denen ihr zu tun habt, achtsam, bevor ihr Versprechungen oder

Zusagen gebt. Macht keine, die ihr nicht auch einhalten könnt oder wollt. Wenn es um Emotionen geht, solltet ihr ernsthaft sein und nicht necken. Wenn ihr das beherzigt und zudem auf eure Gesundheit achtet, wird das Jahr positiv und erfolgreich verlaufen.

Liebe und Beziehungen

Viele kosmische Einflüsse für euer soziales Leben sind sehr vielversprechend. Das ganze Jahr über bildet der aufregende Uranus günstige Aspekte, dadurch seid ihr offen für Neues, experimentierfreudig und habt selbst tolle Ideen, was wiederum auf andere Menschen faszinierend wirkt. Bis Juli 2023 erhaltet ihr zudem Unterstützung von Schicksalsanzeiger Mondknoten. Und ab Mitte Mai geht außerdem Jupiter in den Stier und bildet dann für zwölf Monate fantastische Aspekte, die eure Beliebtheit und Ausstrahlung erblühen lassen und anzeigen, dass neue Leute eure Nähe suchen. Alle drei aktivieren euer Fernweh, schicken euch auf Sinnsuche und wecken euer Interesse an fremden Kulturen, Glaubenskonzepten und Philosophien. Besonders wenn ihr unterwegs seid, auf Reisen oder beispielsweise bei einer Fortbildung, immer dann, wenn ihr eure Komfortzone verlasst und neue Horizonte auftut, könnt ihr interessanten Menschen begegnen. Möglich sind auch Begegnungen mit Menschen aus einem fremden Kulturkreis, die euch faszinieren und bei denen ihr das Gefühl habt, sie trotz ihrer „Fremdheit" lange und gut zu kennen. Oft geht es dabei um Sinnfragen oder eine gemeinsame politische oder Glaubensausrichtung. Ihr findet Menschen, mit denen ihr auf einer Wellenlänge liegt. Dies können auch jüngere Menschen oder Jugendliche sein, beispielsweise weil sie von euch unterrichtet werden oder einfach weil sie euch auf einer Wandertour begegnen. Dadurch erfahrt ihr selbst eine Art Verjüngung und erlangt eine neue Sicht der Dinge. All dies bringt den Singles unter euch praktisch das ganze Jahr über gute Chancen, ins Gespräch zu kommen, zu flirten und eine neue Liebschaft zu beginnen. Und wenn ihr fest liiert seid, dann könnt ihr euren Freundeskreis um spannende neue Leute erweitern. Das sind auch tolle Konstellationen, um mit Freundinnen und Freunden zu verreisen oder sie im Ausland zu besuchen. Auch beruflich können sich auf Fortbildungen oder durch Geschäftsreisen inspirierende neue Kontakte ergeben.

Jungfrau
Liebe und Beziehungen

Schon seit zehn Jahren und noch bis 2026 steht ihr unter dem Einfluss des verführerischen Neptuns. Er zeigt euch, dass die Liebe trotz aller Vorsicht und analytischer Betrachtung immer noch jede Menge Geheimnisse hat. Und die wollt ihr nur zu gerne erforschen! 2023 wirkt er besonders auf die **vom 15. bis zum 23. September** Geborenen. Gut möglich, dass ihr im Herbst letzten Jahres eine aufregende und inspirierende Liebesgeschichte begonnen habt, die jedoch auch schwer einzuschätzen war. Vielleicht hat sich einer von euch zwischendurch zurückgezogen oder es stellte sich heraus, dass noch Dritte beteiligt waren. Vielleicht war es auch eine Liebe im beruflichen Zusammenhang, die ihr zunächst geheim gehalten habt. Diese wichtige Geschichte wird im Februar entweder ihren Abschluss finden oder sich so weit klären, dass der Weg frei wird, mit der Person eine ernsthafte Partnerschaft einzugehen. Fest Liierte mussten möglicherweise feststellen, dass die Partnerin oder der Partner ein Interesse an jemand anderem entwickelt hat. Auch diese Angelegenheit kann wahrscheinlich im Februar geklärt und abgeschlossen werden. Im weiteren Verlauf des Jahres ergeben sich für die Singles unter euch weiterhin bezaubernde Flirtmöglichkeiten, besonders im Mai, Oktober und November. Jedoch müsst ihr darauf achten, nicht in Situationen verwickelt zu werden, durch die Gerüchte oder Skandale entstehen könnten. Affären, bei denen Dritte im Spiel sind, etwa weil euer Schwarm schon verheiratet ist, können vor allem im Februar und August zu Komplikationen und Herzschmerz führen, und euer guter Ruf würde leiden. Überlegt euch genau, ob es euch das wert ist.

Der Neptuneinfluss mag dazu beigetragen haben, dass viele Jungfraugeborene sich über längere Zeit in der Liebe nicht festlegen konnten oder wollten. Aber das wird sich nun ändern. Man könnte sagen: Ab dem 7. März wird es ernst! Dann nämlich betritt Prüfungsplanet Saturn euer Partnerhaus. Das kann einerseits bedeuten, dass eure bestehende Partnerschaft oder Liebelei auf dem Prüfstand steht. Es kann aber auch heißen, dass ihr nach einer Zeit des Flirtens, Schwärmens und Herumprobierens nun bereit seid, euch ernsthafter auf eine feste Beziehung einzulassen und Verantwortung zu übernehmen. Prüfungen in ihren Beziehungen werden 2023 vor allem den **vom 23. bis zum 31. August** Geborenen auferlegt. Aber es können auch Faktoren im Horoskop der übrigen Jungfraugeborenen den Saturneinfluss empfangen. Das merkt ihr daran, dass ihr mehr Verantwortung übernehmen müsst: nicht nur für euch selbst, sondern generell für Menschen, die in eurem Leben wichtig sind. Wenn ihr noch Single seid, könntet ihr euch für jemanden interessieren, der deutlich älter ist, vielleicht auch eine Vorgesetzte oder einen Lehrer. Oder es ist jemand, dessen Kompetenz und Erfahrung ihr bewundert. Vielleicht werdet ihr auch hartnäckig umworben, und ihr schätzt und respektiert die Person auch, spürt aber noch kein Kribbeln. Saturnflirts entwickeln sich oft langsam, manchmal dauert es Jahre, bis ihr herausfindet, dass ihr für die Person profunde Liebesgefühle habt. Das macht aber nichts, denn die daraus resultierenden Beziehungen sind dann auch verlässlich und von Dauer. Eine solche Begegnung kann sich im April, Mai, Juni sowie im Oktober und Dezember ergeben. Für einige von euch kann jedoch auch eine Trennung im Raum stehen. Wenn in eurer Beziehung schon seit Längerem etwas im Argen liegt, was ihr aus Furcht vor den Konsequenzen bisher verdrängt habt, dann wird der unerbittliche Saturn euch nun auffordern, hier endlich etwas zu tun. Zum Beispiel eine Paartherapie in Angriff nehmen oder eine überfällige Trennung einleiten.

Am 3. Oktober beginnt eine neue, spannende Phase, dann geht die wilde Lilith in euer Zeichen, und zwar bis zum 29. Juni 2024. Sie weckt in euch den Wunsch, stärker zu euren urigen Instinkten und leidenschaftlichen Gefühlen zu stehen. Falls ihr beruflich oder privat kreativ seid, zum Beispiel als Künstlerin oder Musiker, kann das eine sehr inspirierte Zeit sein, in der ihr euch mehr Freiraum für euch selbst sucht und wünscht. Möglich auch, dass ihr in dieser Zeit eine heiße neue Liebesaffäre beginnt, durch die eure Kreativität und Leidenschaft stark angeregt werden. In eurem Beziehungsleben kann das auch zu Problemen führen, wenn ihr euch in euren bisherigen Strukturen eingeengt fühlt. Auch innerlich können diese befreienden Impulse von Lilith schmerzhaft sein, wenn euch klar wird, wie lange ihr euch bisher freiwillig beschränkt habt, um es anderen recht zu machen. Dies werdet ihr vor allem im Oktober spüren. Der Sinn dieses Transits ist, dass ihr mehr persönliche Freiheit und Selbstbewusstsein erlangt, selbst wenn ihr dafür Opfer bringen müsst. 2023 wirkt sich die Kraft Liliths vor allem auf die zwischen dem **23. und 31. August** Geborenen aus.

Jungfrau
Liebe und Beziehungen

In eurem Familienleben erhaltet ihr im März die Chance, ein länger schwelendes Problem zu klären und vielleicht sogar zu heilen. Ab Juni blüht der Zusammenhalt. Macht Pläne, gemeinsam mit der Familie zu verreisen oder eure Eltern mal wieder zu besuchen. Falls ihr länger keinen Kontakt mit Familienmitgliedern hattet, könntet ihr euch nun wieder versöhnen. Der Juli und August sind hier besonders vielversprechend. Der September ist eine gute Zeit, um gemeinsam etwas auf die Beine zu stellen, zum Beispiel eine Renovierung oder einen Umzug. Im Dezember kann es schwierig werden, eure Pläne unter einen Hut zu bringen, achtet hier auf eure Absprachen und verliert nicht die Geduld. Wenn ihr euch gut versteht, hättet ihr großen Spaß an gemeinsamen sportlichen Winterferien oder einem lauten, fröhlichen Weihnachtsfest in großer Runde!

Highlights und kritische Phasen in der Liebe

Highlight: 27. Januar bis 1. Februar und 9. bis 20. Februar

Während der gesamten Zeit habt ihr eine schöne, gesellige Phase mit vielen Möglichkeiten, Leute zu treffen, neu kennenzulernen und zu flirten. In der zweiten Phase werden der spritzige Uranus und der romantische Neptun aktiviert, was die Chancen erhöht, sich zu verlieben. Wenn euch das passiert, ist es wundervoll, aber gebt der Sache trotzdem etwas Zeit, in der sich erweisen kann, ob ihr wirklich zusammenpasst. Dabei hilft euch die bewährte 90-Tage-Regel[1]. Zwischendrin gibt es allerdings ein paar kritische Tage, und zwar:

Kritisch: 2. bis 8. Februar

Seid nun sehr vorsichtig mit Flirts im Kollegenkreis oder mit Vorgesetzten. Falls ihr locker auf jemanden zugeht, könnte man das als übergriffig empfinden. Möglich auch, dass euch jemand im beruflichen Zusammenhang freche Avancen macht. Verhaltet euch professionell und integer und erstickt kompromittierende Situationen gleich im Keim. Wenn die Gefühle echt sind, trefft euch erst mal außerhalb der Arbeit und schaut, wie sich die Sache entwickelt.

[1] Die 90-Tage-Regel gibt's zum Nachlesen auf meiner Homepage als Dossier. Der Text ist außerdem Bestandteil des schriftlichen Venus-Horoskops als PDF, welches ihr ebenfalls auf meiner Homepage bestellen könnt.

Highlight: 17. März bis 10. April
Ob im Urlaub oder auf Geschäftsreise: Haltet die Augen offen, Flirts lauern überall! Wenn ihr fest liiert seid, ist dies eine schöne Zeit, um gemeinsam zu reisen, aber auch für andere Dinge, die euren Horizont erweitern, wie etwa der gemeinsame Besuch eines interessanten Vortrags oder Museums. Oder gönnt euch eine spirituelle Inspiration, zum Beispiel indem ihr einen Kraftort aufsucht. Idealerweise etwas ganz Neues, das ihr vorher noch nicht probiert habt!

Kritisch: 12. bis 17. April
Eigentlich seid ihr jetzt schwungvoll und engagiert und möchtet euch gerne gesellschaftlich oder auch in eurer Karriere einsetzen. Doch euer Schatz (oder ein:e Flirtkandidat:in) versteht nicht, dass ihr nicht mehr Zeit für ihn habt. Vor allem wenn ihr auch noch euer Geld lieber für ein eigenes Projekt investieren wollt als für eine gemeinsame Anschaffung. Lasst euch während dieser Tage nicht unter Entscheidungsdruck setzen. Euch fällt bestimmt eine gute Lösung ein!

Highlight: 8. bis 19. Mai
Eine sehr schöne Zeit, um eure festen Beziehungen und eure Freundschaften zu pflegen und zu stärken. Nehmt euch vor, etwas mit den Menschen zu unternehmen, die euch wichtig sind. Sogar gemeinsame Projekte könnt ihr jetzt starten, und die hätten langfristige Erfolgschancen!

Kritisch: 21. bis 26. Mai
Ein Wermutstropfen ist hier möglich: Euer fester Schatz könnte sich weh tun oder wegen einer persönlichen Sache betrübt sein und dann solltet ihr alles andere zur Seite schieben und für ihn oder sie da sein!

Highlight: 28. Mai bis 3. Juni
Dies sind wunderschöne Tage für die Liebe und die Romantik. Hoffentlich habt ihr nun Zeit für süße Stunden zu zweit, vielleicht sogar einen Kurztrip an einen romantischen Ort oder ein Gewässer.

Jungfrau
Liebe und Beziehungen

Highlight: 27. Juni bis 5. Juli
Eure Freundschaften, Familienbande und Beziehungen erfahren Stärkung und Rückhalt und ihr könnt euch sozial hervortun. Nur dafür, sich neu zu verlieben, scheint die Zeit nicht ganz so günstig zu sein: An Kandidatinnen oder Kandidaten mangelt es nicht, aber der Funke will nicht recht überspringen. Macht nichts, im Herbst sind die Gefühle wieder heiß!

Kritisch: 11. bis 23. Juli
Ihr seid eher als sonst geneigt, Konflikte auszufechten, anstatt zurückzuweichen. Aber gerade in diesen Tagen beißt ihr auf Granit. Euer Gegenüber ist verschlossen, schlecht gelaunt oder hat tausend Bedenken. Wartet diese Phase am besten ab und versucht, nichts zu erzwingen. Das gilt vor allem für die in der 1. Dekade Geborenen. Für die 3. Dekade läuft es deutlich harmonischer.

Kritisch: 19. bis 28. August
In diesen Tagen kann euer Schwung ins Leere laufen. Euer Gegenüber ist abweisend (1. Dekade) und macht nicht mit. Oder jemand ist ganz bezaubernd (3. Dekade), aber gleichzeitig unentschieden oder unklar. Beim Argumentieren wird euch womöglich das Wort im Munde umgedreht. Lasst die Zeit möglichst verstreichen, ohne schwerwiegende Beziehungsentscheidungen zu treffen.

Highlight: 6. bis 22. September
Zwar ist der Merkur bis zum 16. September noch rückläufig, aber die restlichen Planeten sind offenbar wild entschlossen, eine große Party mit euch zu feiern! Nun stellt ihr (vielleicht ganz erstaunt) fest, wie beliebt ihr seid und wie viele Menschen froh sind, dass es euch gibt! Gebt ihnen die Chance, euch zu eurem Geburtstag hochleben zu lassen!

Kritisch: 8. bis 15. Oktober
Die ersten Tage mit Lilith in eurem Zeichen sind gleich ziemlich angespannt. Denn euer Wunsch nach Freiheit und Augenhöhe prallt auf konservative Verschlossenheit. Man versucht, euch auflaufen zu lassen.

Deswegen sprecht in diesen Tagen am besten noch gar nicht aus, was in euch vorgeht. Danach gibt es nämlich noch reichlich Gelegenheiten, den Menschen in eurer Umgebung zu zeigen, was in euch steckt!

Highlight: 19. Oktober bis 8. November
Fantastische Zeit, um jeden zu bezirzen und alles zu bekommen, was ihr haben wollt! Aber auch, um mit netten Leuten Abenteuer zu erleben und Spaß zu haben. Wenn ihr Single seid, könnt ihr euch romantisch verlieben und verliert trotzdem nicht euer scharfes Urteilsvermögen. Wer den Test besteht, ist ein:e Kandidat:in für eine lange Beziehung! Nicht zuletzt könnt ihr nun auch eure Selbstliebe stärken, zum Beispiel indem ihr euch ein schönes neues Outfit oder eine Wellnessbehandlung gönnt (das Geld dafür scheint vorhanden zu sein).

Kritisch: 26. November bis 6. Dezember
Ihr habt es satt, euren (vor allem männlichen) Familienmitgliedern oder Mitbewohnern ihre Sachen hinterherzutragen? Oder euch von Handwerkern auf der Nase herumtanzen zu lassen? Recht so. Geht lieber euren Herzensimpulsen oder kreativen Ideen nach. Sollen sie doch selbst aufräumen! Ihr braucht nicht immer um des lieben Friedens willen nachzugeben. Dadurch erntet ihr sogar mehr Respekt als zuvor!

Highlight: 8. bis 28. Dezember
Nun habt ihr euch die Magie der Lilith zu eigen gemacht und alle liegen euch zu Füßen. Denn ihr seid geheimnisvoll, unabhängig, interessant und trotzdem offen für ein liebevolles Miteinander. Wahrscheinlich reißen sich nun Familie und Freundinnen sowie Freunde darum, mit euch einige der Feiertage verbringen zu dürfen. Und es könnte gut sein, dass ihr eine Entscheidung trefft, die alle überrascht!

Karriere und Finanzen

Insgesamt sieht das Jahr 2023 finanziell und beruflich günstig aus, insbesondere nach dem 16. Mai. Alle äußeren Planeten und der Mondknoten stehen in starken und meist günstigen Aspekten zu eurem Sternzeichen. Daher kann dieses Jahr sehr bedeutsam in eurem Lebenszyklus sein.

Jungfrau
Karriere und Finanzen

Die wichtigsten kosmischen Energien werden, mit ein wenig Hilfe des Mondknotens, die Harmonieaspekte von Jupiter und Uranus sein. Uranus befindet sich in der Mitte eines günstigen Transits, der von 2017 bis 2025 dauert. Er entfaltet daher dieses Jahr besondere Kraft für euch. Das lässt auf plötzliche Anerkennung und Erfolg schließen. Ihr seid unwiderstehlich, und eure Ideen und Gedankengänge sind für andere aufschlussreich. Gemeinsam könnt ihr ein Feuerwerk der Ideen entfesseln. Daher kann euer Karriereweg in dieser Zeit einen plötzlichen Aufwärtstrend nehmen. Es ist ein günstiger Zeitpunkt, um entweder eine neue Fähigkeit zu entwickeln oder ein neues Produkt oder eine neue Dienstleistung einzuführen, die positiv aufgenommen wird. Eine neue Fertigkeit, wie zum Beispiel das Beherrschen einer neuen Softwareanwendung, kann eure derzeitigen Qualifikationen verbessern und die Nachfrage nach euren Dienstleistungen erhöhen. Wenn ihr ein neues Produkt entwickelt oder eine neue Dienstleistung anbietet, kann das für viel Aufsehen sorgen und zu einem starken Anstieg des Geschäfts führen. Es kann sogar ratsam sein, eure Ideen im Ausland zu präsentieren, vor allem an neuen Orten, an denen ihr noch nie gewesen seid, wenn ihr die Möglichkeit habt und es vertretbar und gesetzeskonform ist. Diese Möglichkeiten werden sich im Leben der **vom 6. bis zum 17. September** Geborenen am stärksten manifestieren.

Ihr lebt in einer aufregenden Zeit, und es wird noch aufregender, wenn Jupiter vom 16. Mai 2023 bis zum 25. Mai 2024 durch den Stier wandert, Zeichen des Wachstums und neuer Möglichkeiten. Euer sozialer und beruflicher Horizont erweitert sich. Ihr seid beliebt, gefragt und euer Einkommen kann erheblich steigen, vor allem gegenüber dem Vorjahr. Es ist eine ausgezeichnete Zeit, um Reisen und Bildung mit der Arbeit zu verbinden. Eure philosophischen Ideen werden geschätzt, und die Leute werden sich an euch wenden, um Fachwissen zu verschiedenen euch vertrauten Themen zu erhalten. Euer Urteil zählt. Obwohl dies für alle Jungfrauen gilt, ist es 2023 besonders relevant für die zwischen dem **28. August und 8. September** Geborenen.

All dieses Erfolgspotenzial ist aber auch mit Bedingungen und Opfern verbunden. Neptun befindet sich seit zehn Jahren in Opposition zu eurem Sternzeichen und verbleibt dort noch weitere zwei bis drei Jahre.

Hinzu kommt, dass die zwei- bis dreijährige Opposition Saturns zu eurem Sternzeichen am 7. März 2023 beginnt. Die Neptun-Opposition kann einen erhöhten Sinn für Romantik und Visionen für die Zukunft mit sich bringen. Doch sind diese Gedanken realistisch oder sind es Illusionen? Verarbeitet ihr die Signale, die andere euch übermitteln, richtig, oder lasst ihr euch von deren – möglicherweise weder praktikablen noch realistischen – Visionen verführen? Wollt ihr eine Aura des Staunens erzeugen, so müsst ihr sehr scharfsinnig sein, sonst lasst ihr euch von den Meinungen, die andere über euch haben, einfangen. Stellt sicher, dass die Personen, mit denen ihr zu tun habt, ausgeglichen sind. Wenn ihr blind folgt oder meint, man solle euch blind folgen, könnte euer Ruf geschädigt werden. Vielleicht wird mehr in die Situation hineininterpretiert, als beabsichtigt oder überhaupt möglich ist. Erkennt dies rechtzeitig, bevor es zu spät ist. Vermeidet es, Gegenstand von Klatsch, Gerüchten oder peinlichen Fehltritten in Beziehungen zu werden, vielleicht aufgrund von Missverständnissen, weil ihr selbst eure Absichten und eure Situation nicht offen darstellt oder weil andere euch gegenüber Geheimnisse hegen. Wenn jemand anfängt, hinter eurem Rücken negativ über euch zu sprechen und Unwahrheiten zu erzählen, dann müsst ihr diese Fehlinformationen sofort korrigieren.

Wenn ihr geerdet, verwurzelt und scharfsinnig seid, wird diese Zeit wunderbar sein und euch zahlreiche Visionen und neue Träume bringen. Dieser Aspekt gilt hauptsächlich für die **vom 15. bis zum 23. September** Geborenen, aber auch dann, wenn Neptun andere wichtige Faktoren des Jungfrauhoroskops beeinflusst.

Der Wechsel von Saturn in die Fische nach dem 7. März kann sowohl ein Segen als auch eine Herausforderung sein. Er befindet sich während der nächsten beiden Jahre in einer sogenannten Opposition, also genau gegenüber von eurem Sternzeichen. Das bedeutet, es kommt eine Zeit für eure Errungenschaften und Verdienste. Ihr werdet für euer Tun, Wissen und für Erreichtes respektiert. Ihr habt hart für diesen Aufstieg gearbeitet, und nun habt ihr es geschafft. Doch trotz reichlicher Belohnung und Anerkennung gibt es wahrscheinlich auch mehr Arbeit, Verantwortung und Anforderungen, als ihr euch vorgestellt hattet. Ihr werdet Hilfe brauchen, um alles zu bewältigen, obwohl ihr von Natur aus gut organisiert

Jungfrau
Karriere und Finanzen

seid und euer Leben normalerweise gut bewältigt. Doch dieses Mal kommt es anders. Ihr habt Autorität, aber ihr müsst einen Teil der Kontrolle über eure Terminplanung aufgeben. Gleichzeitig müsst ihr in eurem Terminkalender Zeit zum Ausruhen, für sportlichen Ausgleich und soziale Aktivitäten einplanen. Wenn ihr nur arbeitet und nicht das Gegengewicht des Spielerischen habt, dann könnte eure Gesundheit darunter leiden. Lernt, an Vertrauenspersonen Themen abzugeben. Doch achtet gleichzeitig darauf, dass nicht etwa unzuverlässige Personen die Kontrolle übernehmen und Dinge, die euch betreffen, nicht in eurem Sinne durchführen. 2023 betrifft dies hauptsächlich die zwischen dem **23. und 31. August** Geborenen. Ihr habt die Bergspitze erklommen. Und nun? Wie kommt ihr wieder herunter? Wie gefällt euch eure neue Position? Wer hilft euch bei diesen neuen Aufgaben? Wählt die Personen mit Bedacht aus und lernt mit Feingefühl zu delegieren, achtet auf einen ausgeglichenen Terminplan und alles wird sich einspielen.

Pluto im stärkenden Aspekt zu eurem Sternzeichen deutet darauf hin, dass einige von euch dabei sind, mehr Macht und Einfluss zu erlangen. Möglicherweise seid ihr an einem sehr großen Projekt beteiligt, dessen Auswirkungen weit über euren unmittelbaren Kreis hinausgehen können. Je intensiver ihr an diesem Projekt mitarbeitet, desto wichtiger werdet ihr. Dies ist eine Zeit der Selbstfindung, eurer inneren Stärke, des In-Berührung-Kommens mit eurer eigenen Macht und Machtstellung, aber auch derjenigen der anderen. Es ist eine Zeit der Selbstentdeckung und der Bedeutung eurer eigenen Talente, Fähigkeiten und Intelligenz. Den **vom 20. bis zum 24. September** Geborenen steht dieses noch 2023 – 2024 bevor.

Finanziell kann dieses Jahr günstig für euch verlaufen. Ihr könnt in vielen Bereichen der Finanztätigkeit profitieren, von Aktien über Immobilien bis hin zu Spekulationen und privaten Investitionen. Wenn ihr wollt, könnt ihr mit gutem Urteilsvermögen auch Gewinne aus dem Verkauf von Vermögenswerten erzielen, die an Wert gewonnen haben.

Highlights und kritische Phasen in Beruf und Finanzen

Highlight: 14. Januar bis 23. Februar
Die Karriere ist etwas ins Stocken geraten? Keine Sorge: Ab nun nimmt eure Berufslaufbahn wieder Fahrt auf! Packt noch einmal das an, was beim ersten Anlauf nicht geklappt hat. Lasst euch nicht abwimmeln und verfolgt mit Ehrgeiz eure Ziele! Ganz besonders intensiv werden die Tage vom 20. bis zum 23. Februar. Denn zu der allgemeinen Powertendenz gesellt sich dann noch euer besonderes Geschick. Möglicherweise erhaltet ihr an diesen Tagen zudem eine Information, die euch zum Durchbruch verhilft!

Highlight: 26. Februar bis 4. März
Kreditgeber sind jetzt besonders spendabel. Wer sich Geld leihen will oder muss, findet nun schnell einen Anbieter. Dennoch solltet ihr nicht blindlings jeden Darlehensvertrag unterschreiben. Schaut, ob irgendwo versteckte Kosten eingebaut wurden. Die machen den Kredit am Ende sonst teurer als gedacht.

Kritisch: 13. bis 18. März
Betrüger sind unterwegs! Haltet euch fern von Menschen, die euch fantastische Renditen versprechen, wenn sie euer Geld verwalten dürfen. Das Risiko, dass ihr am Ende vieles, wenn nicht gar alles verliert, ist in diesen Tagen besonders groß. Wenn ihr euch unsicher seid, holt euch den Rat von ehrlichen Freundinnen oder Freunden ein oder befragt jemanden, der sich mit der Materie besser auskennt. Angebliche Riesengewinne sollten auf jeden Fall die Alarmglocken läuten lassen!

Highlight: 1. bis 7. Juni
Da beruflich bekanntlich nicht immer alles so verläuft, wie man es sich erträumt hat, ist es gut, dass der Kosmos dann und wann Abbiege- und Wendemöglichkeiten offeriert. So eine Gelegenheit erhaltet ihr jetzt! Ihr könnt an diesen Tagen euren Berufsweg neu ausrichten. Vielleicht indem ihr euch auf eine Stelle in einem anderen Unternehmen bewerbt. Vielleicht aber auch dadurch, dass ihr euch in einem bestimmten Themenbereich spezialisiert. Ein Experte oder eine Expertin zu werden, schafft auf dem Arbeitsmarkt die Freiheiten, die ihr euch wünscht.

Jungfrau
Karriere und Finanzen

Kritisch: 1. bis 10. Juli
Eure Unsicherheit wird von anderen ausgenutzt! Wer sich beruflich und bei Verhandlungen nicht durchzusetzen weiß, muss damit rechnen, dass andere entscheiden; und das tun sie meist im eigenen Interesse. Setzt euch klare Vorgaben und Prioritäten! Nur wer weiß, was er erreichen will, kommt auch ans Ziel.

Kritisch: 23. August bis 2. September
Vorsicht vor Intrigen! Hinter eurem Rücken scheinen andere gemeinsam etwas auszuhecken, was euch teuer zu stehen kommt. Geldverluste sind möglich. Wahrscheinlich versucht man, euch zu betrügen. Seid in dieser Zeit besonders wachsam! Auch die Aussagen vermeintlich guter Bekannter müsst ihr hinterfragen. Neben den finanziellen Risiken droht zudem ein Ansehensverlust. Am besten, ihr lasst euch in diesen Wochen gar nicht erst auf irgendwelche Geschäfte ein.

Highlight: 18. bis 22. September
Ein Feuerwerk an Möglichkeiten dürft ihr an diesen Tagen zwar nicht erwarten; dennoch handelt es sich um eine Highlightphase, auch wenn man das auf den ersten Blick vielleicht nicht bemerkt. Denn nun gelingt es euch, Ordnung in eure Angelegenheiten zu bringen. Liegengebliebenes könnt ihr endlich zum Abschluss bringen und ihr könnt euch von Ballast befreien.

Kritisch: 24. bis 26. September
Die vorangehende Ordnungsphase, bei der euch vieles gelingt, endet abrupt. Ärgerlich ist, dass der Übergang nicht automatisch deutlich wird. Das heißt: Wer nun glaubt, immer noch viel erledigen zu können, läuft Gefahr, sich zu verrennen. Man will dann mehr erreichen, als eigentlich möglich ist. Stattdessen ist es nun an der Zeit, bescheidener zu werden.

Kritisch: 24. November bis 1. Dezember
Versucht, privaten Stress aus dienstlichen Belangen herauszuhalten. Das klappt zwar mal besser und mal schlechter – aber je bewusster ihr beide Bereiche voneinander trennt, umso besser für euren Arbeitsalltag.

Highlight: 11. bis 15. Dezember
Ist Kreativität in eurem Job gefragt? Hierfür ist eine gute Zeit gekommen. Das gilt nicht nur für Künstler:innen. Kreativität drückt sich beispielsweise auch in der pfiffigen Lösung von Problemen aus. Wer einem Beruf nachgeht, bei dem Einfallsreichtum erwünscht ist, kann jetzt zeigen, was er draufhat! Ihr erhaltet einen Kreativschub! Mit dessen Hilfe lassen sich auch solche Angelegenheiten klären, die schon länger schwelen und für die ihr bisher keine Idee gefunden habt.

Gesundheit und Spiritualität

In der klassischen Astrologie ist Merkur, der schlaue, geflügelte Götterbote, euer Herrscher. Das beschreibt eine wichtige Seite eurer Persönlichkeit, nämlich euren Scharfsinn, eure genaue Beobachtungsgabe und eure herausragenden analytischen Fähigkeiten. In der modernen Astrologie werdet ihr jedoch Chiron, dem Brückenbauer, zugeordnet. Chiron ist die sensitive Stelle in unserem Horoskop, das Bindeglied zwischen Soma und Psyche und das, liebe Kinder der Erntezeit, seid ihr noch viel mehr! Eure Achse ist die der Heilung und der Hilfe, euer Gegenpart sind die Fische. Zu helfen ist euch in die Sterne geschrieben und deshalb ist das Thema Gesundheit so wichtig für euch! Dank eures natürlichen Interesses am Heilen habt ihr gegen jedes Wehwehchen ein passendes Kraut parat! Jedoch mutet ihr euch gerne zu viel zu, bürdet euch zu viel auf. Ihr könnt nicht jeden retten, aber es probieren? Vielleicht ja doch. Wenn Saturn ab März in euer Partnerhaus einzieht, kann euch das sehr gut dabei helfen, neue Routinen im Alltag zu integrieren und zu lernen, Nein zu sagen und Grenzen zu setzen.

Noch bis zum bis 25. März 2023 kann euch Powerplanet Mars ungeduldig und geradezu hyperaktiv machen. Passt ein bisschen auf, denn Hektik und Stress könnten sich auf den Darm schlagen. Als Jungfraugeborene neigt ihr sowieso dazu, ruhe- und rastlos zu sein. Während dieser Zeit könnten vorschnelle Entscheidungen das Gegenteil bewirken und euch ausbremsen. Danach legt sich der Stress.

# Jungfrau
Gesundheit und Spiritualität

Saturn zieht am 7. März in das Zeichen Fische, euer Partnerhaus. Das Bedürfnis nach Struktur und Ordnung kann sich verstärken. Man bezeichnet euch als sehr umsichtige Menschen, die es lieben, ihre Ernährung und ihr Sportprogramm akribisch zu pflegen. Saturn kann die Disziplin in diesem Bereich zusätzlich verstärken. Dennoch solltet ihr lernen, das Leben zu genießen. Nehmt euren Körper und seine Bedürfnisse wahr. Pflegt und verwöhnt ihn und gebt ihm die nötige Vitalität, um dem Alltag standzuhalten.

Achtet vor allem auf Ruhe- und Regenerationsphasen. Trinkt viel und wertet euren Speiseplan mit frischen Kräutern und Gemüse auf. Besondere Wirkung zeigt eine Teemischung aus Fenchel, Kreuzkümmel und Ringelblume, um den Darm zu besänftigen. Die Stärkung eurer Immunabwehr solltet ihr mit einbeziehen. Nutzt dazu regelmäßig die Kraft der Zitrone als heißes Getränk. Gönnt euch immer wieder ein entspannendes Bad mit ätherischen Ölen wie Lavendel, Lorbeer oder Bergamotte. Euer Erdelement könnt ihr mit der Energie des grünen Turmalins unterstützen.

Wohltäter Jupiter geht ab dem 16. Mai in den Stier geht steht dann für ein ganzes Jahr besonders günstig. Das lässt eure Lebensfreude blühen und eure Vitalitätskurve geht nach oben! Reisen und Erlebnisse, die euren Horizont erweitern, unterstützen dann auch eure Gesundheit. Traut euch, Neues auszuprobieren, was auch einen Hauch von Abenteuer haben darf. Vielleicht wolltet ihr schon immer einen spannenden neuen Sport ausprobieren? Jupiter hilft euch dabei. Oder seid ihr neugierig auf unbekannte exotische Heilpflanzen oder Speisen? Dann solltet ihr im Geiste oder tatsächlich auch physisch auf Entdeckungsreise gehen!

Am 3. Oktober wird Lilith in euer Zeichen eintreten. Diese Kraft werdet ihr Naturkinder besonders nutzen können. Waldbaden und lange Spaziergänge bringen Lebensfreude und Regeneration für eure Gesundheit. Eure Lust auf Abenteuer wächst und entgegen eurer sonstigen Vernunft werdet ihr dieser Energie nachgeben.

Highlights und kritische Phasen für die Gesundheit

Kritisch: 12. bis 18. Januar
Der Start ins neue Jahr könnte mit einigen körperlichen Beschwerden beginnen. Verspannungen, Rückenprobleme und Stress schlagen sich auf das Wohlbefinden nieder. Diese stressige Zeit macht sich auch in eurem Alltag bemerkbar. Als Jungfrau habt ihr eure eigenen Pläne zurechtgelegt und könnt diese nicht ganz umsetzen. Um die Nerven zu stärken, solltet ihr Lavendel und Melisse als ätherisches Öl und als Badezusatz verwenden. Zusätzlich könnt ihr die Passionsblume tagsüber als Essenz anwenden. Achtet außerdem besonders auf eure Ernährung.

Kritisch: 9. bis 22. März
Während dieser Zeitqualität werdet ihr viel über euch selbst lernen. Euer Körper könnte womöglich gegen zu viel Arbeit und Stress rebellieren. Eure Hände brauchen mehr Zuwendung und der innere Kompass eine neue Richtung. Jetzt könnt ihr verstehen, was euch fördert und was euch ausbremst, wenn ihr den Zugang zu euch bewusst wahrnehmt. Über Meditation kommt ihr zurück in das Bewusstsein und schafft es, den Kompass neu auszurichten. Das Tausendgüldenkraut wirkt hier Wunder.

Highlight: 21. April bis 9. Mai
Eine gute Zeit für eure Ideen. Euer spiritueller Zugang wird mit Geistesblitzen durchtränkt. Versucht sie aufzuschreiben und festzuhalten. Lasst euch inspirieren von dieser Kraft. Erfrischt euch innerlich und äußerlich, um fit zu bleiben. Wechselduschen, Kneippen, viel Trinken wirken unterstützend.

Highlight: 24. Juli bis 10. August
Wenn ihr auf der Suche nach neuen Heilmethoden seid, dann ist diese Zeit besonders günstig. Gesundheitswissen rund um die Weisheit ferner Länder wie etwa Indien und China, Ayurveda, TCM und Akupunktur – all dies gehört in dieses Paket. Euer Interesse daran, die Gesundheit und den Einklang mit der Natur zu verknüpfen, wächst und unterstützt euch bei der Selbstheilung.

Jungfrau
Gesundheit und Spiritualität

Kritisch: 16. bis 28. August
Trotz Sommer und Sonne ist dies eine Zeit der Infektanfälligkeit. Unterstützt euer Immunsystem mit frischen Zitrusfrüchten und einer ausgewogenen Ernährung. Pfefferminze, Zitronenmelisse und Malve wirkend erfrischend und zugleich stärkend auf das Immunsystem. Nehmt euch Zeit für eure Intuition, nehmt sie wahr und achtet auf den ersten Impuls. Lasst euch nicht täuschen, bleibt bei euch und vertraut auf eure eigenen Eingebungen.

Highlight: 12. September bis 2. Oktober
Diese Zeit ist eure Zeit. Jetzt könnt ihr viel bewegen und so mancher Stolperstein lässt sich aus dem Weg räumen. Zwar wird euer Kreislauf etwas gefordert, aber der Zugang zu den eigenen Bedürfnissen ist jetzt besonders gut. Gönnt euch ein Heubad und genießt den Duft des Spätsommers.

Highlight: 11. bis 24. November
Auf der Suche nach euch selbst begebt ihr euch auf eine Reise zur Sinnfindung und Spiritualität. Dort werdet ihr den Zugang zu euren Wünschen entdecken. Auf dieser Entdeckungsreise könnte sich etwas Müdigkeit einschleichen. Versucht immer wieder eine Auszeit zu nehmen und eure Kräfte zu stärken. Denkt an euer Immunsystem. Nutzt die Kraft der Natur zur Entspannung. Falls zu viele Einflüsse auf euch einwirken und der Darm rebelliert, könnt ihr die Wirkung von Fenchel, Beifuß und Kreuzkümmel als Teemischung genießen.

Kritisch: 26. November bis 2. Dezember
Womöglich steht ihr euch gerade selbst im Weg und fühlt euch körperlich etwas angeschlagen. In dieser Zeit seid ihr sehr infektanfällig. Schützt euch und euren Körper, indem ihr jetzt etwas mehr auf euch achtet. Bei all dem Stress sind kleine Auszeiten wichtig. Magnesium, Yoga und Meditation unterstützen euch dabei.

Waage
23. September – 23. Oktober

Das neue Jahr fängt sehr gut an, denn der mächtige Saturn unterstützt euch noch bis zum 7. März in einem aufbauenden Aspekt. Auch Powerplanet Mars verleiht euch guten Schwung bis Ende März. Gleichzeitig befindet sich Glücksplanet Jupiter bis Mitte Mai in eurem Partnerhaus Widder. Im Frühjahr könnt ihr deswegen zahlreiche Projekte erfolgreich abschließen und erlebt dadurch viel Anerkennung und Respekt. Ihr habt die Fähigkeit bewiesen, den Kurs zu halten, alles bestens zu organisieren und zu verwalten und pünktlich zu liefern. Auch habt ihr das Gefühl, etwas Wertvolles gelernt zu haben. Ihr versteht die für euer Leben wichtigen Abläufe und deren einzelne Schritte.

Mit Jupiter in Opposition seid ihr sehr beliebt und viele persönliche oder berufliche Vorschläge werden euch unterbreitet. Es ist ein günstiger Zeitpunkt, Partnerschaften einzugehen oder sich an Projekten zu beteiligen, die ein Partnerschaftsgefühl geben. Ihr wollt und müsst euch als ein Teil eines Projektes mit anderen fühlen. Ihr profitiert besonders in der ersten Hälfte des Jahres von einer unterstützenden Beziehung und könnt euch darüber sehr freuen.

In der zweiten Jahreshälfte beschäftigt ihr euch mit den im ersten Halbjahr entwickelten Themen. Ihr wollt nun eure Erkenntnisse und neue Fähigkeiten in eurem Arbeitsalltag integrieren. Auch was eure Gesundheit anbetrifft, habt ihr wahrscheinlich Erfahrungen gemacht, die euch anregen, gesünder zu leben. Etwa indem ihr eure Ernährung umstellt oder mehr Zeit für sportlichen Ausgleich einplant. Jupiter wird ab dem 16. Mai in euren Bereich der festen Beziehungen und der gemeinsamen Werte wechseln, das kann sehr interessant werden, zum Beispiel für eine größere gemeinsame Anschaffung. Es ist auch eine gute Zeit, um eure laufenden Verträge zu überprüfen und gegebenenfalls zu optimieren. Generell ist das zweite Halbjahr eine gute Zeit dafür, eure Lebensgestaltung an neue Gegebenheiten anzupassen, sei es für die Gesundheit, im Job, in euren festen Beziehungen oder nach einem Umzug. Auch wenn es

Waage
Liebe und Beziehungen

zunächst lästig erscheint: Ihr solltet keine Angst vor diesen Veränderungen haben, sondern sie akzeptieren und in Angriff nehmen. Danach wird es wahrscheinlich besser laufen als erwartet. Deshalb schiebt es nicht auf die lange Bank: Sobald ihr merkt, dass es irgendwo hakt, trefft die nötigen Entscheidungen und beginnt zu handeln, um den Verbesserungsprozess einzuleiten.

Die Aspekte von Neptun, Uranus und Saturn wirken wie ein kosmischer Fingerzeig auf euren ganz persönlichen Lebensweg und eure Zukunftsgestaltung. Verbunden damit ist die Frage, ob eure Zukunft wirklich so aussehen wird, wie ihr euch das vorgestellt habt. Vielleicht fragt ihr euch, ob die Projekte, an denen ihr arbeitet, den Aufwand wert sind und sich lohnen, so wie ihr es erhofft habt. Seid geduldig. Ihr seid jetzt an einem Punkt, an dem es nicht mehr wie von selbst vorangeht, sondern wo ihr schauen müsst, was nachjustiert werden sollte. Das kann auch mit den wirtschaftlichen und gesellschaftlichen Herausforderungen unserer Zeit zu tun haben. Vielleicht bekommt ihr ein notwendiges Teil nicht geliefert. Oder ein:e wichtige:r Geschäftspartner:in steht euch nicht mehr zur Verfügung. Vielleicht reichen eure Mittel vorübergehend nicht aus, um ein bestimmtes Projekt zu finanzieren. In einer Beziehung kann die Frage im Raum stehen, ob ihr zusammenziehen sollt und wo ihr dann wohnen möchtet. Wenn ihr als Künstler:innen arbeitet, müsst ihr möglicherweise eine neue Agentur finden. Nicht wenige Waagen haben eine sehr erfolgreiche Phase hinter sich und wurden sogar mit Preisen bedacht, aber wie geht es nun weiter? Der Kosmos fordert euch auf, die notwendigen Änderungen und Anpassungen vorzunehmen, auch wenn es Zeit kostet und Verzögerungen verursacht. Verliert nicht den Glauben an das, was euch wichtig ist. Jede Änderung, die ihr vornehmt, sollte euch Positives bringen.

Zwei Sonnenfinsternisse haben 2023 eine große Bedeutung für euch. Sie finden am 20. April und am 14. Oktober statt und weisen auf einen Zeitraum von zwölf Monaten hin, jeweils bis zu sechs Monate vor und sechs Monate nach dieser Sonnenfinsternis. Währenddessen können größere Veränderungen in wichtigen Lebensbereichen auftreten: in der Arbeit, bei der Wohnsituation, in der Familie oder auch im Hinblick auf eure Gesundheit. Die **vom 19. bis zum 23. Oktober** Geborenen sind von der

Sonnenfinsternis am 20. April betroffen, die auch Pluto ins Spiel bringt. Das deutet auf eine tiefe Transformationserfahrung hin und dafür müsst ihr von etwas loslassen, was beständig an euch nagt. Das könnte eine gesundheitliche Angelegenheit sein oder ein Machtkampf mit jemandem, der euer Innerstes berührt. Für euer seelisches und körperliches Wohlbefinden ist es sehr wichtig, dass ihr diese Sache klärt oder zu einem Ende führt, auch wenn ihr dafür ein Opfer bringen oder eine Beziehung beenden müsst. Die zweite Sonnenfinsternis vom 14. Oktober betrifft die **vom 11. bis zum 17. Oktober** Geborenen. Auch hier kann es größere Einschnitte geben, zum Beispiel einen Wohnungs- oder Arbeitsplatzwechsel. Sobald diese Herausforderung vorüber ist oder gelöst wurde, werdet ihr euch wie neugeboren fühlen. Dann baut ihr einen neuen Teil eures Lebens auf, der wahrscheinlich noch besser ist als der zuvor. Voraussetzung ist, dass ihr die Vergangenheit loslassen könnt und mit euch selbst im Reinen seid.

Liebe und Beziehungen

Euer Beziehungsjahr ist aufregend, prickelnd und voller Inspirationen, und darüber werdet ihr so manche Sorgen vergessen! Schon im Januar könnt ihr eine gute Zeit haben, wenn ihr beispielsweise gemeinsam mit eurer Partnerin oder eurem Partner einen Winterurlaub genießt. Die Singles unter euch könnten auf einer Reise sportliche und intellektuell interessante Menschen treffen, mit denen sie geistreich flirten, und zwar noch bis zum 24. März. Noch bis zum 15. Mai begleitet euch Glücksplanet Jupiter im Partnerhaus. Das ist generell eine gute Zeit, um Menschen kennenzulernen, die ganz von sich aus auf euch zukommen. Ihr braucht gar nicht viel zu tun, auf allen Ebenen scheinen sich Möglichkeiten zur Kontaktanbahnung zu ergeben. Auch bei geschäftlichen Meetings bleibt Zeit für Späße und gemeinsames Lachen und die Singles unter euch können hier fündig werden.

Wenn ihr fest liiert seid, geht ihr unter dem Einfluss von Uranus vielleicht mehr als sonst eigene Wege in der Partnerschaft, das kann beruflich bedingt sein oder auch daran liegen, dass ihr unterschiedlichen Interessen folgt. Manche Waagegeborenen müssen zeitweise auch eine

Waage
Liebe und Beziehungen

Fernbeziehung führen, vielleicht weil ein:e Partner:in woanders arbeiten muss, vielleicht ist es auch gewollt. All das kann eure Beziehung durchaus beleben und frisch halten, weil ihr euch immer etwas zu erzählen habt und es nicht langweilig wird. Ihr müsst nur darauf achten, dass ihr euch nicht zu weit auseinanderlebt. Deshalb empfehlen euch die Sterne, bewusst Erlebnisse miteinander einzuplanen, zum Beispiel eine Urlaubsreise, gemeinsamen Genuss von Kunst und Kultur und die Pflege aller Interessen, die euch verbinden. Dabei hilft euch ab dem 16. Mai Jupiter, der dann für die nächsten zwölf Monate in den Bereich eurer verbindlichen Beziehungen wechselt. Das ist ein sehr angenehmer Einfluss. Ihr könnt nun zusammen Werte aufbauen und ein neues Selbstbewusstsein als Paar entwickeln. Das Jahr mit Jupiter eignet sich auch gut für eine größere gemeinsame Anschaffung oder um die Absicherung eurer Zukunft zu gestalten.

Ein weiterer spannender Einfluss für euer soziales Leben ist der Transit von Lilith durch den Löwen, und zwar vom 8. Januar bis zum 3. Oktober. In dieser Zeit trefft ihr wahrscheinlich neue interessante Menschen, häufig Frauen, die euch zu denken geben. Vielleicht weil sie sich politisch engagieren, vielleicht weil sie ihr Leben aufregend anders gestalten als die Norm. Sie scheinen im Einklang mit sich selbst zu sein, handeln authentisch und haben kein Problem damit, Wahrheiten auszusprechen. Euch fasziniert das und vielleicht lasst ihr euch dazu inspirieren, euch zu verändern, authentischer zu werden oder euch politisch für mehr Freiheit und die Rechte von Frauen und/oder Minderheiten zu engagieren. Vielleicht fangt ihr auch eine inspirierende und tiefgehende Freundschaft mit einer Frau an, die euch anregt, mehr euren inneren Überzeugungen zu folgen und euren Instinkten zu vertrauen. Auch eure Liebesbeziehungen können dadurch aufgewirbelt werden. Aus Freundschaft kann Liebe werden, oder zumindest Freundschaft plus. Und falls ihr sowohl für Männer als auch für Frauen etwas übrighabt, findet nun vielleicht eine Frau euer besonderes Interesse.

Euer Liebessommer wird ganz besonders heiß. Das beginnt mit dem Eintritt der Venus in den Löwen am 5. Juni. Von dort aus bildet sie über vier Monate anregende und kontaktfördernde Aspekte bis zum 9. Oktober. Zwischendurch wird sie rückläufig, und zwar vom 23. Juli bis zum

4. September. Besonders im Juni und Juli reißen die Möglichkeiten nicht ab, Menschen zu treffen, die auf eine provozierende Weise inspirierend sind. Das ist mehr als nur ein Spaß oder ein Flirt. Da geht es darum, gemeinsam etwas zu bewegen, Tabus zu überwinden, sich über ethnische und gesellschaftliche Grenzen hinweg zusammenzutun und vielleicht auch gesellschaftspolitisch ein Zeichen zu setzen. Falls ihr künstlerisch arbeitet, sollte das eine unglaublich inspirierende und ergiebige Zeit für euch werden. Möglich auch, dass eine Freundschaft der Vergangenheit sich nun wieder neu belebt oder dass ihr das Bedürfnis verspürt, mit jemandem Kontakt aufzunehmen, den ihr lange nicht gesehen habt.

Der Kosmos hat aber noch einen weiteren Trumpf für euch im Ärmel! Ab Mitte Juli aktivieren die Schicksalsanzeiger Mondknoten für die kommenden einundhalb Jahre eure Beziehungsachse, wobei der aufsteigende Mondknoten durch den Widder und damit durch euer Partnerhaus laufen wird. Besonders für die Singles unter euch werden dadurch die Chancen auf eine bedeutende neue Beziehung signifikant erhöht. Die Mondknoten können euch in Kontakt mit eurer Seelenpartnerin oder eurem Seelenpartner bringen, der Person, mit der ihr eine wichtige und zentrale gemeinsame Lebensaufgabe habt. Im besten Falle kann daraus eine wunderbare Liebesbeziehung und Lebenspartnerschaft werden. Jedoch ist diese Person nicht automatisch auch die Liebespartnerin oder der Liebespartner, es kann ja sein, dass ihr bereits gebunden und in euren bestehenden Beziehungen und Familien glücklich seid. Dann stellt ihr vielleicht fest, dass euch eine andere Sache zusammengeführt hat. Vielleicht kommt die Seelenpartnerin oder der Seelenpartner in Form einer Freundin oder eines Arbeitskollegen, die oder der euch eine wichtige Tür öffnet. Das kann ein neuer Job sein, die Gelegenheit, etwas zu kaufen, was ihr schon lange gesucht habt, oder ihr findet durch diesen Kontakt endlich die Ärztin oder den Heiler, den ihr genau jetzt braucht. Da müsst ihr genau hinschauen und feinfühlig sein. Schaut euch hierzu bitte außerdem noch mal unsere Erläuterung zu den beiden Sonnenfinsternissen des Jahres an, die einige von euch sehr stark beeinflussen werden (siehe Seite 24 und Seite 135 folgende).

Waage
Liebe und Beziehungen

Eine Herausforderung stellt weiterhin Chiron dar, der verwundete Heiler, der in Opposition zu eurem Sternzeichen (2019 – 2026) steht und durch euer kosmisches Partnerhaus läuft. Das weist auf eine emotionale Krise innerhalb einer Beziehung hin, entweder für euch selbst oder die andere Person oder beide. Doch diese Wunde kann geheilt werden, wenn ihr offen darüber sprecht. Dabei werdet ihr neue, bisher unbekannte Kräfte in euch entdecken. Es kann sich wie eine Wiedergeburt dieser Partnerschaft anfühlen, ein neues Vertrauen darauf, was ihr gemeinsam erreichen könnt. Wenn ihr gute Kompromisse findet, ist alles möglich. Aber ohne Kompromisse von beiden Seiten kann sich das einengende und frustrierende Gefühl breitmachen, auf der Stelle zu treten. In dem Fall kann es für euch sehr wertvoll sein, mit einem Berater oder einer Schlichterin zu sprechen, um alles offenzulegen, zu klären und den Heilungsprozess einer möglicherweise gefährdeten Beziehung in Gang zu setzen. Sollte das klappen, sind Freude und Erleichterung groß. Wenn nicht, werdet ihr wohl unter einem Verlust von Nähe leiden oder das Gefühl haben, nicht mehr als Team zusammenarbeiten zu können. Den Einfluss von Chiron spüren die zwischen dem **4. und 13. Oktober** Geborenen am stärksten. Die besten Zeiten zur Klärung und Heilung von Problemen sind im März, Juli, zum Neumond im August, Ende September und in der zweiten Novemberhälfte.

Wenn ihr zwischen dem **19. und 23. Oktober** Geburtstag habt, kann Wandlungsplanet Pluto euch noch zu schaffen machen. Er kann einen Verlust oder eine Krise in der Familie anzeigen, die euch zwingt, alles andere hintanzustellen und euch der Angelegenheit oder dem Familienmitglied zu widmen. Jedoch ist dies das letzte Jahr solcher Art Prüfungen. Ihr könntet noch mal sehr gefordert sein, vor allem Anfang März, im Juli und August sowie in der ersten Oktoberhälfte. Aber ihr seht auch schon das Licht am Ende des Tunnels!

Eurem Familienleben solltet ihr gleich zu Beginn des Jahres Aufmerksamkeit widmen, im Januar herrscht offenbar Gesprächsbedarf. Ab März kann es euch gelingen, euch beruflich so zu organisieren, dass ihr mehr Zeit für die Familie habt. Ihr scheint eine Lösung zu finden, die euch für die nächsten zwei bis drei Jahre gute Dienste leisten kann. Falls ihr ein Familienunternehmen habt, könntet ihr dort harmonisch mitarbeiten.

Möglich auch, dass eure Eltern mehr Zeit und Freude daran haben, auf eure Kinder aufzupassen. Im November solltet ihr euch innerhalb der Familie nicht ums Geld streiten, das könnte zu einem längerfristigen Zerwürfnis führen. Im Dezember herrscht aber wieder Gesprächsbereitschaft und zum Jahresende auch wieder Harmonie.

Highlights und kritische Phasen in der Liebe

Highlight: 3. bis 26. Januar
Das Jahr startet mit einer prickelnden Phase. Nicht nur Lust und Liebe, auch sportliche Betätigung, Reisen und ein Hauch von Abenteuer liegen in der Luft. So könntet ihr euch gemeinsam beim Wintersport aufwärmen und anschließend wunderbar kuscheln. Und die Singles unter euch kommen nun einem potenziellen Liebespartner oder einer Liebespartnerin näher. Deshalb geht trotz Winterwetter vor die Tür! Tatsächlich kann aus Flirts, die ihr jetzt anfangt, sogar eine dauerhafte Beziehung werden.

Highlight: 7. bis 17. Februar
Jetzt kann es mit jemandem aus dem Gesundheitsbereich funken. Vielleicht verliebt ihr euch in euren Therapeuten oder eure Heilerin!

Highlight: 20. Februar bis 16. März
Freut euch auf viele Einladungen und gesellige Gelegenheiten. Auch Reisen oder eure persönliche Sinnsuche steht unter guten Sternen und kann euch neue Kontakte bescheren. Eine besondere Zeit ist zwischen dem 5. und dem 12. März. Liebeserlebnisse können nun tief unter die Haut gehen, verbunden mit einer Chance auf Heilung oder Erkenntnis, oder beides. Falls ihr euch mit dem Gedanken tragt, eine Partnerschaftstherapie anzustreben, wäre der März dafür der ideale Monat. Die Konstellationen unterstützen euch dabei, zu verstehen, was der Sinn der Beziehung ist, welche unguten Beziehungsmuster euch möglicherweise im Wege stehen und wie ihr sie heilen könnt.

Waage
Liebe und Beziehungen

Highlight: 11. bis 22. April
Gute Zeit, um den Glauben an eure Beziehung und eure Liebe zu stärken. Schaut, dass ihr jetzt eure gemeinsamen Interessen pflegt oder vielleicht auch gemeinsam etwas Neues lernt und euch viel darüber austauscht. Möglich auch, dass eine Freundin aus dem Ausland zu Besuch kommt und schöne Anregungen mitbringt.

Kritisch: 21. bis 29. April
Schwierige Zeit, wenn ihr beruflich sehr unter Stress steht. Womöglich hat eure Partnerin oder euer Partner eigene Probleme und kann euch nicht richtig zuhören, was euch verletzt. Außerdem besteht die Gefahr, dass ihr missverstanden werdet. Versucht, Berufliches von Privatem zu trennen und Ärger im Job nicht zu Hause abzuladen. Betont stattdessen die Dinge, die ihr aneinander mögt und die euch gemeinsam Spaß machen.

Highlight: 1. bis 5. Mai
Jetzt lässt sich vieles wieder geraderücken, falls es zuvor Konflikte gegeben haben sollte. Und ganz generell sind das schöne Tage, um euch gegenseitig zu verwöhnen und euch gemeinsam ein bisschen Luxus zu gönnen. Alleinstehende können nun etwas für ihr Selbstliebe tun! Der Kosmos fördert jetzt auch eure spirituelle Entwicklung.

Highlight: 5. Juni bis 22. Juli
Die Venus beginnt nun ihren Transit durch den Löwen und bildet bis zum 9. Oktober Freundschaftsaspekte zu euch. Das kann eine sprühende Zeit mit wunderbaren Kontakten, Events und Erfolgen in euren Social Media werden! Freundschaften mit höchst interessanten Menschen können sich ergeben, und falls ihr euch gesellschaftlich oder politisch engagiert, erlebt ihr nun aufregende Zusammenkünfte mit spannenden Leuten. Allerdings braucht ihr dafür viel Zeit und Freiraum oder Partner:innen an eurer Seite, mit denen ihr die gesellschaftlichen Highlights gemeinsam genießen könnt.

Kritisch: 23. Juni bis 1. Juli
In eurer festen Beziehung könnten nun Spannungen entstehen, wenn euer Schatz sich an einem ganz anderen Punkt als ihr befindet und eure sozialen Erfolge nicht mit euch teilen kann. Möglich auch, dass es Konflikte ums Geld gibt, weil ihr euch beispielsweise auf ein Projekt mit Künstlern oder Aktivistinnen einlassen möchtet, dem eure Partnerin oder euer Partner kritisch gegenübersteht. Wenn der Eindruck entsteht, ihr wolltet nur Party machen, und eure Lieben gucken in die Röhre, führt das zu Frustrationen.

Kritisch: 23. Juli bis 12. August
Manche vielversprechende neue Beziehung, Freundschaft oder gemeinsame Initiative sieht nun nicht mehr ganz so toll aus. Es ist eine Zeit zum Innehalten und dafür, gegebenenfalls Dinge neu zu bewerten. Ist es wirklich das, was ihr wolltet? Vielleicht zieht sich nun auch jemand zurück. Oder ein:e Freund:in aus der Vergangenheit taucht wieder auf, mit der oder dem ihr eigentlich schon abgeschlossen habt. Euch gefällt die Idee, diese Freundschaft wieder aufleben zu lassen. Doch dazu müsstet ihr beide lernen, verstehen, warum es zu diesem Bruch gekommen ist, und bereit sein, es in Zukunft besser zu machen.

Highlight: 5. September bis 9. Oktober
Nun wisst ihr, woran ihr seid, welche Sache sich für euch lohnt und welche nicht. Einige von euch genießen das Gefühl, sich gemeinsam mit wichtigen Leuten für eine gute Sache zu engagieren. Auch in der Liebe bzw. euren Freundschaften spürt ihr, dass ihr miteinander Fortschritte machen könnt. Dabei darf auch Schmerzliches zur Sprache kommen, was der Klärung bedarf. Ihr habt jetzt den Mut, euch dem zu stellen. Einiges an Beziehungsarbeit scheint noch nötig zu sein, aber ihr seid bereit, euch einzusetzen, und habt Vertrauen in eine gemeinsame Zukunft.

Kritisch: 3. bis 11. Oktober
Einige von euch könnten nun mit den Ausläufern einer schwierigen Familiensituation konfrontiert werden, die euch in den vergangenen Jahren schon beschäftigt hat. Am liebsten würdet ihr mit der Faust auf den Tisch hauen und lange angestauten Gefühlen endlich Luft machen. Davon raten die Sterne aber ab. Versucht, anderen zu vergeben, und sorgt gut

Waage
Karriere und Finanzen

für euch selbst. Lasst von altem Groll los, selbst dann, wenn ihr keine Einsicht oder Entschuldigung erwarten könnt. Diese Schwierigkeiten werden bald der Vergangenheit angehören! Das gilt vor allem für die in der 3. Dekade Geborenen.

Highlight: 8. bis 20. November
Unbeschwerte Zeit, in der ihr vergnügt euren künstlerischen und sozialen Interessen nachgehen könnt und dabei wunderbare Menschen um euch schart. Wenn ihr Single seid, könnt ihr Menschen und Flirts ganz entspannt auf euch zukommen lassen.

Kritisch: 26. November bis 4. Dezember
Nun könntet ihr mit eurem Beziehungskarma konfrontiert werden. Vielleicht denkt ihr mit süßem Schmerz an eine vergangene Liebe zurück und werdet euch bewusst, was ihr selbst dazu beigetragen habt, dass sie nicht mehr funktioniert. Auch in bestehenden Partnerschaften können die wunden Punkte zur Sprache kommen, verbunden mit der Chance auf heilsame Gespräche. Ihr könnt erkennen, welche Muster einem möglichen Problem zugrunde liegen, um es dann zu bearbeiten.

Karriere und Finanzen

Saturn und Neptun werden sich 2023 größtenteils in eurem 6. Haus, dem Haus der Arbeit, aufhalten. Dies deutet darauf hin, dass euch zusätzliche Aufgaben übertragen werden. Wahrscheinlich werdet ihr euren Terminkalender neu organisieren müssen, um mehr Zeit für die Erledigung dieser Aufgaben zu haben, insbesondere wenn ihr zwischen dem **23. und 30. September** geboren seid. Achtet darauf, dass sich eure Projekte nicht aufstauen, und geratet nicht mit Fristen in Verzug. Das könnte unnötigen Druck erzeugen. Für die meisten von euch ist dies jedoch noch kein Thema und ihr habt kein Problem damit, eure Aufgaben organisiert und pünktlich zu erledigen. Ihr scheint alles recht gut zu bewältigen und erreicht eure Ziele, vor allem die **vom 15. bis zum 24. September** Geborenen. Sogar zusätzliche Aufgaben, die euch übertragen werden, stellen kein Problem dar. Im Gegenteil, ihr fühlt euch sogar dadurch geschmeichelt, dass andere euch mehr Aufgaben anvertrauen. Ihr habt auch genug Selbstvertrauen, um eure Arbeit erfolgreich zu bewältigen. Vielleicht seid ihr sogar bereit, noch mehr Verantwortung zu übernehmen, und eure Kolleg:innen wissen gar nicht recht, was sie euch noch zusätzlich anvertrauen könnten und sollten. Hier könnte ein ernsthaftes Gespräch mit eurer oder eurem Vorgesetzten helfen, in dem ihr proaktiv vorschlagt, euren Aufgabenbereich zu verändern und zu erweitern. Solltet ihr selbst Arbeitgeber:in sein, dann sucht das Gespräch mit euren Mitarbeiterinnen und Mitarbeitern und besprecht, was getan werden sollte und welche neuen Dienstleistungen ihr zusätzlich anbieten könntet. Auf diese Weise helft ihr ihnen selbst zu bestimmen, wie sie ihre Talente am besten einsetzen können. Dadurch steigt auch euer Selbstwertgefühl sowie die Wertschätzung euch gegenüber. Dies gilt vor allem für die **vom 15. bis zum 21. September** Geborenen. Klarheit ist wichtig, da vielleicht ein Teammitglied aufgrund von Anforderungen in anderen Bereichen seines Lebens, sei es gesundheitlich oder familiär, überfordert ist.

Jupiter durchwandert bis zum 16. Mai euer 7. Haus, das Haus der Partnerschaften. Während dieser Zeit seid ihr beliebt und möglicherweise werden euch neue Möglichkeiten oder sogar Vorschläge für eine Art Partnerschaft angeboten. Es ist eine Überlegung wert, solange ihr das Gefühl habt, dass es nicht zu viel wird. Ihr müsst die Vor- und Nachteile jedes Angebots abwägen, denn manches klingt vielleicht besser, als es tatsächlich ist. Wenn ihr euch einigt, stehen nach dem 16. Mai die Finanzen im Mittelpunkt. Seid euch über Ein- und Auszahlungen im Klaren oder auch darüber, wie viel Kapital ihr binden müsst. Alles kann ausgearbeitet werden, aber vielleicht kommt es zu einigen Änderungen gegenüber dem ursprünglichen Angebot, insbesondere für die **vom 28. September bis zum 9. Oktober** Geborenen.

Es könnten in diesem Jahr einige sehr sensible emotionale Probleme bei der Arbeit auftauchen, denn Chiron, der verwundete Heiler, bewegt sich weiterhin frontal zur Waagesonne. Wahrscheinlich betrifft das euren Vorgesetzten oder eine Kollegin. Stellt sicher, dass es keine Missverständnisse zwischen euch gibt. Seid sensibel für ihre oder eure Arbeitszeiten. Vielleicht wollt ihr ein größeres Pensum erledigen, aber man kann euch derzeit nicht mehr geben. Oder umgekehrt. Vielleicht

Waage
Karriere und Finanzen

durchleben die Verantwortlichen selbst eine familiäre Krise und können nicht arbeiten oder nicht präsent sein, um euch bei eurer Arbeit anzuleiten und zu unterstützen. Ihr solltet selbst kompromissbereit sein, denn wenn sich ein Kollege oder eine Kollegin weigert, Kompromisse einzugehen und Änderungen an den ursprünglichen Plänen und Terminen der Projekte zu akzeptieren, könnte eine emotionale Krise entstehen und die Arbeitsbeziehung zum Scheitern bringen. Es ist eine heikle Situation, die Sensibilität und Empathie erfordert. Richtig verstanden und angewandt, kann die Lösung dieser Krise euch jedoch enger zusammenschließen als je zuvor. Und das ist letztlich euer Wunsch. Am wahrscheinlichsten sind diese Szenarien für die zwischen dem **4. und 13. Oktober** Geborenen.

Die beiden Sonnenfinsternisse von 2023 können neue Positionen oder Rollen für die **vom 11. bis zum 17. Oktober** und die **vom 19. bis zum 23. Oktober** Geborenen bringen. Die Letztgenannten müssen sich vor Plänen in Acht nehmen, die ihre Arbeit untergraben und sie womöglich zu Änderungen zwingen könnten. Wenn ihr bemerkt, dass sich hinter den Kulissen etwas zusammenbraut, solltet ihr alles daransetzen, offizielle Stellen, zum Beispiel den Betriebsrat, davon zu unterrichten, bevor Schaden angerichtet werden kann. Ihr solltet wissen, wer euch unterstützt und wer nicht, wer euch behalten will und wer euch lieber gehen lassen würde. Es kann durchaus sein, dass einiges in diesem Prozess außerhalb eurer Kontrolle liegt, zum Beispiel die finanzielle Gesundheit des Unternehmens. Es ist auch möglich, dass jemand am Arbeitsplatz ein toxischer Mensch ist, ein Mobber, der Unruhe und Spannung erzeugt und dem man nicht vertrauen kann. Dann solltet ihr ernsthaft überlegen, ob es nicht sinnvoll wäre, euch an einen anderen Arbeitsplatz innerhalb der Firma versetzen zu lassen oder euch nach einem neuen Job umzusehen. Es ist vielleicht nicht der beste Zeitpunkt, geschäftliche Partnerschaften einzugehen, wenn ihr wisst, dass die andere Partei sich in einer finanziellen Krise befindet. Stellt sicher, dass ihr die Situation genau kennt und analysiert habt, bevor ihr Entscheidungen über eine finanzielle Partnerschaft trefft.

Finanziell wird euer Arbeitseinsatz vor allem in der ersten Jahreshälfte mit der Möglichkeit zur Beförderung oder einem neuen Posten belohnt, verbunden mit einem höheren Gehalt oder mehr Umsatz. Das ist auch der Zeitpunkt für günstige langfristige Investitionen. Danach wäre es ratsam, eure Liquiditätsposition zu behalten und diese sogar für die nächsten zwei bis drei Jahre auszubauen, bis Uranus in die Zwillinge wechselt, statt zu handeln oder zu investieren. Es sei denn, ihr investiert in euch selbst, in euer eigenes Unternehmen oder in eine Partnerschaft, der ihr vertraut. Ein Großteil eures finanziellen Vermögens oder eurer Ersparnisse scheint an eine Person gebunden zu sein. Stellt sicher, dass euer Vermögen dort gesichert und geschützt ist und dass ihr an allen Entscheidungen, die eure Sicherheit beeinträchtigen könnten, beteiligt seid.

Highlights und kritische Phasen in Beruf und Finanzen

Highlight: 27. Januar bis 11. Februar
Manchmal sind es Kleinigkeiten, die den Arbeitsalltag verbessern. Dabei spielt auch das Wohlbefinden eine nicht zu unterschätzende Rolle. Fragt euch, ob ihr euren Arbeitsplatz etwas verschönern könnt. Mit hübschen Bildern und Pflanzen lässt sich meist problemlos etwas machen. Wenn es um die Qualität der Arbeitsmaterialien geht, müsst ihr gegebenenfalls mit eurer Chefin oder eurem Chef sprechen. Stellt klar, dass bessere Werkzeuge und Rahmenbedingungen am Ende bessere Leistungen ermöglichen.

Kritisch: 14. bis 19. März
Jobwechsel geplant? Dann heißt es: mit Bedacht vorgehen! Denn allzu schnell trefft ihr nun falsche Entscheidungen. Oder ihr verlasst euch auf etwas, was noch nicht verbindlich ist. Auf keinen Fall dürft ihr dem bisherigen Arbeitgeber schon mal Ade sagen, bevor ihr nicht den neuen Vertrag in der Tasche habt.

Highlight: 26. März bis 3. April
Kleinere Aktiengewinne sind möglich! Setzt nicht all euer Geld auf eine Karte. Streut das Risiko. Investiert dennoch mit etwas Mut und Zuversicht. Den Millionengewinn darf man nicht erwarten, aber ein Zuwachs an Wert lässt sich jetzt an der Börse realisieren.

Waage
Karriere und Finanzen

Highlight: 17. bis 23. Mai
Schon wieder eine Geldglückssträhne! Anscheinend ohne großes Zutun könnt ihr einen Gewinn verzeichnen. Das könnte durch ein Lotterielos kommen oder durch eine unerwartete Erbschaft. Interessant sind diese Tage auch für alle, die eine Immobilie verkaufen wollen. Jetzt erhaltet ihr den Höchstpreis dafür!

Kritisch: 2. bis 6. Juni
Zwar tut ein Vorgesetzter nach außen freundlich, aber hinter der Fassade kann es ganz anders aussehen. Offenbar löst ihr in ihm eine Art Widerstand aus. Dabei muss das gar nicht euer Verschulden sein. Es genügt, dass ihr diese Person beispielsweise an jemanden erinnert, mit dem sie in der Vergangenheit schlechte Erfahrungen gemacht hat. Was könnt ihr tun? Offenheit, Freundlichkeit, Aufmerksamkeit und Verlässlichkeit mindern ihre Vorurteile.

Kritisch: 17. bis 31. August
Leider ist auf das Team kein Verlass. Auch nicht auf solche Personen oder Organisationen, die euch sonst eigentlich zur Seite stehen, wie etwa der Betriebsrat. Es sieht ganz so aus, als müsstet ihr euch in der Firma alleine durchschlagen. Bei sehr sensiblen Menschen kann sich dies negativ auf die Gesundheit auswirken. Sollte das der Fall sein, habt keine Skrupel, euch ein paar Tage krankschreiben zu lassen.

Highlight: 5. bis 11. Oktober
Spürt ihr den Tatendrang? Den können vor allem Freelancer:innen und Selbstständige nutzen, um sich neu aufzustellen oder um Kundenakquise zu betreiben. Doch auch wer angestellt tätig ist, kann etwas mehr Schwung gut gebrauchen; zum Beispiel, um endlich das im Job anzusprechen, was ihm schon länger auf der Seele liegt. Zudem ist diese Phase für Arbeitssuchende wertvoll. Denn eure Bewerbungen enthalten nun die nötige Durchsetzungskraft, um sich gegenüber der Konkurrenz zu behaupten!

Highlight: 24. Oktober bis 9. November
Vielleicht ist das die finanziell interessanteste Zeit des neuen Jahres! Auf jeden Fall könnt ihr an diesen Tagen eine Menge bewegen. Ihr könnt ein erfolgreiches Business starten, bei Gehaltsverhandlungen richtig auf den Putz hauen und sogar vor Gericht eine Entschädigung einfordern, falls nötig. Den dazu erforderlichen Kampfgeist gepaart mit Cleverness und emotionaler Nüchternheit habt ihr jedenfalls dafür!

Kritisch: 12. bis 14. November
Rund um den Neumond, der am 13. November stattfindet, solltet ihr vorsichtig mit Investitionen in digitale Produkte sein. Das schließt Kryptowährungen und Online-Trading mit ein. Eigentlich sind Neumonde eine gute Gelegenheit, etwas zu initiieren – doch in diesem Fall kommen so viele kosmische Störungen dazwischen, dass ihr mit Verlusten rechnen müsst, wenn ihr allzu waghalsig Gelder anlegt.

Kritisch: 22. bis 31. Dezember
Es wird Zeit, das neue Berufsjahr zu planen. Warum ist das eine kritische Phase? Weil ihr berücksichtigen müsst, dass das nächste Jahr euch viel abverlangen wird. Setzt euch daher schon zum Jahresende 2023 klare und realistische Ziele. Sortiert, was euch wichtig ist und was nicht. Nutzt die meist ruhigere Zeit zwischen den Jahren, um euch einen Überblick zu verschaffen. Das mag anstrengend sein, ist aber die beste Vorbereitung, mit der ihr später Stress und Unsicherheiten vermeidet.

Gesundheit und Spiritualität

Venus, die Göttin der Liebe, Schönheit, aber auch des Geldes, ist eure Schutzpatronin und stattet euch mit so viel Esprit und Geschicklichkeit aus, dass ihr meist nicht einmal bemerkt, wie ihr euer Umfeld zu euren Gunsten lenkt. Ihr seid die Diplomat:innen im Tierkreis, Bewahrer:innen der Harmonie und Wächter:innen der Gerechtigkeit. Aber niemand sollte den Fehler begehen und euch als schwach oder naiv einstufen, nur weil ihr nach Balance und Schönheit strebt! Die Waage ist ein kardinales Zeichen, sie gehört zu den „Machern" des Tierkreises. Ihr Herrschaftsgebiet ist die Zeit des Erntedanks. Einer der vier großen Wendepunkte im

Waage
Gesundheit und Spiritualität

Jahr, die Herbsttagundnachtgleiche, findet in eurem Zeichen statt. Symbolisch verteilt ihr Waagegeborenen gerecht die Gaben des Sommers, damit alle genug für den Winter haben.

Mars befindet sich seit August 2022 bis zum März in den Zwillingen. Dort wirkt er sich sehr günstig auf eure Tatkraft und aus und gibt euch ordentlich Power! Gesundheitlich könnt ihr diese Zeit für alle körperstärkenden und reinigenden Maßnahmen nutzen. Außerdem wäre eine Wellnesskur ganz im Sinne von Venus. Die Natur mit ihrer Schönheit und die Wirkung der Pflanzen unterstützen euch auf besondere Art und Weise. In jedem Tag liegt ein Zauber! Dies spiegelt sich auch in eurer inneren und äußerlichen Ausstrahlung.

Chiron, der verwundete Heiler, wirft immer wieder kritische Blicke aus eurem Partnerhaus Widder auf euch. Seit April 2019 befindet er sich dort und er wird bis zum 19. Juni 2026 dort verweilen. Chiron macht uns auf unsere Schwachstellen aufmerksam, sowohl körperlich als auch seelisch. Für euch bedeutet dies immer wieder, stehen zu bleiben und den Blick auf euch selbst und eure Gesundheit zu werfen. Das Thema Balance und Ausgeglichenheit zeigt sich auch an den Waagschalen, die euer Luftelement repräsentieren. In der Astromedizin werden euch die Nieren zur Blutreinigung und alle paarigen Organe, wie Eierstöcke, Hoden und Augen, zugeordnet. Ebenso das Gleichgewicht der Körperflüssigkeit und des Basen-Säuren-Spiegels. Harmonie und Liebe entsprechen eurem seelischen Gleichgewicht. Dies zeigt sich in der Waagschale durch Geben und Nehmen. Zugunsten eurer Partner:innen nehmt ihr euch und eure Bedürfnisse immer wieder zurück. Gemäß den Entsprechungen eures Partnerzeichens Widder sollt ihr lernen, für euch und eure Bedürfnisse einzustehen, um eure Ziele zu verwirklichen.

Gestärkt durch eure Erkenntnisse der letzten Jahre habt ihr 2023 die Möglichkeit, euch mehr auf eure eigenen Wünsche und Ziele zu fokussieren. Dies wirkt sich auch günstig auf eure Gesundheit und euer Seelenheil aus. Bewegung in der Natur stärkt das Immunsystem und fördert die Vitalität von Geist und Körper, unterstützt die Blutbildung und bringt Sauerstoff in die Zellen. Achtet auf eine gesunde, ausgewogene Ernährung und denkt daran: Das Auge isst mit. Bleibt kreativ bei der Planung eures

Speiseplanes und unterstützt die Eisenbildung im Blut mit roten Früchten, roten Säften und Roter Bete. Unterdrückter Ärger kann sich auf die Nieren legen. Mit einer ausreichenden Trinkmenge und der Kraft der Natur, zum Beispiel Brennnessel (bitte vorsichtig dosieren!), Goldrute und Beifuß als Teemischung, könnt ihr die Nierenfunktion anregen. Gleichgewichtsstörungen und Verspannungen im Lendenbereich sind ein weiteres Gesundheitsthema der Waagen. Meditation, Yoga und ausreichender Schlaf helfen dabei, das Gleichgewicht zu halten. Entspannung findet ihr auch durch die Wirkung von ätherischen Ölen wie Ylang-Ylang, Neroli, Geranie und Rose, die eurer Venusenergie entsprechen. Johanniskraut und Melisse als Badezusatz versprechen nach einem anstrengenden Tag die Nerven zu stabilisieren. Eine besondere Wirkung wird Heilsteinen zugesprochen. Rauchquarz ist der Heilstein für Waagegeborene. Er unterstützt euch dabei, auf eurem Weg die innere Mitte zu finden.

Highlights und kritische Phasen für die Gesundheit

Highlight: 3. bis 12. Februar
Dies ist eine besonders wertvolle Zeit, um sich spirituell weiterzuentwickeln. Jetzt könnt ihr eine Innenschau halten und viel über euch selbst erfahren. Meditation, Yoga, lange Spaziergänge in der Natur fördern eure Wahrnehmung. Eure Träume sind jetzt womöglich sehr intensiv. Haltet sie fest und schreibt ein Traumtagebuch.

Highlight: 1. bis 11. März
Jetzt verspürt ihr kosmischen Rückenwind. Vieles scheint sich zu lösen. Eure Intuition ist gestärkt und leitet euch auf eurem Weg. Der Frühling unterstützt euch zusätzlich. Ausgleich findet ihr in der Natur, in gesunder Ernährung und ganz nach eurem Sinn mit Musik.

Kritisch: 19. April bis 4. Mai
Euer Immunsystem fühlt sich in dieser Zeit etwas angegriffen an. Jetzt besteht die Gefahr der Infektanfälligkeit. Müdigkeit und Abgeschlagenheit machen sich bemerkbar. Nehmt eure innere Stimme wahr und nutzt diese Intuition, um Krankheitsthemen auf die Spur zu kommen. Aufbau und Schutz des Immunsystems sind jetzt besonders wichtig.

Waage
Gesundheit und Spiritualität

Unterstützung findet ihr in der Heilkraft der Natur, etwa mit einem Glas heißen Zitronenwassers oder einer Teemischung aus Thymian, Salbei und Schafgarbe. Das ätherische Öl des Eukalyptus wirkt reinigend und klärend.

Highlight: 8. bis 23. Mai
In dieser Zeit könnt ihr konkret eure Ziele verfolgen und mit der Unterstützung von anderen rechnen, wobei euer Charme natürlich hilft! Nehmt euch Zeit für Erkenntnisse des Unterbewusstseins und widmet euch Themen, die den Sinn eures Lebens erweitern. In der Ruhe liegt die Kraft. Eure kreativen Stärken, der Sinn für Kunst, Kultur und Musik sind euer Zaubermittel, um dem Alltag zu entfliehen und zu euch selbst zu finden.

Highlight: 29. Mai bis 3. Juni
Diese Zeit spricht besonders gut auf alle körperaufbauenden Maßnahmen an. Innere und äußere Reinigung erwecken den Jungbrunnen in euch. Eine Stärkung der Vitalität macht sich auch bei eurem Gefühlsleben bemerkbar. Gute Wirksamkeit zeigen jetzt auch wohltuende Düfte von ätherischen Ölen wie Rose, Geranie und Zitrone. Zusätzlich solltet ihr frische Kräuter wie zum Beispiel Liebstöckel, Rosmarin und Minze in eurem Speiseplan integrieren.

Kritisch: 20. Juni bis 2. Juli
Jetzt ist Vorsicht geboten. Allzu schnelle Entscheidungen und Handlungen könnten euch ins Stolpern bringen. Auch Unfälle sind unter diesem Aspekt möglich. Trotz der Unruhe solltet ihr jetzt bewusst Ruhephasen in den Alltag einbauen. Ein (Fuß-)Bad wirkt Wunder. Wacholderöl ist ein Waageheilöl. Es unterstützt die Nierenfunktion, hilft bei Nierensteinen und Blasenerkrankungen und wirkt beruhigend und stabilisierend auf die Waage.

Kritisch: 28. Juli bis 4. August
Während dieser Zeit macht sich euer Immunsystem bemerkbar. Ihr solltet versuchen, euch mehr abzuschirmen, und den Zugang zur inneren Quelle stärken. Alles Vorantreiben, um schneller ans Ziel zu kommen, schwächt euch eher. Lasst den Dingen ihren Lauf. Unterstützend in dieser

Zeit wirkt eine Teemischung aus Goldrute, Brennnessel, Fenchel und Muskatellersalbei. Zusätzlich ist es gut, euren Spirit mit der Kraft aus der Natur zu stärken.

Highlight: 9. Dezember bis 22. Dezember
In diesen Tagen werdet ihr selbstbewusst auf eure Themen eingehen können und gute Lösungen in allen Bereichen finden, vor allem im Feld der Gesundheit und Vitalität. Zudem könnt ihr in dieser Zeit gut eurer inneren Stimme Aufmerksamkeit geben. Alle Anstrengungen des Jahres ändern euren Blickwinkel und stärken eure Zuversicht. Nehmt euch Zeit für Meditation, Yoga und auch Tanzen. Alles, was die Seele befreit, stärkt den Körper. Ätherische Öle wie Zimt, Kardamom, Sandelholz und Wacholder unterstützen eure Inspiration.

Skorpion
23. Oktober – 22. November

Dieses Jahr ist eine aufregende Zeit für Skorpiongeborene! Langweilig wird euch garantiert nicht, weil so viele spannende Dinge passieren, bei der Arbeit, im Privatleben oder in der Familie und in Freundschaften. Uranus ist weiterhin die dominierende planetare Kraft in eurem Leben. Er zeigt an, dass bedeutsame Veränderungen in euren wichtigsten Beziehungen im Gange sind, sei es beruflich, familiär oder auch in finanziellen Partnerschaften. Eure Beziehungen werden euer Dasein verändern, denn beides ist in eurem Leben sehr verflochten.

Jupiter, der am 16. Mai in den Stier und damit in euer Partnerhaus geht, bringt eine neue, positive Energie in euer soziales Leben. Auch er zeigt, dass eure Beziehungen und Partnerschaften eine große Bedeutung für euch haben werden. Menschen, die in euer Leben treten, können euch stärker beeinflussen, als ihr denkt. Jupiter hilft euch dabei, mehr Vertrauen in diese Menschen zu entwickeln und euch dafür zu öffnen, dass ihr mit ihrer Hilfe euer Leben schöner und besser gestalten könnt als zuvor.

In eurem Zuhause und eurer Familie müsst ihr möglicherweise auf Energieversorgung und Datensicherheit achten. Prüft eure Strom- und Versorgungsleitungen und achtet auf eine regelmäßige Aktualisierung eurer Cloud- und Computerpasswörter. Es gibt eine Gefahr von Energieausfällen oder Phishingattacken. Ein Stromgenerator als Reserve oder eine neue Firewall können hier Abhilfe schaffen.

Belebt und inspiriert fühlt ihr euch, wenn ihr neue Abenteuer und Herausforderungen sucht, zum Beispiel durch eine interessante Reise oder indem ihr eine neue Sportart ausprobiert. Auch ein neues, kreatives Projekt würde euch Auftrieb geben. Und das ist nicht nur ein kurzfristiger Spaß. Ihr könnt 2023 etwas großes Neues beginnen, zum Beispiel ein lang gehegtes Herzensprojekt in Angriff nehmen und zu verwirklichen, in das ihr viel Zeit und Aufwand investiert. Die Aussichten auf ein tolles und vielleicht sogar lukratives Ergebnis sind gut. Denn am 7. März wechselt der mächtige Saturn in die Fische und steht dann für die nächsten gut zwei Jahre günstig für euch. Er unterstützt euch dabei, persönliche Projekte zu verwirklichen und lang gehegte Wünsche zu manifestieren. Falls ihr ein kreatives Hobby habt und überlegt, daraus vielleicht einen Beruf zu machen oder eure Produkte zu verkaufen, könnt ihr das in den nächsten zwei bis drei Jahren umsetzen. Aber auch in eurer Arbeit oder eurer Karriere wird euch Saturn nun den Rücken stärken und ihr könnt Großes vollbringen. Möglicherweise erhaltet ihr Positionen mit größerer Verantwortung, und das werdet ihr problemlos meistern, da ihr unermüdlich arbeiten könnt und geradezu übermenschliche Kräfte entwickelt. Unter eurer Aufsicht werden Dinge erledigt und alles bleibt auf Kurs. Das lieben die Leute an euch. Ihr sind aufregend und voller Lebensfreude, dabei gleichzeitig reif und stabil. Man kann sich auf euch verlassen, ohne sich mit euch zu langweilen.

Zu dieser Ausstrahlung trägt auch Fantasieplanet Neptun bei, der weiterhin einen förderlichen Aspekt zu eurem Sternzeichen bildet. Er zeigt, dass ihr einfallsreich seid und gute Ideen für Marketing oder Werbung habt. Falls ihr spirituell angehaucht seid oder arbeitet, wird euch das sehr inspirieren. Aber auch diejenigen von euch, die das Wasser lieben, sei es am Strand oder zum Beispiel aktiv beim Segeln, Angeln oder Tauchen, werden auf ihre Kosten kommen. Wenn ihr verreist, wählt daher ein romantisches Ziel am Wasser! Neptun begünstigt auch die Beschäftigung mit Musik, Tanz und Theater.

Ein Bereich, der eure Achtsamkeit erfordert, ist der absteigende Mondknoten, der schon seit 2022 und noch bis zum 12. Juli 2023 durch euer Sternzeichen wandert. Er zeigt an, dass sich euch im ersten halben Jahr vielleicht eine hervorragende Karrieremöglichkeit oder ein Amt mit viel Prestige bietet. Aber ihr seid nicht sicher: Wollt ihr das wirklich? Entspricht es euren Fähigkeiten? Könnt ihr euch dafür begeistern? Ein gutes Beispiel ist hier der skorpiongeborene Charles von Windsor, der nun König von Großbritannien ist. Es ist eine große und ehrenvolle Aufgabe, aber viele Freiheiten, die er bisher hatte, werden dadurch wegfallen und er wird auch sein gesellschaftspolitisches Engagement, beispielsweise für die Umwelt, den Ansprüchen der Krone unterordnen müssen. Wenn es gut läuft, wird er an der Aufgabe wachsen. Wenn nicht, muss er den Job dennoch so gut wie möglich erfüllen. Er hat keine Wahl, sein Weg ist

Skorpion
Liebe und Beziehungen

durch seine Abstammung vorgezeichnet. Ihr aber könnt wahrscheinlich wählen, ob ihr ein besonderes berufliches Angebot oder Amt annehmen wollt oder nicht. Prüft daher genau, ob es wirklich dem Weg entspricht, den ihr gehen wollt. Wenn ihr euer Arbeitsfeld tatsächlich wechseln wollt, solltet ihr euch nach einer Position umschauen, die euch sowohl spannende Entfaltungsmöglichkeiten als auch Stabilität bietet.

Liebe und Beziehungen

Liebe, Partnerschaften und Beziehungen sind im neuen Jahr ein umfassendes Thema! Zunächst habt ihr noch bis Mitte des Jahres den aufsteigenden Mondknoten in eurem Partnerhaus, und das lockt neue Menschen in euer Leben. Ihr begegnet ihnen auf allen Ebenen, nicht nur privat bei geselligen Gelegenheiten. Auch durch geschäftliche Meetings, Reisen und in der digitalen Welt könnt ihr Menschen treffen, von denen ihr spürt, dass sie in eurem Leben wichtig werden, und das kann in alle Richtungen gehen. Vielleicht sind es berufliche Kontakte, die euch Türen öffnen. Vielleicht findet ihr nun endlich die Heilerin oder den Arzt, die ihr schon lange sucht. Und für die Singles unter euch kann nun der langersehnte Seelenpartner oder die Seelenpartnerin auftauchen. Gegebenenfalls müsst ihr feinfühlig unterscheiden, wozu eine solche Begegnung dient. Wenn die andere Person noch gebunden ist, solltet ihr das respektieren. Es kann sein, dass ihr ein deutliches Gefühl von Seelenverwandtschaft habt, trotzdem könnt ihr kein gemeinsames neues Leben starten. Aber manche von euch können tatsächlich auch die ganz große Liebe finden. Das gilt im neuen Jahr vor allem für die Oktoberskorpione. Doch insgesamt sind für alle Skorpiongeborenen und ebenso die Skorpionaszendenten die Chancen, jemand Neues kennenzulernen, so hoch wie selten!

Dazu trägt auch Glücksplanet Jupiter bei, der am 16. Mai euer Partnerhaus betritt, um dann dort rund zwölf Monate zu verweilen. Dieser Beziehungsaspekt von Jupiter gilt als sehr günstig, um neue Leute kennenzulernen, und kann für Singles neues Liebesglück bringen. Und dafür braucht ihr gar nicht viel zu tun! Die Menschen kommen auf euch zu, weil sie euch interessant finden, euch zuhören und eure Meinung wissen wollen. Auch neue Freundschaften können so entstehen und euer bisheriger Freundeskreis dürfte während des Jupitertransits aufblühen. Vielversprechende Zeiten sind hier im Mai, Juni und Juli. Auch im Oktober und während des gesamten Dezembers stehen eure Liebesaktien richtig gut! Auch beruflich wird man euch wahrscheinlich interessante neue Angebote machen. Wenn ihr in einer festen Beziehung seid, ist es auch möglich, dass eure Partnerin oder euer Partner eine gute Gelegenheit zum Aufstieg erhält. Von Jupiters segensreicher Wirkung profitieren 2023 besonders die **vom 23. Oktober bis zum 5. November** Geborenen, die übrigen Skorpiongeborenen dann im Jahr darauf.

Auch Romantikplanet Neptun lässt euch bezaubernde Momente in der Liebe erleben. Wenn ihr fest liiert seid, könnt ihr das verstärken, indem ihr euch Zeit zu zweit nehmt, beispielsweise bei einer gemeinsamen Reise an einen exotischen, verführerischen Ort, möglichst an einem Gewässer. Vielleicht im Februar in die Südsee? Auch im Mai, Juni und Dezember ist eure romantische Sehnsucht geweckt. Wenn ihr Kinder oder Enkel habt, bezaubern sie euch durch ihre Fantasie, ihre künstlerische und musische Begabung und ihr besonderes Mitgefühl. Das gilt besonders für die zwischen dem **14. und 20. November** Geborenen. Wenn ihr Single seid, flirtet ihr in diesen Zeiten sensibel und fantasievoll. Zärtliche, verständnisvolle oder künstlerisch begabte Kandidat:innen ziehen euch besonders an.

Selbst der strenge Saturn bildet ab dem 7. März Aspekte, welche die Liebe und langfristige Beziehungen fördern, und zwar dieses Jahr besonders für die zwischen dem **23. und 31. Oktober** Geborenen. Er hilft euch, in Beziehungsfragen die richtigen Entscheidungen zu treffen und nicht nur die Romantik zu genießen, sondern auch zu überlegen, was man gemeinsam auf die Beine stellen könnte. Wenn ihr bereits glücklich liiert seid, überlegt ihr vielleicht, eure Beziehung offiziell zu machen. Wenn ihr Kinder habt, werdet ihr stolz auf sie sein, weil sie gute Leistungen in der Schule bringen und sich dabei sozial verantwortlich und hilfsbereit zeigen. Singles, die nach dem März einen Flirt beginnen, stellen womöglich fest, dass der sich nur langsam und zögerlich entwickelt. Oder dass

Skorpion
Liebe und Beziehungen

die Flirtpartnerin oder der Flirtpartner viel arbeitet und wenig Zeit hat. Doch wenn ihr geduldig seid und am Ball bleibt, kann daraus eine zärtliche, zuverlässige und langfristige Beziehung werden.

Und schließlich ist da ja auch noch der innovative Uranus. Er steht ebenfalls in eurem Partnerhaus und kann ordentlich frischen Wind in euer Beziehungsleben bringen, wenn nicht sogar einen Sturm! Und das hat wahrscheinlich mit Veränderungen zu tun, die im Leben der für euch wichtigen Personen stattfinden. Oder ihr lernt neue Menschen kennen, die wie ein Wirbelwind in euer Leben rauschen. Vielleicht beginnt ihr eine spannende neue Liebschaft und die Person wohnt weiter weg, sodass ihr zunächst eine Fernbeziehung führen müsst. Oder ihr habt recht unterschiedliche Vorstellungen vom Leben, etwa bedingt durch einen größeren Altersunterschied. Uranus bringt oft deutlich jüngere Menschen ins Leben oder auch solche, die einen ganz anderen sozialen Hintergrund haben. Möglich auch, dass ihr euch zu jemandem hingezogen fühlt, der gar nicht in euer sonstiges Beuteschema passt, und das ist alles neu und überraschend für euch. Wenn ihr fest liiert seid, kann es sein, dass eure Partnerin oder euer Partner sich durch eine berufliche Veränderung in eine neue Richtung entwickelt oder umziehen muss. Vielleicht möchte er oder sie auch auf der persönlichen Ebene eine andere Richtung einschlagen, etwa durch ein neues Hobby oder ein politisches Engagement. All das kann das Leben, das ihr bisher geführt habt, auf den Kopf stellen. Während sich diese Veränderungen entfalten, ist es wichtig, dass ihr euch gegenseitig eure Gefühle und Gedanken dazu mitteilt. Andernfalls könntet ihr euch in entgegengesetzte Richtungen entwickeln und auseinanderdriften, und was einmal nah war, wird distanziert und getrennt. Das wollt ihr auf keinen Fall, denn als Skorpion geht ihr von Natur aus sehr tiefe und umfassende Bindungen ein. Ihr müsst beteiligt sein und dürft euch unter keinen Umständen ausgeschlossen fühlen. Andernfalls kann die Beziehung zerbröckeln. Diese Szenarien sind am wahrscheinlichsten für die **vom 7. bis zum 16. November** Geborenen.

Auch im Zusammenhang mit eurer Karriere und beruflichen Entwicklungen könnt ihr der Liebe begegnen. In diesem Bereich ist von Januar bis Oktober die provokante Lilith unterwegs. Auch Liebesgöttin Venus verbringt hier viel Zeit, nämlich vom 5. Juni bis zum 9. Oktober, wobei sie vom 23. Juni bis zum 4. September rückläufig ist. Wundert euch nicht, wenn es während dieser Zeit immer wieder zu Flirtsituationen bei der Arbeit kommt oder ihr einfach Spaß mit interessanten Kolleg:innen habt. Vom 20. Mai bis zum 10. Juli gesellt sich auch noch der triebhafte Mars dazu – das ist der Stoff für eine leidenschaftliche Affäre mit einer oder einem Vorgesetzten, vielleicht auch jemand Bekanntem aus der Öffentlichkeit oder im beruflichen Bereich. Das kann ungeheuer inspirierend wirken und gegebenenfalls auch die Zusammenarbeit beflügeln. Doch es kann auch kompliziert werden. Kolleginnen und Kollegen könnten euch das Glück neiden und sogar Gerüchte in die Welt setzen, ihr wolltet damit nur euren beruflichen Aufstieg beschleunigen. Heikel wird es auch, wenn etwa jemand aus der Chefetage für euch entflammt, ihr dies aber nicht erwidert. Das Arbeitsklima könnte darunter leiden, und wenn die Person nachtragend ist, legt sie euch vielleicht beruflich Steine in den Weg. Eventuell müsst ihr euch auch mit Konkurrenzverhalten von Frauen in höheren Positionen auseinandersetzen. Während der Rückläufigkeit der Venus kann eine verflossene Liebe in euer Leben zurückkehren und ist nun Vorgesetzte, Kollege oder Geschäftspartnerin. Je nachdem wie eure Beziehung zu Ende ging, kann das Auswirkungen auf euer geschäftliches Verhältnis haben und fällt vielleicht auch Kolleginnen und Kollegen auf, und dann gibt es Gerede. Generell empfehlen wir euch, mit Liebesangelegenheiten, die euch auf eurem Karriereweg begegnen, vorsichtig zu sein und euch sehr behutsam und diplomatisch zu verhalten. Schwierig wird es, wenn die andere Person nicht mitspielt und einen großen Wirbel um die Sache macht. Aber wenigstens ihr selbst könnt dazu beitragen, dass keine Gerüchte entstehen, indem ihr euch integer verhaltet. Die 90-Tage-Regel[1] ist hier sicherlich auch hilfreich. Nach Ablauf von drei Monaten wird sich zeigen, ihr wichtige oder gar lebensverändernde Entscheidungen treffen wollt oder nicht.

Für euer Familienleben ist Entspannung angesagt! Ab März geht eine lange Verpflichtung oder Verantwortung, vielleicht auch eine langwierige Renovierung, zu Ende und ihr merkt, dass ihr wieder mehr Zeit für Gemütlichkeit und schöne Aktivitäten daheim habt. Sollte sich Nachwuchs

---

[1] Die 90-Tage-Regel gibt's zum Nachlesen auf meiner Homepage als Dossier. Der Text ist außerdem Bestandteil des schriftlichen Venus-Horoskops als PDF, welches ihr ebenfalls auf meiner Homepage bestellen könnt.

Skorpion
Liebe und Beziehungen

einstellen oder ihr beginnt eine aufregende neue Partnerschaft, habt ihr das gute Gefühl, dass die Baustellen zu Hause endlich abgeschlossen sind und ihr euch auf diese neuen Entwicklungen konzentrieren könnt.

Highlights und kritische Phasen in der Liebe

Kritisch: 11. bis 23. Januar
Eure Wünsche nach Harmonie in der Familie und einem gemütlichen Heim können durchkreuzt werden durch beruflichen Stress, zum Beispiel weil eine Kollegin oder die Chefin schwanger wird und ausfällt. Oder ihr seid selbst Vorgesetzte und andere lassen es an Respekt mangeln. Euch beschleicht womöglich das frustrierende Gefühl, dass euch niemand versteht. Nehmt es nicht persönlich. Tut einfach, was getan werden muss. Besserung ist in Sicht.

Highlight: 27. Januar bis 20. Februar
Harmonie macht sich breit! Nun ist es auch möglich, vorausgegangene Schwierigkeiten noch einmal zu besprechen und eine Erklärung für das zu finden, was schief gegangen ist. Wenn ihr Single seid, ist es eine wunderbare Zeit zum Flirten und Kennenlernen. Jemand scheint ernsthaftes Interesse an euch zu haben und es liegt nicht nur viel Romantik in der Luft, sondern auch erotische Überraschungen.

Kritisch: 11. bis 19. März
Kritische Zeit für eure festen Beziehungen: Ihr wollt nun vielleicht einem persönlichen Vergnügen, einer sportlichen Leidenschaft oder einem Herzensprojekt nachgehen. Aber euer Schatz braucht euch für etwas anderes, auf das er vielleicht schon lange wartet, und verliert nun die Geduld. Bevor ihr abweisend reagiert, denkt nach: Hattet ihr etwas Wichtiges zugesagt? Dann solltet ihr auch dazu stehen!

Highlight: 20. März bis 10. April
Eine Zeit mit geselligen Gelegenheiten, Treffen und Einladungen. Nette Menschen suchen den Kontakt zu euch und nun kann sogar ein:e Seelenpartner:in in euer Leben treten. Das kann eine ziemliche Überraschung sein: Vielleicht sieht die Person ganz anders aus, als ihr erwartet hättet,

aber ihr spürt die Resonanz in eurem Herzen. Wenn ihr euch nicht ganz sicher seid oder es doch große Unterschiede zwischen euch beiden gibt, dann wendet die 90-Tage-Regel an: Gebt euch drei Monate Zeit, um zu schauen, ob ihr wirklich zusammenpasst.

Kritisch: 12. bis 17. April
Konflikte um das Thema Geld drohen. Bevor ihr eine größere gemeinsame Anschaffung tätigt, setzt euch noch mal in Ruhe zusammen und sprecht darüber, inwiefern ihr das wirklich beide wollt. Wenn ihr gemeinsames Geld ausgebt, solltet ihr auch gemeinsam dahinterstehen. Denkbar ist auch, dass ihr Gelder für euren Nachwuchs lockermachen sollt und dadurch mit eurem eigenen abgemachten Budget zurückstecken müsst. Da gibt's nur eins: ausdiskutieren, bis ihr eine Lösung findet, mit der alle leben können. Vielleicht können die Eltern oder Großeltern helfen? Anfang Mai scheint außerdem Geld hereinzukommen!

Highlight: 5. Mai bis 2. Juni
Nun könnt ihr den Zusammenhalt und den Glauben an eure Beziehung stärken. Idealerweise durch gemeinsame Unternehmungen, zum Beispiel eine Reise. Ebenfalls günstig ist es, euch wechselseitig mit der Abendgestaltung überraschen: Jeder plant einmal etwas Besonderes, was der andere vorher nicht weiß, auf das er sich aber einlassen muss. Das verbindet! Lustvolle Überraschungen können sich auch für die Singles unter euch ergeben. Ihr seid offen für Flirts. Geht unbedingt vor die Tür und unternehmt was!

Kritisch: 25. Juni bis 3. Juli, 7. bis 17. August, 26. bis 30. September
Während dieser Zeiten kann es zu Liebesverwicklungen im beruflichen Bereich kommen. In der ersten genannten Phase ist die Leidenschaft besonders groß und lässt euch schnell eure sonstige Diskretion und Geheimhaltung vergessen. In der zweiten Phase kann die Angelegenheit plötzlich zum Erliegen kommen oder eine andere überraschende Wendung führt zu Komplikationen. Vielleicht taucht nun auch eine verflossene Liebe aus der Vergangenheit auf und begegnet euch im beruflichen Zusammenhang. Die Beteiligten verhalten sich zudem unberechenbar oder es ergeben sich überraschende Umstände. Es liegen viel Liebe und

Skorpion
Liebe und Beziehungen

Leidenschaft in der Luft, aber damit euer guter Ruf nicht leidet und es nicht zu Unstimmigkeiten am Arbeitsplatz kommt, solltet ihr euch zurückhalten und vorsichtig sein.

Highlight: 9. Oktober bis 7. November
Wow! Jetzt habt ihr wieder Oberwasser und wisst, was ihr wollt! Die Singles unter euch gehen mutig auf das Objekt der Begierde zu, und wenn ihr einen Flirt beginnt, geht ihr schnell aufs Ganze! Günstig ist die Zeit auch für gemeinsame Aktivitäten mit Freundinnen und Freunden. Vielleicht könnt ihr die Führung übernehmen und etwas organisieren. Auch in euren Social Media seid ihr erfolgreich und könntet sogar mit Leuten aus eurem beruflichen Netzwerk ein neues Projekt beginnen. Ihr könnt die Menschen überzeugen und mit eurem Enthusiasmus begeistern. Tipp der Sterne: Passt zwischen dem 24. und 31. Oktober ein bisschen auf, dass ihr nicht alles an euch reißt. Je mehr die anderen Beteiligten sich ebenfalls einbringen, desto mehr Spaß werdet ihr am Ende alle gemeinsam haben!

Kritisch: 12. bis 18. November
Vorsicht, Hochspannung liegt in der Luft. Ihr strotzt vor Vitalität und Überzeugungskraft, doch euer Gegenüber könnte sich davon überrollt fühlen. Übt euch im empathischen Zuhören und achtet darauf, in Gesprächen und Partnerschaften auch anderen genug Raum zur Entfaltung zu lassen. Sollte in eurer Beziehung bereits etwas im Argen liegen, kann es nun zu recht explosiven Streitigkeiten kommen, vielleicht sogar zu einer spontanen Trennung.

Highlight: 5. bis 29. Dezember
Nun seid ihr bereit, alles dafür zu tun, dass in euren Beziehungen Harmonie und Zusammenhalt herrschen! Wenn ihr ein traditionelles Familienleben habt, genießt ihr es, eine kuschelige Vorweihnachtszeit und festliche Feiertage gemeinsam zu gestalten. Doch wenn ihr zu zweit oder gerade frisch verliebt seid, kann es durchaus sein, dass euch sündige Nächte lieber sind als heilige Abende! Und vielleicht schwenkt ihr sogar kurz vor Weihnachten noch von einer Haltung zur anderen! Solange ihr

euch darüber mit euren Liebsten abstimmt, wunderbar, dann seid ruhig spontan. Wenn ihr jedoch große Familienpläne gemacht habt, solltet ihr euch auch daran halten und ihr werdet gemeinsam viel Freude haben.

Karriere und Finanzen

Euer Karrierestatus ist eng mit Veränderungen im Leben anderer, denen ihr nahesteht, verbunden. Ihr seid euch vielleicht nicht sicher, was ihr von anderen erwarten könnt. Gehen sie? Stehen sie kurz davor, überraschende Entscheidungen zu treffen, um neue Wege in ihrer Karriere einzuschlagen? Wird sich das auf euch auswirken? Geht eure Chefin oder euer Chef? Geht euer bester Kunde? Wahrscheinlich passiert eines davon. Aber die Transformation bringt auch neue Energie, neue Menschen und neue Aufgaben mit sich. Und so kann sich die Sache zu euren Gunsten entwickeln, besonders wenn ihr bereit seid, neue Fähigkeiten zu erlernen und andere Aufgaben zu übernehmen.

In vielerlei Hinsicht seid ihr als Arbeitnehmer:innen oder Selbstständige auf dem Höhepunkt eurer Anziehungskraft und Ausstrahlung. Die Leute wollen genau das, was ihr zu bieten habt, denn sie finden es aufregend und spannend. Das ist sicherlich sehr schön, aber vielleicht sucht ihr in Wirklichkeit etwas ganz anderes, wie Sicherheit? Eine persönliche Herausforderung, für die ihr wirklich brennt? Die große Aufgabe besteht darin, etwas zu finden, das Sicherheit und Anregung verbindet. Etwas Neues, Spannendes, das auch Stabilität beinhaltet. Wenn ihr das findet, dann könnt ihr euch beruflich verändern. Wenn nicht, stellt ihr wahrscheinlich fest, dass in der Arbeit ohnehin viele Veränderungen stattfinden, was zwar spannend, aber auch beunruhigend sein kann. Das hängt dann davon ab, welches Ergebnis erzielt werden kann und wie gut eure Fähigkeiten sind, die Neuerungen zu bewältigen. Ehe sich das eingespielt hat, kann in euren Arbeitsabläufen durchaus ein gewisses Chaos herrschen. Dies gilt insbesondere für die **vom 7. bis zum 16. November** Geborenen. Verliert nicht die Nerven, sondern stellt euch auf die Neuerungen ein. Ihr schafft das!

Skorpion
Karriere und Finanzen

Hilfreich bei der Anpassung an Veränderungen ist Saturn, der sich vom 7. März 2023 bis zum 25. Mai 2025 durch die Fische bewegt und einen aufbauenden Aspekt zu eurem Sternzeichen bildet. Dies ist eine stabilisierende Kraft, die euer Bedürfnis nach Struktur und Organisation in einer Zeit von Veränderungen eurer Position unterstützt. Ihr müsst eure Ziele und das Endprodukt eurer Bemühungen definieren, einen Plan entwickeln, um dorthin zu gelangen, und euch dann konsequent daran halten. Dadurch werdet ihr eure Ziele erreichen und Projekte erfolgreich abschließen, was euch wiederum viel Respekt und Bewunderung von denen einbringt, mit denen ihr zusammenarbeitet. Ihr seid zuverlässig und fleißig, und das zahlt sich jetzt aus. In diesem Jahr gelten diese Parameter hauptsächlich für die zwischen dem **23. und 31. Oktober** Geborenen. Ihr arbeitet auch gut mit Autoritätspersonen zusammen. Und wenn ihr selbst führt, nehmen andere eure Anweisungen ernst. Ihr strahlt eine gewisse Kontrolle und Reife aus, die sie bei der Arbeit beeindruckt.

Solltet ihr auf der Suche nach einer neuen Arbeit sein, sind eure Dienstleistungen dieses Jahr wahrscheinlich sehr gefragt. Vielleicht wird euch eine Kooperation angeboten. Obwohl euch die Idee einer Geschäftspartnerschaft zusagt, gefällt euch auch eine Position oder ein Unternehmen, das finanzielle Sicherheit und ein gewisses Maß an Kontrolle über eure Tätigkeiten bietet. Dennoch ist es wahrscheinlich, dass euch 2023 Angebote für Arbeitswechsel unterbreitet werden, insbesondere für die zwischen dem **28. Oktober und 7. November** Geborenen. Bevor ihr akzeptiert, stellt sicher, dass ihr nicht etwas überschätzt und dass die Person, die das Angebot macht, die positiven Seiten nicht übertreibt, ohne auch auf Herausforderungen hinzuweisen. Ihr müsst jedes Angebot genau prüfen, bevor ihr eine Änderung vornehmt. Sollte es nicht richtig passen, ist es besser, die Sache sein zu lassen. Es ist in Ordnung, nicht auf ein Angebot einzugehen. Ihr müsst nicht unbedingt Änderungen vornehmen. Es kommen wahrscheinlich auch in eurem laufenden Job bereits genug Neuerungen vor, die euch sehr beschäftigen.

Die Menschen in eurem Arbeitsumfeld mögen eure Kombination aus Entschlossenheit und Freundlichkeit. Ihr könnt mit harten Bandagen kämpfen, aber ihr seid auch verständnisvoll, wenn Kolleginnen oder Kollegen schwere Zeiten durchmachen. Es kann vorkommen, dass ihr gefordert seid, jemandem, der mit eurer Arbeit oder Projekten in Verbindung steht, zu helfen. Eure Sensibilität wird sehr geschätzt, und irgendwann könnte diese Person für euch da sein, wenn ihr eine:n Freund:in braucht. Dieselbe kosmische Energie ist nützlich in kreativen Angelegenheiten, wie Marketing und Werbung, oder bei der Organisation einer glanzvollen Veranstaltung, wie einer Firmenversammlung. Ihr habt Stil und Vision, was gut ankommt. Scheut euch nicht, dieses Jahr eurer Fantasie freien Lauf zu lassen! Dieser Aspekt gilt besonders für die zwischen dem **14. und 20. November** Geborenen. Solltet ihr euch bei Wohltätigkeitsveranstaltungen oder Spendenaktionen engagieren, wird das sehr gut funktionieren. Andere sind erstaunt darüber, was ihr für einen guten Zweck, den ihr selbstlos unterstützt, alles erreichen könnt.

Finanziell sieht es gut aus. Vielleicht seid ihr an der Reihe, eine Gehaltserhöhung oder einen Bonus zu erhalten. Die Selbstständigen unter euch können ihre Verkaufsaktivitäten erhöhen. Eure Einkommensaussichten bleiben positiv. Allerdings könntet ihr oder auch eure Partnerin oder euer Partner mit unerwarteten Ausgaben konfrontiert werden, die eure Spar- und Anlagepläne stören könnten. Prüft größere Ausgaben und Investitionen genau. Vielleicht findet ihr günstigere oder interessantere Angebote. Insgesamt sehen eure Einkommensmöglichkeiten jedoch günstig aus. Für Spekulationen ist es hingegen nicht das beste Jahr, solange Jupiter und Uranus in Opposition zu eurem Sternzeichen stehen. Am besten setzt ihr und eure Partnerin oder euer Partner euren Lebensstil nicht durch spekulative Aktionen aufs Spiel.

Highlights und kritische Phasen in Beruf und Finanzen

Highlight: 1. bis 12. Januar
Diejenigen, die sonst am längeren Hebel sitzen, wie etwa Banken oder andere Geldgeber, sind in den ersten Tagen des neuen Jahres schwach. Das könnt ihr bei Verhandlungen zu eurem Vorteil nutzen. Trotzdem bitte fair bleiben!

Skorpion
Karriere und Finanzen

Highlight: 15. bis 19. Januar
Macht euch schlau, ob ihr euren Energieversorger wechseln könnt! Wahrscheinlich findet ihr nun einen günstigeren Gas-, Öl- oder Stromlieferanten. Da diese Phase nur sehr kurz ist, müsst ihr euch beeilen!

Kritisch: 6. bis 11. Februar
Harte verbale Auseinandersetzungen hinterlassen Spuren. Das betrifft sowohl das Arbeitsklima als auch den Geldbeutel. Auch wenn ihr den Eindruckt habt, es sei gerechtfertigt, jemanden zu beleidigen oder sich über eine Dienstleistung oder Ware zu empören: Bleibt bitte sachlich! Jede Form des ungesitteten Umgangs wird sanktioniert und am Ende habt ihr das Nachsehen. Was nutzt es, zwar recht zu haben, aber Schaden zu nehmen?

Highlight: 20. Februar bis 16. März
In dieser Zeit gilt es, gute Kontakte zu Kolleginnen und Kollegen aufzubauen. Das erleichtert euch den Arbeitsalltag. Darüber hinaus könnt ihr nun über den Tellerrand blicken und nach anderen Firmen Ausschau halten. Für diejenigen, die auf einen Jobwechsel spekulieren, ist dies daher eine vielversprechende Phase. Doch es sieht ganz so aus, als müsstet ihr dafür eine Unannehmlichkeit in Kauf nehmen.

Kritisch: 2. bis 8. April
Wer beruflich auftrumpfen will, wird ausgebremst. Statt Lorbeeren einzuheimsen, wird eure Arbeit abgewertet. Wahrscheinlich spielen Neid und Missgunst eine Rolle. Ihr müsst auf jeden Fall Frustrationsbereitschaft mitbringen. Denn sich klein und unsichtbar machen kann nicht die Lösung sein. Es ist schon richtig, die eigenen Kompetenzen zu zeigen und stolz zu sein auf die Ergebnisse der eigenen Arbeit. Auch dann, wenn sie eben nicht von allen anerkannt wird.

Highlight: 23. Mai bis 26. Juni
Prüft eure Versicherungen! Welche Policen habt ihr im Laufe der Zeit eigentlich angesammelt? Passen sie noch zu eurer aktuellen Lebenssituation? Findet ihr andere Anbieter, die die gleichen oder sogar bessere Leistungen zu günstigeren Konditionen anbieten? Gibt es Versicherungen,

die ihr kündigen oder wenigstens beitragsfrei stellen könnt? Wenn ja, dann tut das jetzt! Manchen Vertrag schleppt man jahrelang mit sich herum und man bezahlt ständig, obwohl er eigentlich längst überflüssig geworden ist. Natürlich solltet ihr die Policen, die euch weiter nützlich sind, behalten. Es gilt also, sorgsam abzuwägen.

Kritisch: 30. Juli bis 6. August und 17. bis 28. August
Man sagt, dass bei Geld die Freundschaft aufhöre. Daran ist etwas Wahres. Ihr solltet es in diesen Wochen tunlichst vermeiden, Geschäfte mit Freund:innen und Bekannten abzuschließen. Verleiht auch nicht privat Geld beziehungsweise leiht euch nichts aus dem Bekanntenkreis. Das wird nur zu Ärger führen und kann Freundschaften gefährden oder gar ruinieren. Wie ihr mit gemeinsamen Ausgaben beispielsweise bei einem Tagesausflug mit Freund:innen umgeht, solltet ihr vorab besprechen. Schafft beizeiten Klarheit!

Kritisch: 22. Oktober bis 7. November
Dass alles immer teurer wird, ist leider eine Tatsache. Das hat natürlich Auswirkungen auf das allgemeine Geschäftsverhalten. Mit anderen Worten: Man versucht euch auszutricksen. Ihr müsst wachsam sein und sparsam zugleich. Denn ihr habt schließlich kein Geld zu verschenken. Auch bei kleinen Beträgen solltet ihr daher auf euer Recht pochen und keine faulen Kompromisse eingehen.

Highlight: 10. bis 22. November
Wichtiger noch, als Geld zu sparen, ist es, mehr Geld einzunehmen. Jetzt bekommt ihr einen Powerschub, um entweder zusätzliche Geldquellen ausfindig zu machen, einen Nebenjob zu starten oder ein Geschäft so richtig zum Laufen zu bringen. Daher profitieren vor allem Selbstständige und diejenigen, die nach Provision bezahlt werden, von den aktuellen Konstellationen. Aber ein kleines Nebenbusiness können nun auch alle anderen starten. Und sei es der Verkauf von Gegenständen, die sonst nur im Keller herumliegen.

Skorpion
Gesundheit und Spiritualität

Gesundheit und Spiritualität

Liebe Skorpione, ihr seid die Kinder des Pluto und somit ist die Transformation euer Markenzeichen! Ihr seid mächtig und tiefgründig, jedoch ist diese Energie oft schwer in gesunde Bahnen zu lenken. Wenn es eine Sache gibt, die euch nicht liegt, dann ist es Oberflächlichkeit. Ihr braucht ein stabiles Umfeld, in dem ihr ganz ihr selbst sein könnt und keine Angst davor haben müsst, dass ihr für jemanden „zu viel" seid. Vergesst niemals, die Welt braucht eure Authentizität, eure Tiefgründigkeit und eure brennende Leidenschaft!

Lilith durchwandert vom 8. Januar bis zum 3. Oktober das Zeichen Löwe. In dieser Zeit werdet ihr eure innere Urkraft spüren und so manche Tiefe wird sich zeigen. Gesundheitlich werdet ihr dabei neue Dimensionen eurer Seelen- und Schattenthemen erkennen und diese später vielleicht transformieren können. Lilith fordert euch auf, euch verborgenen Themen zu stellen.

Am 7. März verlässt Saturn den Wassermann und zieht in die Fische. Diesen günstigen Einfluss werdet ihr spüren. Spirituell findet ihr jetzt mehr Zugang zu euch selbst. Träume und Wünsche werden euch in dieser Zeit bewusst und sollten Beachtung bekommen. Führt doch ein Traumtagebuch, denn eure Träume können euch wichtige Erkenntnisse zur Verwirklichung eurer Ziele schenken!

Eure Intensität und – manchmal auch – Verbissenheit zeigen sich ebenso in euren Gesundheitsthemen. Darm- oder Blasenproblemen könnten sich zeigen. Ebenso auch Erkrankungen der Sexualorgane, die eurem Zeichen zugeordnet werden. Eure Energie sollte konstruktiv kanalisiert werden. Wenn eure Emotionen kippen, werdet ihr schnell blind vor Wut sein und Verzeihen ist dann sehr schwer für euch. Doch der Skorpion vermag mit seinem Stachel auch sich selbst zu verletzen. Deshalb sind Vergebung und Heilung genau die zwei Dinge, die ihr für euer eigenes Seelenheil tun solltet und nicht für andere.

Heilsteinen werden besondere Kraft und Energie zugesprochen. Für euch könnt ihr die Energie und Heilkraft des roten Turmalin nutzen. Seine Kraft stärkt das Herz und die Fruchtbarkeit. Er bewahrt die Fortpflanzungsorgane vor Krankheit. Als Skorpion konzentriert ihr euch schnell auf andere und verliert dabei euren eigenen roten Faden aus den Augen. Gesundheitlich kann sich dies auf euer Schlafverhalten auswirken und sich in einem Gedankenkarussell spiegeln. Kritisch seid ihr vor allem mit euch selbst. Um euch innerlich auszugleichen, wirkt eine Teemischung aus Melisse, Rose, Muskatellersalbei und Fenchel. Als ätherisches Öl inspiriert euch der Duft von Patchouli, vor allem am Abend. Tagsüber kann euch Lemongrass zu frischem Wind verhelfen. Unterstellt seid ihr dem Metall Eisen. Rote Früchte, rote Säfte und Rote Bete sind günstig für die Eisenbildung des Blutes. Dies wirkt sich auch positiv auf eure Immunabwehr aus. Bewegung und frische Luft stärken zusätzlich. Die Konstellation im Jahr 2023 wird euch dabei unterstützen, den Blick auf eure eigenen Interessen und Gesundheitsthemen zu lenken. Euer Spirit wird euch lenken und euer Leben bereichern, wenn ihr es schafft, euch darauf einzulassen.

Highlights und kritische Phasen für die Gesundheit

Highlight: 4. bis 11. Februar
Dies ist eine Zeit des spirituellen Wachstums. Viele Erkenntnisse aus der Vergangenheit können aus einem anderen Blickwinkel heraus betrachtet werden. Euer Bezug zur Spiritualität kann unterstützt werden durch Meditation, Yoga und Spaziergänge in der Natur. Rückzug und Entspannung nach einem langen Arbeitstag könnt ihr mit ätherischen Ölen wie Rose und Jasmin unterstützen. Besonders gut wirken jetzt körperreinigende Maßnahmen wie eine Fastenkur.

Kritisch: 15. bis 25. März
Täuschung oder Wahrheit? Was ist richtig, was ist falsch? Jetzt könnte eine anstrengende Zeit mit vielen Unklarheiten kommen. Gesundheitlich könnte das Immunsystem etwas angegriffen wirken. Abgeschlagenheit und Müdigkeit machen sich bemerkbar. Nun hilft die Kraft der Natur. Mit Vitamin C, Ingwer und Galgant könnt ihr dagegenhalten. Und gönnt euch Ruhe, nehmt eure innere Stimme wahr und lasst euch in eure Traumwelt

Skorpion
Gesundheit und Spiritualität

hinab. Der Duft von Patchouli oder Neroli führt euch durch diese Kanäle. Mit Meditation und Yoga könnt ihr außerdem viel Gutes aus dieser Zeit für euch gewinnen.

Highlight: 6. bis 23. Mai
Womöglich spürt ihr jetzt, dass sich euer Handlungsspielraum vergrößert. Aus eurer tiefsten inneren Quelle eröffnen sich neue Wege. Eure Intuition ermöglicht euch gute Zukunftsperspektiven. Unterstützend helfen euch jetzt die Melisse als Tee und ätherisches Öl, um zur Ruhe zu kommen. Nehmt eure Träume ins Visier und verbindet euch mit der Natur. Antworten auf Fragen, die euch beschäftigen, findet ihr unter anderem bei euch selbst.

Kritisch: 22. Juni bis 4. Juli
Unruhe und Impulsivität prägen diese Zeit. Eine erhöhte Gefahr von Unfällen ist unter diesem Einfluss möglich, vor allem wenn ihr euch hektisch machen lasst und gestresst seid. Üppiges Essen und ungesunde Speisen legen sich auf die Galle. Unterstützen könnt ihr diese Zeit mit Bitterstoffen wie Mariendistel, Beifuß und Wermut. Dabei, aus dem Alltagsstress auszubrechen, stärkt euch ein beruhigendes Bad mit dem ätherischen Öl von Melisse, Zirbelkiefer oder Lavendel.

Highlight: 23. Juli bis 10. August
Glaubt an die eigenen Kräfte und habt Zuversicht. Der eigenen Intuition könnt ihr vertrauen. Jetzt habt ihr die Möglichkeit, eure Ziele zu verfolgen. Mehr denn je könnt ihr den Rückenwind auf eurem Weg spüren. Es ist ein guter Zeitpunkt, um innere Hindernisse und Blockaden zu überwinden, an denen ihr immer wieder gescheitert seid. Bewegung und Sport in der freien Natur unterstützen eure Wahrnehmung.

Kritisch: 19. September bis 2. Oktober
Während dieser Zeit könnte euer Immunsystem angegriffen sein. Vorsicht ist geboten im Bereich der Nieren und der Blase. Hals und Stimme profitieren von warmen Getränken. Unterstützt die körperliche Abwehr, indem ihr die Füße warm haltet. Ihr könntet euch ein wenig ausgebremst

fühlen und eure Vorhaben könnten etwas ins Stocken geraten. Wenn ihr die Zeit für Wellness, Yoga und Mediation nutzt, werdet ihr dennoch produktiv werden und viel für euch gewinnen können.

Kritisch: 17. bis 26. November
Womöglich verspürt ihr einen vermehrten Drang nach Rückzug, um einen besseren Zugang zu euch selbst zu finden. Kopfzerbrechen, das Verspannungen im Nackenbereich auslöst, könnte euch jetzt belasten. Hilfe bekommt ihr durch Magnesium und die beruhigende, entspannende Wirkung von Muskatellersalbei, Melisse und Schafgarbe.

Highlight: 9. bis 21. Dezember
In diesen Tagen werdet ihr sehr selbstbewusst auf eure Themen eingehen können. Gute Lösungen, vor allem im Bereich der Gesundheit und Vitalität, bringen Veränderungen und neue Erkenntnisse. Zudem könnt ihr in dieser Zeit eurer inneren Stimme mehr Aufmerksamkeit schenken. Nehmt euch Zeit für Meditation, Yoga und Massagen zur Entspannung. Alles, was die Seele befreit, stärkt den Körper. Ätherische Öle wie Zypresse, Tanne, Pinie und Patchouli unterstützen euch dabei. Hilfe leistet euch die Kraft der Natur, unter anderem auch Magnesium zur Entspannung und Mariendistel zur Verdauung.

Schütze
22. November – 22. Dezember

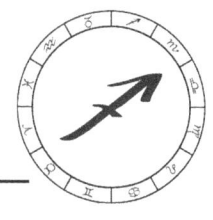

Ihr startet 2023 mit viel Schwung und Optimismus ins neue Jahr. Was auch immer an Schwierigkeiten im Raum steht, ihr seid vorbereitet und habt das Gefühl, ihr bekommt das hin. Und dieses Gefühl täuscht euch nicht! Glücksplanet Jupiter beschert euch einen kräftigen kosmischen Rückenwind noch bis zum 16. Mai. Und auch Saturn unterstützt euch bis zum 7. März. Das Jahr läuft also gut an, und später übernimmt dann die Venus und setzt die günstigen Tendenzen fort!

Mit Jupiter ergeben sich Chancen auf wachsenden Erfolg. Das gibt Anlass zu Hoffnung, Optimismus und Zuversicht, die wiederum für Euphorie und neue Kraft für die Zukunft sorgen. Es ist auch ein günstiger Zeitpunkt für Reisen und Bildung. Eine schöne Lebensphase für Beliebtheit und Geselligkeit bricht an. Ihr habt das Gefühl, aus eurem Schneckenhaus der vergangenen Jahre herauszukommen und euch selbst wieder zu entdecken, neue Freundinnen und Freunde kennenzulernen, glücklich, lustig und zukunftsorientiert zu sein. Nichts als raus, Leute treffen und Spaß haben! Nicht umsonst habt ihr eines der Sternzeichen, die gerne Feste feiern.

Dank Saturn sollten sich eure harte Arbeit und euer Einsatz zu Beginn des neuen Jahres auszahlen. Ihr musstet viele Frustrationen und Einschränkungen bei der Arbeit hinnehmen, aber bis März könnt ihr Projekte abschließen und Respekt für gut und pünktlich erledigte Arbeit erlangen und einfordern. Auch eure neuen, Anfang des Jahres übernommenen Projekte könnt ihr mit großem Können und Verantwortungsbewusstsein abschließen. Euer Umfeld hat Freude daran und wird sich möglicherweise an euch wenden, um Fachwissen und Anleitung zu erhalten, die ihr jetzt sicherlich bereitstellen könnt. Ihr habt euch mehr Respekt für eure Professionalität und eure Leistungen verdient. Tatsächlich fühlt ihr selbst, dass ihr verantwortungsbewusster und professioneller geworden seid, und das ist wichtig.

Wenn Saturn nach dem 7. März für die nächsten zwei Jahre in die Fische wechselt, fangt ihr unter Umständen an, euren Weg und eure jüngsten Entscheidungen infrage zu stellen. Das Zeichen Schütze steht für Expansion und Wachstum, daher fragt ihr euch unentwegt, ob ihr nicht noch mehr tun und unternehmen solltet und könntet. Zweifel solcher Art kommen euch in diesem Jahr. Angeregt werden sie auch durch die vermehrten Anforderungen, die andere an euch stellen, denn man betrachtet euch als sachkundig und kompetent. Andere suchen eure Zustimmung, aber ihr wollt sie nicht dazu ermutigen, sich von euch abhängig zu machen. Denn dadurch würdet ihr euch schnell eingeengt fühlen. Es wird daher wichtig sein, eure Grenzen gegenüber anderen klar abzustecken unddeutlich zu kommunizieren, wie viel sie euch abverlangen dürfen. Gleichzeitig möchtet ihr andere damit nicht verschrecken, denn ihr braucht nach wie vor Unterstützung. Der Wunsch, euer eigenes Leben und euren eigenen Freiraum zu haben, steht im Konflikt mit eurem Bedürfnis, von anderen anerkannt und respektiert zu werden, ohne sich ihnen verpflichtet zu fühlen.

Ein Teil des Problems kann darin liegen, dass ihr anderen vertraut, bevor ihr sie wirklich gut kennt. Ihr seid von Natur aus freundlich und offen. Ihr kommuniziert gut und verständigt euch leicht mit anderen. Aber manchen Menschen mag dies wie eine Einladung erscheinen, euch um Gefälligkeiten zu bitten, die eure Grenzen überschreiten können. Sie sehen diese Grenzen nicht, und ihr seid euch vielleicht selbst nicht darüber im Klaren. Sollte dies der Fall sein, dann müsst ihr euch mehr Zeit nehmen, um andere Menschen genau einzuschätzen. Wenn ihr eure eigenen Grenzen oder gar die anderer überschreitet, fühlt ihr euch am Ende möglicherweise bloßgestellt und enttäuscht. Das Leben kann auf einmal verwirrend aussehen, besonders im Bereich der Beziehungen. Eure Gefühle können sich innerlich anstauen, sodass ihr plötzlich überreagiert und wütend werdet, wahrscheinlich zur Überraschung aller, die das nicht haben kommen sehen. Vor allem der Februar und März sind hier heikel. Lasst es nicht so weit kommen. Sprecht in einem ruhigen Moment über eure Empfindungen, wenn sie euch belasten, und wartet nicht, bis der Druck im Kessel euch den Deckel wegsprengt. Als Feuerzeichen ist es wichtig für euch, eure Emotionen auszudrücken und zu kommunizieren.

Schütze
Liebe und Beziehungen

Dieses Jahr müsst ihr auch euren Energiepegel überwachen. Ihr habt zwar eine Menge Energie, aber ihr habt auch ein Händchen dafür, Dinge zu übertreiben und euren Energievorrat vollkommen zu erschöpfen. Ihr könntet einen Burn-out erleben, möglicherweise weil ihr euch zu viele Sorgen macht oder zu viel Zeit damit verbringt, über euer Leben und Schicksal nachzudenken. Die Lösung besteht darin, ein Gleichgewicht in eurem Leben zu finden und weniger in eurem Kopf zu leben. Noch bis Mai unterstützt euch Jupiter im Widder dabei, euch Auszeiten zu nehmen, zum Beispiel durch Reisen oder schöne Unternehmungen mit lieben Menschen.

Viele von euch setzen ihren Kampf für eine bessere Welt im Jahr 2023 fort, sei es durch die Entwicklung wirksamer Heilmethoden, Aufmerksamkeit für die Umwelt, mehr politische Gerechtigkeit oder andere gesellschaftspolitische Projekte. Chiron, der verwundete Heiler, steht in einem günstigen Aspekt und hilft euch, den ehrenvollen Weg, dem ihr euch verpflichtet habt, zu beschreiten, um der Menschheit zu helfen. Ein angenehmes Gefühl, etwas Positives zu bewirken, wird euch persönlich und seelisch stärken. Solltet ihr euch kreativ euren eigenen Projekten widmen, die ihr mit Leidenschaft verfolgt, kommt dies eurer Seele und eurer Gesundheit zugute.

Nicht zuletzt sorgt auch die Venus, die nicht nur eine tolle Ausstrahlung schenkt, sondern auch finanzielles Glück bringen kann, für eine lange schöne Phase zwischen dem 5. Juni und 9. Oktober. Euer soziales Leben ist dann in Höchstform. Dies begünstigt eure Beliebtheit und persönliche Attraktivität und außerdem auch Romantik und Partnerschaften.

Insgesamt verspricht 2023 für die meisten von euch ein überwiegend glückliches Jahr zu sein.

Liebe und Beziehungen

Euer Jahr startet mit aufregenden Beziehungstendenzen, denn der triebhafte Mars befindet sich schon seit August 2022 und noch bis zum 24. März 2023 in eurem Partnerhaus. Besonders die Damen unter euch haben sicherlich festgestellt, dass sie regen Zuspruch bekommen. Eure Verehrer sind scharfsinnig, geistreich, witzig und flirten gerne, indem sie euch necken und provozieren. Ein Spiel, das ihr als schlagfertige Schütze-geborene genauso gerne spielt! Wenn euch die Avancen allerdings nicht gefallen, müsst ihr schon sehr deutlich werden, um einen solchen Verehrer abzuschütteln. Doch insgesamt überwiegen die positiven Tendenzen. Weil noch bis zum 15. Mai auch Jupiter aus dem Widder heraus günstige Impulse sendet, ist das ein fabelhafter Mix, um zu flirten, und auch, um eine ernsthafte neue Romanze zu beginnen. Das erste Quartal hält hier besonders viele schöne Erlebnisse bereit, vor allem der März. Und eine Liaison, die im letzten Herbst begonnen und sich dann nicht recht weiterentwickelt hat, kann ab Januar wieder in Gang kommen. Für die fest Liierten unter euch ist Mars im Partnerhaus ein gemischter Segen, denn er zeigt zwar viel Initiative im Hinblick auf gemeinsame Unternehmungen an, aber auch eine Tendenz zu Beziehungskonflikten. Oft liegen Lust und Frust dicht beieinander. Im Februar überwiegen wahrscheinlich die prickelnden Momente, im März drohen allerdings Missverständnisse aufgrund unklarer Absprachen. Das gilt besonders für die in der 3. Dekade Geborenen, da müsst ihr achtsam sein.

Insgesamt wird es für euch ein angeregtes und spannendes Jahr, was eure Sozialkontakte und Beziehungen angeht. Und die Erotik kommt dabei nicht zu kurz! Dafür sorgt die verführerische Lilith, die von Januar bis Anfang Oktober in einem günstigen Aspekt zu euch steht. Das dürfte euch anregen, in der Liebe Neues auszuprobieren, und dabei erfahrt ihr mehr über eure tiefen, wilden Anteile und Instinkte. Die Liebe kann Kräfte in euch wecken, von den ihr gar nicht wusstet, dass ihr sie besitzt! Wenn ihr Single seid, kann dies durch eine heiße Affäre geschehen. Auch die fest Liierten unter euch können neue Dimensionen der Liebe erleben, zum Beispiel auf einer gemeinsamen Reise. Wenn ihr einen Kraftort oder alte Tempelanlagen erkundet, vielleicht auch ganz bewusst die Wirkungsstätten der alten Göttinnen aufsucht oder auch gemeinsam an einem spirituellen Retreat teilnehmt, kann dies euch näher zueinander bringen, auch in lustvoller Hinsicht. Aber nicht nur Lilith weckt euer Fernweh und euren Hunger nach Abenteuern in der Liebe und nach Spiritualität. Liebesgöttin Venus aktiviert den gleichen Bereich, und zwar von Juni bis Anfang Oktober. Das sind vier Monate voller Liebesenergie für

Schütze
Liebe und Beziehungen

euch! Und weil sich vom 20. Mai bis zum 10. Juli auch noch der Mars dazugesellt, dürfte der Frühsommer besonders heiß werden. Beachten müsst ihr dabei, dass die Venus vom 23. Juli bis zum 4. September rückläufig wird. Für euch steht sie günstig, aber andere könnten dann durch eine Zeit der Verunsicherung gehen und ziehen sich vielleicht zurück. So kann ein neu begonnener Flirt unerwartet unterbrochen werden. Möglich ist aber auch, dass sich eine verflossene Liebe wieder bei euch meldet oder euch vielleicht auch zufällig auf Reisen begegnet. Das ist eine gute Gelegenheit, um Dinge zu klären, die noch offen waren, und zu einem harmonischen Abschluss zu finden. Möglicherweise stellt ihr aber auch fest, dass ihr noch Gefühle füreinander habt: Nicht ausgeschlossen, dass ihr die Beziehung wieder aufnehmt, verbunden mit der Chance, aus den Fehlern der Vergangenheit zu lernen! Schwieriger wird es dann, wenn eine Person noch Gefühle hat, die andere aber nicht. Jedoch scheint die Sache für euch ein gutes Ende zu nehmen.

Auch eure Freundschaften entwickeln sich sehr anregend, besonders in den Sommermonaten. Es könnte mit jemandem prickeln, mit dem ihr bisher nur befreundet wart. Vielleicht entdeckt ihr auf einer gemeinsamen Abenteuertour, dass ihr mehr füreinander sein könnt als nur Kumpels, und kommt euch beim Lagerfeuer unter dem Sternenhimmel näher. Denkbar ist auch, dass eine Freundin für euch besonders wichtig wird, zum Beispiel indem sie euch auf ein schamanisches Ritual mitnimmt oder euch geheime Schätze der Natur zeigt, aus denen man Zaubermixturen oder Ritualgegenstände herstellen kann. Oder ihr habt einfach Spaß daran, gemeinsam Pilze zu sammeln und zu lernen, welche Wildpflanzen man auch gut essen kann. Die Aspekte von Lilith und Venus werden alle Schützegeborenen und Schützeaszendenten anregen. Die rückläufige Venus wirkt besonders intensiv auf die **vom 4. bis zum 20. Dezember** Geborenen.

Es wird also viele Begegnungen in eurem Liebesjahr geben, die die Zukunft weisen, euch aber auch mit eurer Vergangenheit verbinden und eure tiefsten Gefühle und Instinkte wecken. Das geschieht nicht zuletzt auch durch intensive erotische Erlebnisse: Der Juli wird glühend heiß! Für manche von euch hat die Intimität mit einem geliebten Menschen sogar das Potenzial, seelische Wunden zu heilen. Besonders wenn ihr zwischen dem **3. und 12. Dezember** Geburtstag habt, können Liebeserlebnisse euch tief bewegen und auch an eure schmerzlichen Punkte rühren. Deshalb achtet darauf, euch nur auf Menschen innig einzulassen, denen ihr wirklich vertrauen könnt. Vielversprechend ist besonders die Zeit von Mitte Februar bis Mitte April, wenn Chiron durch Glücksplanet Jupiter aktiviert wird. Das kann sehr heilsam sein und euch spannende neue Erkenntnisse schenken.

Ab dem 7. März kommt eine neue Dynamik in eurem Privatleben auf, wenn Prüfungsplanet Saturn in den Heimatbereich eures Horoskops läuft. Damit beginnt eine Zeit von gut zwei Jahren, in der ihr verstärkt Verantwortung übernehmen müsst. Das wird wohl mit einem Verlust an persönlichen Freiheiten einhergehen, denn ihr werdet vermutlich öfter mal Rücksicht nehmen und zurückstecken müssen. Ein denkbares Szenario wäre, dass ein betagter Elternteil erkrankt und pflegebedürftig wird und ihr euch nun darum kümmern müsst, entweder indem ihr die Person selbst umsorgt oder indem ihr Hilfe organisiert. Beides wird euch stark beschäftigen und viel Zeit kosten. Möglich ist aber auch, dass es Probleme bei eurer Wohnsituation gibt. Längst fällige Reparaturen lassen sich nun nicht mehr aufschieben. Alles, was in die Jahre gekommen ist, scheint einer Wartung zu bedürfen, vor allem wenn ihr es schon eine Weile vor euch hergeschoben habt. Wie eingangs schon erwähnt, erfordert ein solcher Saturntransit ein gutes Zeitmanagement und viel Disziplin. Wenn möglich, zieht auch andere Familienmitglieder heran, um die Aufgaben gemeinsam zu stemmen. Am besten ihr erstellt einen Familienkalender, sodass ihr stets sehen könnt, was anliegt. Wenn eure Geschwister und deren Familien sich beteiligen, kann es ratsam sein, eure Urlaube miteinander abzusprechen, damit immer jemand vor Ort ist und sich um die anliegenden Aufgaben (Pflege, laufende Reparaturen und Ähnliches) kümmert. Betroffen sind 2023 vor allem die **vom 21. bis zum 29. November** Geborenen.

Im gleichen Bereich ist auch weiterhin Neptun unterwegs. Auch er kann anzeigen, dass gesundheitliche Probleme von Familienmitgliedern eurer Aufmerksamkeit, Pflege und Zuwendung bedürfen. Diesen Einfluss spüren 2023 vor allem die **vom 14. bis zum 19. Dezember** Geborenen. Für euch ist es nicht immer einfach, zu ergründen, wo das Problem liegt, weil

Schütze
Liebe und Beziehungen

möglicherweise ein Geheimnis darum gemacht wird oder den Betroffenen selbst nicht klar ist, was ihnen eigentlich fehlt. Ihr braucht viel Empathie und Verständnis! Für euch gilt außerdem die Warnung der Sterne, fremde Personen, sei es aus der Pflege oder auch Handwerker:innen, gut zu überwachen, wenn ihr sie noch nicht kennt. Am besten, ihr lasst nur die Leute in eurem Haus arbeiten und euch helfen, denen ihr absolut vertrauen könnt. Das Jahr ist für euch auch nicht das beste, um beispielsweise eine Immobilie zu erwerben oder auch Renovierungen durchzuführen, die nicht absolut notwendig sind. Es besteht die Gefahr von Missverständnissen und Fehleinschätzungen. Im Alltag kann Neptun auch Feuchtigkeitsschäden anzeigen. Wenn die auftreten, müssen sie natürlich sofort behoben werden.

Trotz einiger Herausforderungen, die euer Familienleben zeitweise belasten können, habt ihr wahrscheinlich viel Freude an euren Kindern. Besonders im ersten Quartal glänzen sie durch soziale oder sportliche Erfolge. Sollte es ein hartnäckiges Gesundheitsproblem beim Nachwuchs geben, verspricht der März gute Chancen auf Heilung. Ab Mitte Juli belebt der Mondknoten euer Kinderhaus: Falls ihr einen Kinderwunsch habt, kann der sich 2023 oder 2024 erfüllen!

Highlights und kritische Phasen in der Liebe

Highlight: 5. bis 13. Januar
Flirtalarm! Mit Witz und Wortspielen wird jeder Flirt mit und für euch zum reinsten Vergnügen! Auch die fest Liierten finden jetzt den richtigen Ton, um in Gesprächen auf humorvolle Weise zu überzeugen. Ihr könnt die oder den Liebsten neu in euch verliebt machen. Sogar aus einem Stimmungstief holt ihr euren Schatz jetzt heraus!

Highlight: 18. bis 26. Januar
Jetzt ist die Stimmung ernsthafter, dafür gehen Liebesthemen mehr in die Tiefe. Eine schöne Zeit, um sich gegenseitig eurer Liebe und Wertschätzung zu versichern und zu zeigen, dass ihr zuverlässig sein könnt.

Kritisch: 2. bis 8. Februar
Jetzt müsst ihr aufpassen, dass ihr es mit Neckereien nicht übertreibt. Eure Lieben brauchen ein wenig Einfühlungsvermögen und sind zart besaitet. Es könnte sie verletzen, wenn sie sich euch anvertrauen und ihr darauf mit einem Witz reagiert. Etwas mehr Empathie bitte!

Highlight: 20. Februar bis 16. März
Eure Liebeslust ist geweckt, aber auch euer Spaß daran, mit Freundinnen und Freunden aktiv etwas zu unternehmen. Zum Beispiel sich nach dem Winter aufzuraffen, gemeinsam Sport zu treiben. Flirts scheinen vor allem ein witziger Schlagabtausch zu sein, aber euch gefällt's! Eine besondere Zeit ist vom 27. Februar bis zum 6. März. Liebe, Heilung und Abenteuer kommen jetzt zusammen. Vielleicht eilt ihr jemandem mutig zu Hilfe und dabei springt der Funke über? Das wäre sehr romantisch! Allerdings überschneidet sich diese Zeit mit einer heiklen Phase:

Kritisch: 10. bis 22. März
Bedürfnisse eurer Familie oder eine Entwicklung in eurem Heim können euch nun daran hindern, einem Flirt oder einer geselligen Gelegenheit nachzugehen. Und euer Gegenüber reagiert womöglich ungeduldig oder sogar ungehalten. Das kann ein Missverständnis sein, aber auch ein Test, ob ihr mit demjenigen in Zukunft überhaupt noch Zeit verbringen wollt!

Highlight: 11. April bis 7. Mai
Diese Zeit bringt viele Einladungen, Events und Flirtgelegenheiten mit sich. In der ersten Maiwoche lassen Komplimente und Enthusiasmus euer Herz höherschlagen. Beachtet jedoch, dass in der Zeit bis zum 17. April familiäre Verpflichtungen das gesellige Vergnügen einschränken können. Und in den Tagen vom 1. bis zum 7. Mai braucht vielleicht ein Familienmitglied eure Hilfe, sagt es aber nicht. Habt da ein Auge drauf.

Kritisch: 23. bis 28. Mai
Eine Diskussion ums Geld könnte an einen wunden Punkt rühren. Liegt da vielleicht schon länger etwas im Argen, vor dem ihr euch gedrückt habt, eine Zahlung oder Rückzahlung zum Beispiel? Denkbar ist auch, dass ihr in einen teuren Kurs oder eine alternative Heilmethode investieren wollt

Schütze
Liebe und Beziehungen

und Partner oder Partnerin das skeptisch sehen, was euch verletzt. Vielleicht solltet ihr tatsächlich genauer hinschauen und überlegen, ob dieses Geld wirklich sinnvoll angelegt ist.

Highlight: 5. Juni bis 16. Juli, 1. bis 23. August
Die Planeten versprechen Liebe, Lust und Fernweh! Jetzt wäre ein Liebesurlaub herrlich. Wenn ihr die Familie mitnehmt, sorgt dafür, dass ihr Zeit zu zweit habt! Wenn ihr Single seid, genießt die Zeit mit Freundinnen und Freunden auf einem abenteuerlichen Urlaubstrip. Oder schließt euch einer Studienreise an, zum Beispiel zur Erkundung spiritueller Kulturen. Ebenfalls empfehlenswert: ein spiritueller Kurs oder ein Yoga-Retreat. Dabei könnt ihr tolle Leute kennenlernen und auch die Liebe finden! Möglich ist auch, dass eine verflossene Liebe aus der Vergangenheit wieder auftaucht und ihr eurer Beziehung eine zweite Chance gebt, verbunden mit der Möglichkeit, aus den Fehlern von damals zu lernen und euch gemeinsam weiterzuentwickeln.

Kritisch: 16. bis 26. Juli
In dieser Zeit scheint ihr viel Druck ausgesetzt zu sein. Vielleicht durch eine berufliche Entscheidung, die auch eure Familie oder Wohnsituation betrifft. Falls ihr selbstständig seid, gibt es vielleicht eine Krise im Homeoffice. Oder ihr seid frustriert, weil ihr plötzlich eine Vertretung übernehmen sollt, was eure Urlaubspläne stört. Während ihr euch nichts sehnlicher wünscht, als euch in einem fernen Land im Urlaub zu tummeln oder euch der Liebe hinzugeben, sollt ihr nun Dienst schieben. Tipp der Sterne: einfach mal nicht erreichbar sein!

Highlight: 25. September bis 5. Oktober
Jetzt greifen die Konstellationen die Themen aus dem Liebessommer noch mal auf. Gut möglich, dass ihr beschließt, euch mit einer Urlaubsliebe erneut zu treffen, weil ihr spürt, dass daraus eine Beziehung werden kann. Und falls ihr im Sommer noch keine Zeit hattet, die tolle Kombination aus Reisefieber und Liebeslust auszukosten, könnt ihr das jetzt nachholen!

Kritisch: 7. bis 19. Oktober
Diese Zeit kann ein Gefühl von Ernüchterung und Frustration mit sich bringen. Ihr müsst erkennen, wie schwierig es ist, aus einer Urlaubsliebe eine Beziehung zu schmieden. Vielleicht merkt ihr auch, wie der Berufsalltag heiße Gefühle zum Abkühlen bringt. Auch eine Verantwortung in eurem Heim oder für ein Familienmitglied kann euch auf den Boden zurückholen und die Landung ist vielleicht etwas unsanft.

Kritisch: 29. Oktober bis 5. November
Habt ihr Schuldgefühle, weil ihr jemanden bei euch zu Hause vernachlässigt habt oder eine Verpflichtung liegen geblieben ist? Dann haltet euch nicht lange mit Selbstvorwürfen auf und geht auch nicht in die Opferrolle. Es ist immer noch Zeit, das wieder in Ordnung zu bringen. Und falls jemand bei euch zu Hause schmollt, aber nicht sagen will, was los ist, übt euch im empathischen Zuhören und ihr werdet es bald herausfinden.

Highlight: 8. November bis 4. Dezember
Während es draußen stürmisch und dunkel wird, verbreitet ihr gute Stimmung. Das kommt an und bietet den Singles unter euch fabelhafte Gelegenheiten, ins Gespräch zu kommen und zu flirten. Es ist auch eine gute Zeit, um eure geschäftlichen Kontakte zu pflegen. In lockerer Runde kommen euch Ideen, von denen alle profitieren. Wenn ihr in der 1. Dekade Geburtstag habt, solltet ihr allerdings in dieser Zeit besonders achtsam sein:

Kritisch: 25. November bis 4. Dezember
Passt nun auf, dass ihr nicht davonprescht und am Ende nur noch mit euch selbst beschäftigt seid. Stoßt eure wertvollen Kontakte nicht vor den Kopf und versucht, trotz eurer stürmischen Energie ein bisschen Rücksicht auf eure Lieben zu nehmen, wenn sie euch brauchen oder ihrerseits Bedürfnisse haben.

Karriere und Finanzen

Ihr habt im ersten Halbjahr eine ausgezeichnete Kombination für Arbeitserfolge: Zunächst fördert euch Wohlstandsfaktor Jupiter bis zum 16. Mai. Das ist ein günstiger Aspekt, um Leute kennenzulernen, beliebt zu sein

Schütze
Karriere und Finanzen

und neue Möglichkeiten zu erhalten, sowohl sozial als auch beruflich. Euer Einkommen sollte steigen. Vielleicht steht ein Bonus an. Wenn ihr in eurem eigenen Unternehmen tätig seid, können sich eure Umsätze steigern. Man will euch unterstützen, und das hebt sowohl eure Stimmung als auch den Stand eures Bankkontos. Euer Selbstvertrauen ist dementsprechend hoch. Dies gilt für alle Schützegeborenen.

Gleichzeitig bildet der starke Saturn bis zum 7. März einen Unterstützungsaspekt zu eurem Sternzeichen. Dadurch habt ihr die nötige Ausdauer, um eure Projekte abzuschließen. Es ist eine Zeit der Vollendung mit dem Gefühl der Erfüllung. Ihr habt euch den Respekt anderer für eure Reife, euer Talent und eure Fähigkeit, eine Arbeit gut zu erledigen, verdient. Darüber hinaus entwickeln sich eure Investitionen jetzt wahrscheinlich positiv. Solange ihr eure Hausaufgaben macht und euch an eure Analyse haltet, funktionieren Handel und Investitionen gut. Die Schlüssel sind Disziplin und das Befolgen eures eigenen Plans. Diese Aussichten gelten hauptsächlich für die **vom 14. bis zum 21. Dezember** Geborenen.

Während es in eurem Arbeitsumfeld rund läuft und ihr bemerkenswerte Ziele erreicht, spürt ihr allerdings auch eine große Unruhe in euch. Mars steht bis zum 25. März in Opposition zu eurem Sternzeichen. Eine andere Person, die attraktiv (und von euch angezogen) sein kann, stört euer Gefühl des Wohlbefindens. Wenn diese Situation im Arbeitsbereich entsteht, so solltet ihr die Ruhe bewahren, keinen Ärger zeigen und Wutausbrüche nicht zulassen. Führt stattdessen ein ernsthaftes Gespräch, in dem ihr eure Grenzen klar absteckt. Ihr oder die andere Person könntet zu aggressiv reagieren. Atmet tief durch, bevor ihr Dinge sagt, die ihr später bereuen könntet. Hier kann euch auch die 90-Sekunden-Regel[1] gute Dienste leisten! Sollte ein Konflikt sich ausweiten, müsst ihr eine Strategie für ein erfolgreiches Ergebnis erstellen. Auf keinen Fall solltet ihr eurem Ärger freien Lauf lassen. Versucht, euch selbst unter Kontrolle zu bringen, um damit auch die Situation besser kontrollieren

---

[1] Diese wunderbare Übung hilft euch, bei Gefühlen von Wut und Zorn wieder in eure innere Mitte zu kommen und einen klaren Kopf zu behalten. Es gibt dazu ein Video auf meinem YouTube-Kanal und auch ein schriftliches Dossier auf meiner Homepage. Der Text ist zudem Bestandteil der schriftlichen Mars-Analyse als PDF.

zu können. Dies gilt vor allem für die zwischen dem **30. November und 16. Dezember** Geborenen. Wenn ihr damit richtig umgeht, wirkt ihr stärker und selbstbewusster. Wenn nicht, könntet ihr beruflich Schaden nehmen. Nach dem ersten Quartal wird es grundsätzlich friedlicher.

Nach dem 7. März wechselt Saturn für die nächsten zweieinhalb Jahre in die Fische und bildet währenddessen Spannungen zur Schützesonne. Das ist eine spürbare Veränderung der Energie und kann in zwei Richtungen gehen: Entweder die Arbeitsanforderungen werden in dieser Zeit intensiver und schränken eure Freizeit sehr ein. Oder sie fallen stark ab, was dazu führt, dass ihr euch Sorgen um eure Karriere, eure Arbeit oder eure finanzielle Situation macht. Während des Saturntransits fällt es euch schwer, zu entspannen und euer Arbeitspensum auf ein vernünftiges Maß zu beschränken. Es ist jedoch ratsam, euch nicht zu verbissen mit eurer Arbeit zu beschäftigen und dadurch euren Spaß am Leben zu verlieren. Ihr braucht in eurem Leben ein gutes Gleichgewicht zwischen Arbeit, Freizeit, Ausruhen und Bewegung, sonst droht ein Burn-out. Wodurch könnte dieser verursacht werden? Nun, es könnten die Anforderungen bei der Arbeit selbst sein. Ursache könnte aber auch eine familiäre Situation sein, die euch Angst macht. Ist jemand krank? Befindet sich ein Familienmitglied an einem kritischen Punkt seiner Karriere? Ist sein Arbeitsplatz gefährdet? Seid ihr selbst in dieser Situation? Wenn ja, denkt gewissenhaft darüber nach. Inwiefern seid ihr dieser Person gegenüber oder für diese Situation verantwortlich? Möglicherweise müsst ihr eine Pflicht erfüllen, die euch wertvolle Zeit kosten kann, welche euch dann für die Erfüllung eurer beruflichen Aufgaben nicht mehr zur Verfügung steht. Findet einen Weg, um die verschiedenen Pflichten miteinander in Einklang zu bringen, denn vermeiden könnt ihr sie nicht. Der Schlüssel, um damit umzugehen, ist, dass ihr eure Zeit gut einteilt. Zeitmanagement ist jetzt alles! Dies gilt ganz besonders für die **vom 21. bis zum 29. November** Geborenen.

Wenn ihr zwischen dem **14. und 19. Dezember** Geburtstag habt, solltet ihr aufmerksam sein, wenn andere eure Absichten falsch interpretieren. Missverständnisse können zu unangenehmen Situationen am Arbeitsplatz führen. Sollte jemand falsche Gerüchte über euch verbreiten, müsst ihr das sofort korrigieren, denn ihr wollt euren Ruf auf keinen

Schütze
Karriere und Finanzen

Fall gefährdet sehen. Umgekehrt müsst ihr auch darauf achten, dass ihr andere nicht missversteht. Vermeidet am besten Klatsch und bleibt bei den Tatsachen.

Sofern ihr euch noch nicht für einen guten Zweck engagiert habt, werdet ihr vielleicht dieses Jahr damit beginnen. Ihr habt das Talent, das Große und Ganze nie aus den Augen zu verlieren und das Gesamtbild der Welt und ihrer Situation zu sehen. Viele von euch wollen die Menschheit und die Welt verbessern. Vielleicht bietet eure Arbeit diese Möglichkeit. Wenn nicht, könnt ihr dies außerhalb eures Tagesjobs tun, insbesondere wenn euer Geburtsdatum zwischen dem **3. und 12. Dezember** liegt.

Finanziell sieht vor allem die erste Jahreshälfte vielversprechend aus. Ihr könnt 2023 Geld verdienen und erfolgreich sein. Sowohl eure Investitionen als auch eure Handelspläne laufen dann tendenziell gut, in der zweiten Hälfte jedoch möglicherweise weniger. Konzentriert euch also darauf, Anfang 2023 die richtigen Schritte zu unternehmen, und tretet dann in der zweiten Hälfte nicht zu aggressiv auf.

Highlights und kritische Phasen in Beruf und Finanzen

Highlight: 1. bis 18. Januar
Umtauschzeit! Das gilt nicht nur für misslungene Weihnachtsgeschenke. Jetzt könnt ihr zurückgeben, was euch nicht gefällt oder was ihr versehentlich eingekauft habt. Auch defekte Geräte solltet ihr nun zum Händler bringen. Die Reklamationen werden anstandslos bearbeitet und ihr erhaltet ohne großen Aufwand euer Geld zurück. Am allerleichtesten läuft es vor dem 13. Januar.

Kritisch: 20. bis 26. Januar
Macht euch auf einen Preisschock gefasst. Dass alles teurer wird, ist klar – aber mit solch einer Summe habt ihr dann doch nicht gerechnet. Schlagt in eurer Planung direkt das Doppelte drauf, damit ihr auf der sicheren Seite seid. Zugleich bedeutet dies: Gebt vorher nicht den Notgroschen aus! Denn es kann passieren, dass ihr genau jetzt dringend darauf zurückgreifen müsst.

Kritisch: 6. bis 11. Februar
Um euch in Verhandlungen zu behaupten, müsst ihr euch sehr anstrengen. Rechnet mit viel Gegenwind! Das kann dazu verleiten, unfaire oder gar illegitime Mittel anzuwenden; etwa Intrigen. Doch genau das solltet ihr unterlassen! Denn Manipulationen aller Art fallen früher oder später auf euch zurück. Selbst wenn ihr damit zunächst zu gewinnen scheint, würdet ihr am Ende als enttarnte:r Verlierer:in dastehen.

Highlight: 17. bis 24. März
Beruf und Berufung fallen nicht immer zusammen. Manchmal fragt man sich, welchen Sinn der eigene Job eigentlich macht. Auf diese Frage erhaltet ihr nun eine Antwort. Die kann überraschend ausfallen und womöglich ist das, was euch Erfüllung bringt, nicht identisch mit dem, wofür ihr eingestellt wurdet. Am Ende erkennt ihr jedoch, dass euer Tun ein wichtiges Bedürfnis befriedigt – und das ist enorm wertvoll!

Kritisch: 11. bis 28. April
Plant größere Ausgaben so, dass ihr in diesen Wochen keinen Kredit aufnehmen müsst. Unabhängig davon, ob ihr euch Geld von Freund:innen leiht oder von einer Bank: In diesen Wochen werdet ihr kaum ein Darlehen zu guten Konditionen erhalten. Auch wenn ihr denkt, im Freundschaftskreis gelte ein Null-Prozent-Zinsversprechen: Ihr bezahlt dann auf andere Weise, zum Beispiel dadurch, dass die Freundschaft Schaden nimmt.

Highlight: 29. Juli bis 23. August
Ob Wohngeld, Gewerbeschein oder eine Leistung von der Krankenkasse: Anträge bei Behörden und vergleichbaren Institutionen bekommt ihr nun schnell durchgeboxt. Wichtig ist, dass ihr gut vorbereitet seid und alle Unterlagen rechtzeitig zusammenstellt. Erledigt das möglichst nicht in letzter Minute. Das Amt wird schnell reagieren, wenn euer Antrag vollständig ausgefüllt ist.

Kritisch: 27. August bis 18. Oktober
Neue berufliche Ziele scheinen zum Greifen nah – aber es scheint eben nur so. Ihr braucht Frustrationstoleranz! Denn erst lockt man euch mit Versprechungen, aber dann kommt doch irgendetwas dazwischen und

Schütze
Gesundheit und Spiritualität

ihr geht leer aus. Deswegen einen Aufstand anzuzetteln bringt euch aber auf lange Sicht nur Nachteile. So verständlich es ist, seinem Unmut Luft machen zu wollen: Besser ist es, ihr zeigt Verständnis und verhaltet euch trotz der Umstände höflich. Dann nämlich wird man bei der nächsten Gelegenheit euch den Vorzug geben!

Kritisch: 25. Oktober bis 2. November
Zwist am Arbeitsplatz ist zwar nicht schön, aber ihr könnt damit umgehen. Vorausgesetzt, der Streit wird klar und fair ausgefochten. Womit ihr jedoch überhaupt nicht klarkommt, ist Hinterlist, oder wenn über euch gesprochen wird statt mit euch. Doch genau das scheint nun zu passieren. Ihr sollte daher besonders auf kleine Signale achten. Wer euch beispielsweise freundlich anlächelt, aber sich in der Kantine nicht neben euch setzen möchte, könnte etwas im Schilde führen.

Highlight: 25. November bis 1. Dezember
Sonne, Mars und Merkur befinden sich an diesen Tagen alle zugleich in eurem Tierkreiszeichen Schütze. Kein Wunder, dass ihr jetzt so viel erledigen könnt! Das wirkt sich auch positiv auf euer Berufsleben und eure Finanzen aus. Im Job könnt ihr etwas durchsetzen, was euch schon länger beschäftigt. Finanziell lasst ihr euch nicht unterbuttern, sondern tretet gewandt und geschäftstüchtig auf. Ihr solltet daher in diesen Tagen möglichst viele Projekte anpacken. Wer stattdessen daheim die Füße hochlegt, vertut hervorragende Chancen.

Gesundheit und Spiritualität

Liebe Schützegeborene, als Feuerzeichen seid ihr von Natur aus voller Optimismus und Zuversicht. Der Himmel beschützt euch, die Sterne führen euch, am Ende wird es gut für euch ausgehen, dessen seid ihr gewiss. Dafür sorgt euer Herrscher Jupiter, der euer inneres Licht so hell leuchten lässt, dass ihr anderen den Weg weisen könnt – seid ihr doch in der Lage, Dinge zu hinterfragen und Denkanstöße zu geben. Als Lichtbringer:innen könnt ihr die Seelen und Herzen der Menschen erleuchten, wenn ihr euch traut, eure eigene innere Größe zu leben. Dank Jupiter habt ihr einen Hang zum Überschwänglichen, aber auch zur (Leibes-)Fülle. In der

Astromedizin ist dem Schützen das größte Organ, die Leber, zugeordnet. Ihr sprüht vor Charme und Charisma und eure Energie ist unausschöpflich (zumindest denkt ihr das). Grenzen zwischen gesund und manisch existieren für euch nicht, wenn es um euren Körper oder die Arbeit geht. Erkennbar wird dies für euch erst, wenn sich eine völlige Verausgabung oder Erschöpfung einstellt. Seid hier besonders im Frühjahr achtsam. Mars regt euch seit August 2022 und noch bis zum 25. März stark an. Ihr nehmt diese Zeit als energiereich und produktiv wahr, neigt aber auch dazu, euch zu verausgaben.

2023 könntet ihr gesundheitlich an eure Grenzen kommen, wenn ihr nicht aufpasst. Am 7. März zieht Saturn für gut zwei Jahre in die Fische, dann können sich Müdigkeit und Erschöpfung bemerkbar machen. Ihr dürft dann lernen, eure Kräfte besser einzuteilen, und solltet das Stoppschild des Universums nicht ignorieren. Gönnt euch vermehrt Auszeiten im Alltag und nutzt für euch die heilende Kraft der Natur. Versucht, euch zu konzentrieren, und übt euch in Achtsamkeit.

Viele von euch treiben gern und intensiv Sport. Wärmt euch gut auf und übertreibt es nicht, sonst könnten sich Hüfte, Becken und Oberschenkel mit Schmerzen zu Wort melden. Aus dem Reich der Edelsteine steht euch die Kraft des Saphirs, Stein des Himmels, zur Verfügung. Sein intensives Blau ist die Farbe des Göttervaters Jupiter. Auf dem Weg zu neuen Ufern betört euch der Duft von Bergamotte, Mimose und Cistrose. Eure Liebe zur Natur und Freiheit unterstreicht euer Wohlbefinden. Ruhe und Meditation sind Schlüssel, um immer wieder zu eurer Mitte zu finden. Auf eurem Speiseplan sollten milde Kräuter und Gewürze wie Koriander, Dill, Estragon und Petersilie stehen. Scharfe Speisen bitte mit Bedacht essen, denn sie verstärken eure Feuerenergie. Zur Unterstützung und Entspannung eures Temperamentes könnt ihr eine Teemischung aus Muskatellersalbei, Zimt, Fenchel und Beifuß mischen und genießen.

Schütze
Gesundheit und Spiritualität

Highlights und kritische Phasen für die Gesundheit

Highlight: 1. bis 12. Januar
Das Jahr beginnt für euch mit einer vitalen Zeit, die ihr bereits aus dem letzten Jahr mitbringt. Euer Optimismus kennt keine Grenzen. Ihr versteht jetzt, dass jede Bewusstseinserweiterung auch mit Anstrengungen und großen Krisen verbunden ist. Zur Unterstützung der Gesundheit und zur spirituellen Sinnfindung stehen euch die Düfte der großen, weiten Welt mit ätherischen Ölen der Bergamotte, Muskatellersalbei oder Cistrose zur Verfügung.

Kritisch: 7. bis 17. März
In dieser Zeit werdet ihr vieles infrage stellen. Eure Einstellung zum Leben könnte sich ändern. Auch das Immunsystem könnte angegriffen sein. Die Abwehr wird auf den Prüfstand gestellt. Zu viel Stress macht sich mit Nacken- und Rückenverspannungen bemerkbar. Zitrone und Melisse wirken erfrischend. Yoga, Meditation, vitalisierendes Kneippen und Wechselduschen sind unterstützend einsetzbar. Magnesium und Muskatellersalbei bringen Entspannung.

Highlight: 21. bis 29. April
Unter diesem kosmischen Einfluss von Chiron, dem verwundeten Heiler, könnt ihr erkennen, durch welche Aktivitäten ihr ganzheitlich etwas für die Gesundheit tun könnt. Zum Beispiel welche Anwendung von Heilkräutern aus der Natur gut für das eigene Wohlbefinden ist. Besser als sonst werdet ihr euren Spirit in konstruktive Bahnen lenken. Zitrusdüfte wie Zitrone und Blutorange unterstützen euch dabei.

Highlight: 7. Mai bis 23. Mai
Dies kann eine gewinnbringende Zeit für euch sein. Der Kosmos verstärkt eure Intuition und euer Selbstbewusstsein. Spiritualität ist nun eine Quelle vieler Antworten für euch geworden. Ihr habt das angenehme Gefühl, zur richtigen Zeit am richtigen Ort zu sein. Insgesamt ist dies eine gute Zeit zur psychischen Stärkung. Gesundheitliche Schwachstellen verdienen dennoch Beachtung. Bleibt in Bewegung und nutzt die Kraft der Natur.

Kritisch: 23. Juni bis 2. Juli
Nehmt euch Zeit für Termine und versucht, Hektik und Zeitdruck zu vermeiden. Ihr könntet jetzt versucht sein, sportliche Risiken einzugehen und habt auch die Kraft dafür. Aber seid achtsam, damit es nicht zu Zerrungen oder Verletzungen kommt. Euer Alltag könnte durch viel Unruhe aus dem Takt geraten. Trinkt ausreichend, da ihr jetzt sicher öfter ins Schwitzen geratet. Würzt euer Essen mit frischen Kräutern, das unterstützt die Vitalität. Grüner Tee mit Jasminblüten belebt, ohne hektisch zu machen. Entspannung findet ihr bei einem Bad mit dem Öl des Muskatellersalbei.

Highlight: 23. Juli bis 10. August
In dieser Zeit läuft vieles wie von selbst. Eurer Kräfte sind mobilisiert. Ihr fühlt euch wohl und jegliche Arbeit schafft ihr wie von Zauberhand. Gesundheitlich fühlt ihr euch gut aufgestellt. Der Sommer und die Kraft der Sonne zeigen besondere Wirkung und sind förderlich für den Aufbau des Glückshormons Serotonin. Wenn ihr unter Druck steht, solltet ihr das jedoch beachten und euch gegebenenfalls besser organisieren. Viel Mineralwasser und eine ausgewogene Ernährung vitalisieren zusätzlich euren Stoffwechsel und stärken das körperliche Wohlbefinden.

Kritisch: 22. bis 29. September
Körper und Seele scheinen nicht im Einklang zu sein. Ihr kämpft mit euch selbst. Dies kann sich auch gesundheitlich als Infekt widerspiegeln. Verwöhnt euch deshalb in dieser Zeit selbst. Stärkt euren Organismus mit einem gesunden Speiseplan. Bei der Anregung des Stoffwechsels und der Leber unterstützt euch die heilende Kraft der Mariendistel zusammen mit Muskatellersalbei, Lavendel und Fenchel als Tee. Meditation und Yoga helfen euch, wieder zur inneren Mitte zu finden.

Kritisch: 1. bis 16. November
Eine etwas anstrengende Zeitphase ist jetzt angezeigt. Euer Nervenkostüm könnte sich durch Stress und einige Unklarheiten in eurem Leben zu Wort melden. Unterdrückte Kräfte, Wünsche und Ziele und Schattenthemen kommen an die Oberfläche. Nutzt diese Zeit, um in die Klärung zu kommen, indem ihr bewusst auf diese Themen eingeht. Vermeidet

Schütze
Gesundheit und Spiritualität

Konflikte. Stärkt euer Immunsystem. Als Seelenbalsam könnt ihr auf die Kraft von Johanniskraut bauen. Nutzt euren Heilstein und sorgt für ausreichend Schlaf. Bewegung in der Natur stabilisiert Gemüt und Körper.

Steinbock
22. Dezember – 20. Januar

Insgesamt wird 2023 ein gutes Jahr für gesellschaftliche und berufliche Leistungen und Erfolge, insbesondere nach dem 16. Mai. Dann stehen die meisten kosmischen Kräfte günstig für euch! Außerdem weisen die Konstellationen auf eine große Intensität in bestimmten Bereichen eures Lebens hin. Offenbar seid ihr auf eine wichtige Sache fokussiert, etwa ein berufliches Projekt, vielleicht aber auch eure Gesundheit oder die einer nahestehenden Person. Wenn ihr bei der Sache seid und die Verantwortung übernehmt, kann eine solch geballte Konzentration zu großem Erfolg führen!

Pluto beginnt im Jahr 2023 seinen Austritt aus eurem Sternzeichen, wo er die letzten 15 Jahre verweilte. Wenn ihr zurückblickt, werdet ihr es vielleicht unglaublich finden, wie sehr sich euer Leben seit 2008 verändert hat. Für viele hat es eine große Wandlung in Bezug auf Arbeit, Wohnen, Familie, Beziehungen und vielleicht sogar Gesundheit gegeben. Ihr seid nicht mehr dieselbe Person und auch euer Leben ist nicht mehr dasselbe wie zuvor. Als ob ihr zwei Leben in einem geführt hättet! Aber nun verlässt Pluto euer Sternzeichen, und die Transformationen sind größtenteils beendet. Manche von euch fühlen sich nun wie neugeboren. Ihr habt entdeckt, welch enorme Energie in euch steckt, viel mehr, als euch je bewusst war. Doch ihr musstet auch lernen, bei vielem loszulassen, um dorthin zu gelangen, wo ihr heute seid.

Fantasieplanet Neptun steht seit 2011/2012 im Freundschaftsaspekt zu eurem Sternzeichen und verweilt dort noch für weitere drei Jahre. Dies war und ist eine sehr kreative, fantasievolle Lebensphase. Ihr seid bei der Arbeit auf großartige Ideen gekommen und hattet in euren persönlichen Beziehungen viel romantisches Flair. Es war eine vorteilhafte Phase für Kunst, Musik, Tanz, Spiritualität, Beratung und Philanthropie. Im Gegensatz zu Pluto, der sehr nervös und gebieterisch sein kann, hat Neptun euch mit einer fürsorglichen, sanften Ader ausgestattet. Die Kombination hat euch in den letzten 10 – 15 Jahren zu einer äußerst komplexen,

Steinbock
Liebe und Beziehungen

interessanten Person geformt. Während dieser Zeit hattet ihr vielleicht auch die Gelegenheit, wundervolle Orte zu besuchen und faszinierende Menschen kennenzulernen. Dies kann 2023 durchaus so weitergehen. Zögert nicht, exotische, romantische Orte mit geliebten Menschen zu besuchen.

Erfinderplanet Uranus befindet sich seit 2018 und noch bis 2025 in einem konstruktiven Aspekt zu euch. Ihr verspürt plötzlichen Ansporn, Neues auszuprobieren, und stellt fest, dass das gut funktionieren kann. Ihr seid erfinderisch, einfallsreich, kreativ und habt originelle Ideen, die sich auch gut umsetzen lassen. Menschen fühlen sich von euren Ideen angezogen, besonders von den neuen, die euch unentwegt einfallen. Ihr habt Charisma, Anziehungskraft und strahlt Selbstvertrauen und Risikobereitschaft aus. Das kommt an, auch wenn ihr auf attraktive Weise ein wenig unberechenbar sein könnt. Der Einfluss von Uranus kann sich auch positiv auf eure Finanzen und das Kennenlernen neuer Personen auswirken. Vielleicht habt oder findet ihr sogar eine Anhängerschaft.

Meisterschaftsplanet Saturn wird am 7. März 2023 seine gut zweijährige Reise durch die Fische beginnen und dabei einen Freundschaftsaspekt zu euch bilden. Da Saturn der Herrscher des Steinbockzeichens ist, ist das sehr vorteilhaft für euch. Ihr bekommt die Möglichkeit, langfristige Projekte abzuschließen. Es ist eine Zeit der Errungenschaften, des würdigen Abschlusses eurer Bemühungen und man zollt euch Respekt für das, was ihr bewirkt habt. Damit einher geht eine ernsthafte, stabile Geisteshaltung, die darauf ausgerichtet ist, eure Ziele zu erreichen.

Jupiter beginnt das Jahr im Widder, wo er bis zum 16. Mai verweilt und in Spannung zu eurem Sternzeichen steht. Eure Entscheidungsfindung ist in dieser Zeit möglicherweise nicht die beste. Ihr neigt zum Beispiel dazu, wichtige Details zu übersehen, was kostspielig werden kann. Oder ihr habt zwar Ziele und Verantwortlichkeiten, schiebt aber vieles auf oder zögert zu lange und steht dann unter Druck, weil ihr ins Hintertreffen geraten seid. Aber das ändert sich nach dem 16. Mai, wenn Jupiter in den Stier eintritt und einen ganz hervorragenden Aspekt zu euch bildet. Ihr bekommt dann für zwölf Monate kosmischen Rückenwind und die Dinge werden sehr gut laufen. Ihr werdet das gute Gefühl haben, erfolgreich mit all euren Vorhaben zu sein. Ihr seid nun optimistischer in Bezug auf eure Zukunft und eure Fähigkeit, Projekte nach eurem eigenen Zeitplan durchzuführen.

Der einzige weit entfernte Himmelskörper, der eine größere Herausforderung darstellen könnte, ist Chiron, der verwundete Heiler. Er verweilt das ganze Jahr über im Widder und bildet einen harten Aspekt zu eurem Sternzeichen. Dies weist auf potenzielle Probleme mit Autoritätsfiguren hin, sowohl innerhalb der Familie als auch bei eurer Arbeit. Es kann sich auch um körperliche oder emotionale Probleme handeln, die bei Beziehungen zu Autoritätspersonen oder Vaterfiguren auftreten. Auch andere können Schwierigkeiten im Umgang mit euch haben, weil sie euch vielleicht als zu streng und autoritär empfinden und Mühe haben, damit klarzukommen. Falls ihr zu gebieterisch auftretet und nicht sensibel genug seid, könntet ihr Gefühle anderer verletzen, die sich dadurch in eurer Nähe unwohl fühlen. Vermeidet eine übermäßig kritische oder anspruchsvolle Haltung und versucht nicht, Personen, die euch bei der Arbeit oder zu Hause nahestehen, kontrollieren zu wollen. Seid offen für andere Optionen, Möglichkeiten und Kompromisse, um die Spannung abzubauen.

Liebe und Beziehungen

Gleich fünf wichtige kosmische Faktoren fördern euer Liebesleben, Geselligkeit, Spaß am Umgang mit Kindern, Kreativität und Lebensfreude! Singles haben im März und Mai besonders heiße Frühlingsgefühle und auch der Oktober und November versprechen kuschelige Flirtmomente. Wenn ihr fest liiert seid, werden Juli und August besonders innig. Nehmt euch dann Zeit zu zweit, um eure Liebe zu feiern und zu genießen. Viele eurer Beziehungen, Freundschaften und auch die Familie kommen nun nach zwei schwierigen Jahren in ein ruhigeres Fahrwasser und stabilisieren sich. Ihr könnt euch aufeinander verlassen, dafür sorgt ab dem 7. März Saturn, der für gegenseitigen Halt und Zusammenhalt sorgt. Während der nächsten beiden Jahre könnt ihr etwas miteinander aufbauen!

Euer soziales Leben blüht und gleichzeitig tun sich auch beruflich interessante Chancen auf. Beides geht nicht selten Hand in Hand, beispielsweise indem ihr durch euren Job interessante neue Leute trefft. Oder ihr stellt

Steinbock
Liebe und Beziehungen

mit Menschen, die ihr privat kennt, auch geschäftlich etwas auf die Beine. Das Wichtigste ist im Jahr 2023, dass ihr euch nicht einsam in der Arbeit vergrabt, sondern euch Zeit für soziale Aktivitäten nehmt und durchaus auch online Möglichkeiten nutzt, um in Kontakt zu bleiben. Davon erzählt Uranus, Planet elektrisierender Energie. Er bildet ganzjährig einen fantastischen Aspekt zu euch, wobei er die **vom 4. bis zum 14. Januar** Geborenen am intensivsten anregt. Ihr seid offener als sonst, Neues auszuprobieren, lasst euch gerne auf neue Leute ein und seid auch erotischen Experimenten gegenüber nicht abgeneigt. Scheut euch auch nicht, die digitale Welt zur Anbahnung eines Flirts oder neuer Geschäftskontakte zu nutzen, auch wenn das mit der Anstrengung verbunden ist, die richtigen Leute herauszufiltern. Es kann sich lohnen! Wenn ihr euch nicht sicher seid, wird euch die 90-Tage-Regel[1] gute Dienste leisten, indem ihr euch die ersten drei Monate noch zurückhaltet, bevor ihr euch tiefer auf eine neue Verbindung einlasst.

Das gesamte Jahr über wirkt auch Romantikplanet Neptun ganz zauberhaft auf viele Steinbockgeborene, besonders die **vom 12. bis zum 18. Januar** Geborenen. Dadurch seid ihr sensibel und fantasievoll und es fällt euch leicht, empathisch zuzuhören und eure Antennen auf Mitmenschen einzustellen. Wenn ihr fest liiert seid, könnt ihr euch vertrauensvoll mit euren Herzallerliebsten über gemeinsame Träume, geheime erotische Wünsche, aber auch Bedürfnisse oder Ängste austauschen. Auch euer Liebesleben profitiert davon, dass eure einfühlsame Ader geweckt ist, worüber sich eure Liebespartner bestimmt freuen. Und wenn ihr als Single einen neuen Flirt anfangt, erlebt ihr euch vielleicht als so romantisch, dass ihr über euch selbst staunt. Dann gilt: nicht hinterfragen, einfach genießen! Es ist durchaus möglich, dass diese Romanze das Zeug zu einer Beziehung hat. Als Freundin oder Freund macht euch dieser Aspekt hilfsbereit und mitfühlend. Vielleicht suchen nun auch andere öfter euren guten Rat und eure Aufmerksamkeit, was eure Freundschaften vertieft. Womöglich sucht ihr nun auch den Kontakt zu spirituellen oder mystisch

---

[1] Die 90-Tage-Regel gibt's zum Nachlesen auf meiner Homepage als Dossier. Der Text ist außerdem Bestandteil des schriftlichen Venus-Horoskops als PDF, welches ihr ebenfalls auf meiner Homepage bestellen könnt.

angehauchten Menschen. Auch wenn ihr therapeutisch und beratend arbeitet, ist dieser Aspekt wunderbar für die Beziehung zu euren Klientinnen und Klienten.

Nach dem 16. Mai steigen eure sozialen Aktien noch weiter, denn dann geht Glücksplanet Jupiter ebenfalls in den Stier, wo schon Uranus seine anregende Energie verbreitet, und bringt euch für ein Jahr kosmischen Rückenwind. Das heißt, ihr seid selbstbewusst, denn ihr habt kleinere und größere Erfolgserlebnisse, gleichzeitig auch großzügig und witzig, und das wirkt ungemein anziehend. Verbunden damit sind auch vermehrte Chancen, interessante Menschen kennenzulernen, nicht nur zum Flirten. Auch neue Freunde und vielversprechende Geschäftspartnerinnen könnt ihr nun finden. Möglich auch, dass ihr euer Äußeres ein wenig aufpeppt und euch attraktiver als je zuvor präsentiert. Und natürlich kommt es auch gut an, wenn ihr euch, sofern es eure Mittel zulassen, anderen gegenüber großzügig zeigt: indem ihr mal eine Runde ausgebt oder indem ihr weiterhelft und vermittelt, wobei ihr eure Beziehungen spielen lasst. Jupiter beglückt 2023 besonders die zwischen dem **26. Dezember und 6. Januar** Geborenen, die übrigen Steinbockgeborenen dann 2024.

Bis Mitte Juli verstärkt auch der Mondknoten im Stier diese erfreulichen kosmischen Energien. Er verweist außerdem darauf, wie wichtig es für euer Seelenleben ist, euch für die Lebensfreude und die spielerischen Erlebnisse zu öffnen, die durch andere Menschen in euer Leben kommen. Außerdem können diese euch beruflich oder privat Türen öffnen und wichtige Entwicklungen anstoßen. Etwa durch eine Liebesaffäre, die euch in Kontakt mit euren wahren Herzenswünschen bringt. Und nicht zuletzt begünstigt der Mondknotentransit auch eine Schwangerschaft und die Erfüllung eines Kinderwunsches: Dann möchte eine Seele bei euch inkarnieren, um Licht und Freude in euer Leben zu bringen. Das verstärkt sich sogar noch ab Mitte Juli, wenn der Mondknoten in den Widder und damit in den familiären und privaten Bereich eures Horoskops wandert. Dort bleibt er dann bis Januar 2025. Insofern sind Familienzuwachs und der Umgang mit Kindern noch für zwei Jahre ein Thema bei euch, sei es euer eigenes Kind oder ein Enkel, Nichte oder Neffe.

Steinbock
Liebe und Beziehungen

Allerdings steht hier, im Familienbereich, auch Chiron in Spannung zu eurer Sonne. Das kann, wie eingangs schon angedeutet, auf Schwierigkeiten mit Elternfiguren und Autoritätspersonen innerhalb der Familie hinweisen. Besonders die **vom 1. bis zum 10. Januar** Geborenen müssen hier achtsam sein, dass es nicht zu verletzenden Konflikten kommt. Umgekehrt reagiert ihr vielleicht auch selbst ungewöhnlich empfindlich und nachtragend, wenn ihr kritisch angegangen werdet. Möglich ist auch, dass eine Familienautorität einfach toxisch ist und alle darunter leiden. Hoffentlich seid ihr das nicht! Schaut euch genau an, wer wie reagiert und wer vielleicht wem aus dem Weg geht. Die Heilung einer zerbrochenen Beziehung kann mehr Zeit in Anspruch nehmen, als ihr zur Verfügung habt – und dennoch müsst ihr sie aufbringen, wenn euch etwas an der Verbindung liegt. Die Quintessenz zum Umgang mit dem Chirontransit lautet: „Behandle andere so, wie du selbst behandelt werden möchtest." Jedoch gleichen viele andere glückliche Tendenzen diesen Aspekt aus. So habt ihr wahrscheinlich große Freude an euren Kindern, entweder weil sie sich als künstlerisch begabt erweisen oder euch mit ihrem technischen Verstand begeistern oder sportliche Erfolge feiern. Jung und Alt gehen bei euch ein und aus und inspirieren sich gegenseitig.

Ein Schlaglicht auf eure festen und verbindlichen Beziehungen werfen die Transite der wilden Lilith und der Venus, die dieses Jahr rückläufig wird. Beide werden sich bis Anfang Oktober (Lilith ab Januar, Venus ab Juni) in eurem Bereich der festen Partnerschaften aufhalten. Das gibt euch die Chance, neue Dimensionen der Liebe und Leidenschaft auszuloten. Im Juni gesellt sich auch noch Mars dazu, eine heiße Kombination für knisternde Zeiten zu zweit! Vielleicht habt ihr auch 2022 eine leidenschaftliche Affäre begonnen und wünscht euch nun, dass daraus eine verlässliche Beziehung wird – und das erweist sich als wilder Ritt! Die Kehrseite dieser Konstellation kann nämlich sein, dass ihr euch ebenso leidenschaftlich streitet wie liebt. Dabei geht es wahrscheinlich darum, wer in der Beziehung wie viel Freiraum erhält, oder auch um eure Wertvorstellungen, Geld und Besitz. Vielleicht wirft man euch vor, zu sehr aufs Geld zu schielen. Oder ihr regt euch auf, wenn euer Schatz mit eurer Kreditkarte auf Shoppingtour geht, ohne das mit euch abgesprochen zu haben. Kompromisse fallen schwer, die Versöhnung wird vielleicht mithilfe der Erotik gesucht, aber im Alltag gibt's dann doch wieder Krach. Die Lösung ist, eine Partnerschaft auf Augenhöhe zu gestalten, euch gegenseitig genug Freiraum zu geben, im Gespräch zu bleiben und auf Alleingänge zu verzichten. Während Venus' Rückläufigkeit (23. Juli bis 4. September) könnte es zudem passieren, dass eine verflossene Liebe wieder auftaucht und eure bestehende Partnerschaft auf die Probe stellt. Partner oder Partnerin können leidenschaftlich und emotional reagieren und ihr solltet ihnen dann nicht die kalte Schulter zeigen. Verhaltet euch integer und respektvoll und seid bereit, über die Gefühle, die nun aufkommen, zu reden. Insgesamt habt ihr gute Gründe, euch auf ein gutes Beziehungsjahr zu freuen, trotz aller Schwierigkeiten, die derzeit die Welt in Atem halten.

Highlights und kritische Phasen in der Liebe

Highlight: 27. Januar bis 20. Februar
Ihr könnt eure Liebespartner:innen sowohl durch euer ernsthaftes Interesse als auch durch fantasievolle Liebesnachrichten bezirzen. Wenn ihr fest liiert seid, zeigt eurem Schatz, was er oder sie euch bedeutet: Lasst euch zum Valentinstag was einfallen! Es ist auch eine gute Zeit, um den Kontakt zu euren Geschwistern zu pflegen oder wieder aufzunehmen, wenn ihr länger nichts voneinander gehört habt. Singles flirten am besten im direkten Umfeld. Achtet darauf beim Einkaufen, Tanken, Spazierengehen ... Jemand könnte euch schöne Augen machen!

Highlight: 17. März bis 11. April
Nehmt euch Zeit für Vergnügen, Lebensfreude, Erotik und Kreativität! Wenn ihr Single seid, könnt ihr jetzt nette Leute kennenlernen, indem ihr einem geselligen Hobby nachgeht, oder auch beim Sport. Auch toll zum Anbandeln: Spaziergänge mit eurem Hund, und wenn ihr keinen habt, übernehmt doch eine Patenschaft für dankbare Vierbeiner aus dem Tierheim!

Kritisch: 21. bis 28. April
Gespräche oder Begegnungen können in dieser Zeit emotional sehr aufgeladen sein. Dann prallt eure Sachlichkeit auf die Befindlichkeit eures Gegenübers. Das könnt ihr vermeiden, indem ihr empathisch zuhört und

Steinbock
Liebe und Beziehungen

akzeptiert, dass offenbar auch Gefühle im Spiel sind, selbst wenn euch die Angelegenheit vollkommen logisch und klar erscheint. Menschen sind eben auch Gefühlswesen, besonders in diesen Tagen! Übrigens kann das auch eine gute Zeit für Beziehungsarbeit sein, in der ihr euch über Kommunikationsprobleme in eurer Beziehung klar werden könnt.

Highlight: 7. bis 23. Mai und 30. Mai bis 5. Juni
Während der gesamten Zeit aktiviert Liebesgöttin Venus euer Partnerhaus, das ist günstig für geselligen Austausch, um Leute zu treffen und zu flirten. Eure Gesprächspartner:innen sind aufmerksam, machen euch Komplimente für eure Erfolge und euer Organisationstalent. Ihr habt viel zu tun? Nehmt euch trotzdem Zeit für liebevolle Kontakte! Im zweiten Highlight seid ihr besonders verständnisvoll und habt viel Fantasie, um süße Liebesbotschaften zu verschicken. Wenn ihr flirtet, wickelt ihr euer Gegenüber mühelos um den Finger! Zwischendurch gibt es jedoch ein paar schwierige Aspekte:

Kritisch: 24. bis 28. Mai
Eine Verpflichtung oder die Bedürfnisse eines Familienmitglieds, vielleicht auch ein Problem im Homeoffice können euch an euer Zuhause fesseln und den angenehmen Fluss der netten Treffen oder eines Flirts unterbrechen. Hadert nicht. Seht es als spirituelle Aufgabe, an der ihr wachsen könnt. Lasst die Menschen wissen, dass ihr Verantwortung übernehmen müsst. Sie werden es verstehen und euch nur noch sympathischer finden!

Highlight: 18. bis 28. Juni
Dies ist eine besondere Zeit für euer Familienleben und eure verbindlichen Beziehungen. Ein länger bestehendes Problem kann an die Oberfläche kommen und alle Beteiligten sind bereit, sich liebevoll damit auseinanderzusetzen und gemeinsam eine Heilung anzustreben. Ihr könntet nun auch als Paar etwas für euch tun, zum Beispiel eine Paartherapie oder die gemeinsame Teilnahme an einem spirituellen Retreat, und damit zur Heilung eurer Beziehungs- oder Familiensituation beitragen. Aber schnallt euch an, denn anschließend kommen noch ein paar hohe Gefühlswellen auf euch zu:

Kritisch: 28. Juni bis 4. Juli
Während dieser Phase könntet ihr euch mit in eurer Partnerschaft leidenschaftlich streiten und ebenso heißblütig wieder versöhnen. Trotzdem fühlt ihr euch im Innersten unverstanden. Dass euch Gefühle so unter die Haut gehen können, verwirrt euch zusätzlich. Besonders falls ihr mit einem Widder, Löwen oder Schützen verpartnert seid, habt ihr keine Chance, gegen ihn oder sie anzukommen. Das erotische Prickeln zwischen euch ist enorm, doch es bleibt ein Gefühl von Fremdheit.

Kritisch: 6. bis 16. August
Auch während dieser Zeit kann es in euren festen Beziehungen ein leidenschaftliches Auf und Ab geben. Doch diesmal fühlt ihr euch stärker und seid gedanklich besser sortiert. Trotzdem lassen sich tiefe Gefühle mit Argumenten nun einmal nicht wegdiskutieren. Gemeinsame Erlebnisse, zum Beispiel auf einer Reise oder beim Sport, verbinden da schon eher. Ein anderes Szenario wäre, dass jemand aus der Vergangenheit auftaucht und euer aufgeräumtes Gefühlsleben in Aufruhr bringt. Das lässt sich nicht verdrängen. Ihr müsst euch damit auseinandersetzen, was das für eure jetzige Beziehung und eure Zukunft bedeutet.

Highlight: 14. bis 24. September
Beziehungsprobleme, die sich im Sommer immer wieder gezeigt haben und die ihr mutig in Angriff genommen habt, finden nun zu einer Lösung. Im besten Fall erreicht ihr ein neues Niveau von Tiefe und Vertrauen in eurer Beziehung und eurem Familienzusammenhalt. Ihr wisst nun, wo ihr gemeinsam hinwollt. Denkbar ist aber auch, dass ihr euch nun einvernehmlich trennt. Obwohl es schmerzlich ist, habt ihr eingesehen, dass es für euch beide das Beste ist.

Highlight: 9. Oktober bis 8. November
Nun beginnt eine Zeit mit mehr Harmonie und innerer Stärke. Lilith zieht weiter in die Jungfrau, wo sie ab dem 3. Oktober 2023 einen günstigen Aspekt zu euch bildet. Es fällt euch jetzt leichter, aufgewühlte Gefühle zu integrieren und zu erkennen, was zu euch gehört und euch stärkt und wovon ihr loslassen könnt. Es wäre ideal, wenn ihr jetzt gemeinsam mit eurem Schatz verreisen könntet, um euch gegenseitig etwas Gutes zu tun. Falls ihr eine neue Liaison begonnen habt, fühlt sich die gegenseitige

Steinbock
Karriere und Finanzen

Faszination harmonisch an. Singles können der Liebe auf privaten oder beruflichen Reisen begegnen. Oder ihr entdeckt eure Leidenschaft für jemanden aus einem fremden Kulturkreis.

Highlight: 6. bis 28. Dezember
Nun genießt ihr liebevollen Zusammenhalt. Nehmt euch Zeit zum Kuscheln und haltet zusammen. Ein neuer Flirt kann sich vertiefen. Und pflegt eure Freundschaften! Gut möglich, dass ihr im Sommer so mit euren Beziehungsdramen beschäftigt wart, dass ihr nicht genug Zeit für Freundinnen und Freunde hattet. Das solltet ihr jetzt schleunigst nachholen! Wenn ihr Single seid, bietet die Vorweihnachtszeit gute Gelegenheiten, nette Menschen zu treffen. Die Feiertage selbst stehen ebenfalls unter harmonischen Sternen.

Karriere und Finanzen

Eure Arbeit kann dieses Jahr in eine aufregende und neue Richtung gehen. Ihr seid zwar bereits erfolgreich und beruflich anerkannt, aber ihr könntet in eurem Job jetzt auf neue Ebenen aufsteigen. Es läuft wie geschmiert. Im Geschäftsleben wirkt ihr dank Erfinderplanet Uranus genial. Ihr habt ständig neue Ideen, die gut gelingen, vielleicht entwickelt ihr sogar neue Erfindungen, die gut ankommen. Menschen möchten mit euch zusammenarbeiten und suchen eure Nähe, weil sie spüren, dass ihr an einem entscheidenden Punkt in eurer Karriere und auf dem neuesten Stand seid. Da ist ein gewisses Etwas an eurer Arbeit oder an euch persönlich, das Interesse weckt. Ihr könnt sowohl kreativ als auch anregend für andere sein, sodass ihr 2023 großen Erfolg und viele Bewunderinnen und Bewunderer habt. Falls ihr in den sozialen Medien tätig seid, dürfte sich eure Community um viele Follower vergrößern. Das gilt insbesondere für die **vom 4. bis zum 14. Januar** Geborenen. Ihr werdet vielleicht feststellen, dass neue Softwareprogramme oder eine App (die ihr vielleicht selbst erfindet) und andere Technologieanwendungen einen hohen Wert in eurer Erfolgsstory darstellen.

An eurem Erfolg und Wachstum ist auch Glücksplanet Jupiter beteiligt, insbesondere nach dem 16. Mai, wenn er für ein Jahr in den Stier eintritt und einen vorteilhaften Aspekt für euch bildet. Während dieser Zeit kann euer Umsatz oder Einkommen wachsen, oder ihr knüpft berufliche Kontakte, die zu aufregenden neuen Möglichkeiten führen. Auch Reisen und Bildung sind in dieser Zeit begünstigt. Ihr seid sehr beliebt und euer Einkommen wächst. Wenn ihr für ein Unternehmen arbeitet, dürft ihr mit Prämien, Boni oder Gehaltserhöhungen rechnen. Falls ihr selbstständig seid, bedeutet dies eine Zeit des großen Wachstums und der Umsatzsteigerungen. Eure Dienstleistungen oder Produkte sind sehr gefragt. Dies gilt insbesondere für die zwischen dem **26. Dezember und 6. Januar** Geborenen.

Eine eurer stärksten Motivationen ist der Wunsch, im Leben Großes zu vollbringen. In den nächsten zwei Jahren, wenn Saturn durch die Fische wandert und euer Sternzeichen unterstützt, werdet ihr dies erleben können. Ihr werdet in der Lage sein, große Projekte abzuschließen, Erfolgserlebnisse zu haben und den Respekt und die Anerkennung zu erhalten, die ihr sucht und die ihr liebt. Euer Engagement für Spitzenleistungen zeigt sich in den Projekten, die ihr jetzt abschließen könnt, insbesondere nach dem 7. März 2023 bis zum 25. Mai 2025. Niemand muss euch dazu drängen. Ihr seid selbst motiviert, habt ein klares Ziel vor Augen und einen Plan, dorthin zu gelangen. Dies wird 2023 am deutlichsten für die **vom 21. bis zum 28. Dezember** Geborenen. Wir würden euch ermutigen, euch an die Arbeit zu machen. Aber eigentlich braucht ihr diese Ermunterung gar nicht, denn ihr liebt es zu arbeiten. Nicht ohne Grund regiert der Steinbock ja das 10. Haus des beruflichen Erfolges!

Eure Vorstellungskraft und Kreativität können in diesem Jahr besonders wertvoll für eure Arbeit sein. Ihr habt Intuition, eine Gabe zu spüren, was die Welt gerade von euch braucht, und die Fähigkeit, es in einem attraktiven Format bereitzustellen. Eure Fähigkeiten in Marketing und Werbung sind auf dem Höhepunkt eures Könnens. Für diese Aufgaben könnt ihr auch sehr talentierte Leute finden, die euch helfen. Dies gilt vor allem für die **vom 12. bis zum 18. Januar** Geborenen. Es macht sich gut, wenn ihr

Steinbock
Karriere und Finanzen

euren Präsentationen Glanz und visuelle Effekte hinzufügt. Ihr habt Stil und Flair. Ihr macht alles mit Klasse und Elan. Die Welt wird sich 2023 daran erfreuen.

Ein Bereich, der möglicherweise herausfordernd ist und Aufmerksamkeit erfordert, ist die emotionale Ebene der beruflichen Beziehungen. Möglicherweise reagiert ihr überempfindlich auf die Behandlung durch andere. Vielleicht erwartet ihr mehr Respekt, als man euch entgegenbringt. Oder ihr seid getroffen von der Kritik einer Minderheit, die ihre eigene Agenda hat und ihre Frustrationen an euch auslassen will. Aber ihr erhaltet viel Unterstützung, die das ausgleicht. Ihr müsst das nur sehen und realisieren. Schenkt denen, die euch zu Unrecht kritisieren, keine Aufmerksamkeit, denn das kann euer Selbstvertrauen untergraben. Ihr solltet jedoch auch die Gefühle der Personen berücksichtigen, mit denen ihr zusammenarbeitet. Wenn ihr zu kritisch seid, kann das verletzend wirken und dann braucht es viel Zeit, eine kollegiale Beziehung zu reparieren und weiterhin gut miteinander zu arbeiten. Gegenseitiger Respekt ist wichtig, besonders für die **vom 1. bis zum 10. Januar** Geborenen.

Finanziell verspricht 2023 trotz der insgesamt schwierigen Lage erfolgreich zu werden, besonders nach dem 7. März, wenn Saturn euer Geldhaus verlässt und keine Einschränkungen mehr anzeigt. Ertrag und Umsatz sind vermutlich sogar besser als erwartet. Eure Investitionen laufen gut. Auch als Trader könnt ihr erfolgreich sein, insbesondere nach dem 16. Mai. Es ist in Ordnung, zu spekulieren, denn eure Disziplin führt euch zum Erfolg. Macht einen Plan, befolgt ihn, und alles sollte gut laufen.

Highlights und kritische Phasen in Beruf und Finanzen

Kritisch: 1. bis 13. Januar
Ihr kommt etwas schwer in Fahrt. Während der Feiertage habt ihr euch offenbar an relaxte Zeiten gewöhnt; der Arbeitsalltag fordert jedoch gleich wieder vollen Einsatz. Gut, dass ihr steinbocktypisch so diszipliniert seid, euch trotz Unlust aufzuraffen. Und ist der Motor erst einmal gestartet, läuft er auch wieder wie geschmiert.

Kritisch: 18. bis 26. Januar
Eure Wünsche lassen sich aus pekuniären Gründen nur schwer verwirklichen. Salopp gesagt: Das Geld dafür ist einfach nicht da. Am besten ist, ihr legt eine Prioritätenliste an. Manches scheint leicht zu beantworten: Ist der Kinobesuch tatsächlich wichtiger als der Lebensmitteleinkauf? Anderes muss sorgsamer abgewogen werden; etwa: Muss die Waschmaschine komplett ersetzt werden oder lässt sie sich doch reparieren?

Highlight: 12. Februar bis 2. März
Endlich nimmt euer Kontostand wieder einen positiven Kurs! Zu verdanken ist dies eurem Geschick und eurer Umsicht. Aber auch eurer Geschäftstüchtigkeit und der Tatsache, dass ihr Abläufe durchschaut. Das führt dazu, dass ihr frühzeitig bemerkt, bei welchen Unternehmungen ihr Gewinne machen könnt und wo nicht. Verlasst euch dabei aber nicht allein auf euer Bauchgefühl, sondern allem voran auf euren Sachverstand. Eine nüchterne Analyse bringt die besten Ergebnisse! Am stärksten ist der Effekt zum Anfang der Phase; gegen Ende gilt es, etwas zögerlicher und vorsichtiger zu investieren.

Highlight: 26. bis 31. März
Ihr lasst es krachen! Um es euch gut gehen zu lassen, gebt ihr mehr Geld aus. Das ist okay. Denn selbst ein bisschen Luxus reißt nun kein tiefes Loch in eure Kasse. Über diese Phase hinaus solltet ihr aber nicht über eure Verhältnisse leben.

Highlight: 11. April bis 7. Mai
Im Job ist es neben dem Verdienst wichtig, dass ihr euch wohl fühlt. Wie relevant das ist, wissen all jene, die schon mal eine längere Zeit morgens nur mit Bauchschmerzen in die Firma gefahren sind. Die gute Nachricht: Jetzt macht es euch Spaß, eurer Arbeit nachzugehen! Das liegt nicht zuletzt daran, dass ihr einen guten Kontakt zu euren Kolleg:innen herstellt. Euer Charme, aber auch eure Hilfsbereitschaft, eure Verlässlichkeit und eure Kompetenz machen euch zu beliebten Mitarbeiter:innen.

Steinbock
Karriere und Finanzen

Kritisch: 15. bis 25. August
Ihr könntet verführt sein, ein Wettbüro aufzusuchen oder an Glücksspielen teilzunehmen. Tut es nicht. Ihr werdet in diesen Tagen nur Nieten ziehen. Am Ende ist euer Einsatz verspielt und die Taschen sind leerer als vorher.

Kritisch: 28. August bis 23. September
Ein Aufstieg wird euch nicht leicht gemacht. Es kann sogar sein, dass euch jemand bewusst Steine in den Weg legt. Jetzt dürft ihr nicht resignieren. Im Gegenteil, nun sollte eure Kampfeslust geweckt werden, nach dem Motto: Jetzt erst recht! Auch wenn es euch Mut und Kraft kostet: Setzt euch dafür ein, dass ihr die Position erhaltet, die ihr verdient habt! Das kann in einem bestehenden Unternehmen sein oder auch bei einer Neubewerbung. Auch wenn euch eine neue Stelle angeboten wird, solltet ihr euch aber nicht unter eurer Qualifikation einstellen lassen.

Highlight: 12. bis 20. Oktober
Vor allem, wenn ihr die vorangegangene Phase genutzt habt, um euch beruflich zu positionieren, könnt ihr euch jetzt auf die Schulter klopfen! Denn nun kommt der positive Durchbruch! Selbst diejenigen, die sich nicht zu arg für die eigene Karriere eingesetzt hatten, können einen Schritt weiterkommen. Dieser Schritt ist dann allerdings eher klein im Vergleich zu jenen, die vorher viel Engagement an den Tag gelegt haben. Der wichtigste Tag in dieser Phase ist der 14. Oktober. Dann gibt es einen für die Steinbockgeborenen relevanten Neumond, der auf einen Neustart hinweist! Die Tage rund um den Neumond solltet ihr daher besonders wachsam im Auge behalten.

Kritisch: 24. November bis 1. Dezember
Bitte jetzt nicht auf dem ausruhen, was ihr erreicht habt. Auch wenn ihr das Gefühl habt, euch fehlen Ideen, Kraft oder schlicht die Zeit, dürft ihr nun weder die Arbeit noch die bewusste Steuerung eurer Finanzen schleifen lassen.

Gesundheit und Spiritualität

Liebe Steinbockgeborene, zu euch sieht man gerne auf, nicht nur wenn ihr hoch oben auf einem Berg verweilt! Man nimmt euch als eine starke Persönlichkeit wahr, die Verantwortung gut und gerne übernehmen kann. In der Astromedizin werden euch die Gesundheitsthemen von Knochen, Gelenken und der Wirbelsäule zugeordnet. Ihr trotzt jedem Sturm und steht fest mit beiden Beinen im Leben. Euer Herrscher Saturn hilft euch, mit Disziplin und Verantwortung durch das Leben zu gehen. Lebt ihr dieses Prinzip jedoch zu sehr und verliert ihr eure weiche Seite aus den Augen, könnt ihr verhärten, innerlich wie äußerlich. Ja, ihr seid hart im Nehmen, aber ihr dürft auch verletzlich und weich sein. Werdet nicht zu starr, liebe Steinböcke. Das kann für eure Knie genauso zum Problem werden wie für eure Seele. Ihr könnt euch meisterhaft durchbeißen, aber gleichzeitig dürft ihr den Kiefer bei herzlichem Lachen auch weit öffnen!

2023 ist ein wichtiges Jahr für euch, um mehr Leichtigkeit zu lernen und zu leben. Ein Berg, dessen Besteigung fast endlos schien, liegt hinter euch, denn Transformationsplanet Pluto beendet seine Reise durch den Steinbock. Jetzt dürft ihr euren Wünschen und Träumen mehr Beachtung schenken. Spätestens wenn Jupiter am 16. Mai den Stier betritt und damit euer 5. Haus der Lebensfreude aktiviert, wird es Zeit, das Leben mehr zu genießen! Einzig Chiron, der verwundete Heiler, bildet einen schwierigen Aspekt: Bei einigen von euch, besonders den in der 2. Dekade Geborenen, können sich emotionale Probleme durch Verdauungsstörungen, Magenprobleme und Hautirritationen zeigen. Gesundheitlich profitiert ihr von Mineralstoffen wie Kalzium, Magnesium und Kalium. Auch Gemüse und frische Kräuter sollten vermehrt auf dem Speiseplan stehen. Achtet auf euren Cholesterinspiegel und stärkt euch mit Bewegung in der Natur. Als besondere Unterstützung und Wirkung im Alltag hat sich der Genuss einer Teemischung aus Mariendistel, Beifuß, Brennnessel und Fenchel bewährt. Was ihr tagsüber an Einflüssen aufnehmt, könnte sich nachts, durch intuitives Verarbeiten der Ereignisse, mit Zähneknirschen zeigen. Verspannungen im Kiefer-, Hals- und Nackenbereich sind die Folge. Arthritis und Rheuma könnten Themen sein oder werden. Ein Wohlfühlbad mit ätherischen Ölen von Zirbelkiefer, Zeder und

Steinbock
Gesundheit und Spiritualität

Zypresse am Abend kann dem entgegenwirken. Als Heilstein steht euch die stärkende Kraft des schwarzen Onyx zur Verfügung. Er unterstützt eure Ziele und das Selbstbewusstsein und soll euch mehr Stabilität und Freude im Leben geben. Erstrebenswert ist es in dieser Zeit für euch, etwas mehr Milde euch selbst gegenüber walten zu lassen. Ihr dürft das Leben mehr genießen!

Highlights und kritische Phasen für die Gesundheit

Highlight: 8. bis 15. Januar
Der Start ins neue Jahr verläuft für euch angenehm. Euer Abwehrsystem ist gut gerüstet, sollte aber dennoch Unterstützung bekommen. Achtet auf eine ausreichende Trinkmenge und baut auf die Kraft einer heißen Zitrone. Jetzt habt ihr einen guten Zugang zu eurer eigenen Persönlichkeit. Kritik von anderen ist zwar nicht immer angebracht, dennoch bewegen gerade diese Gedankenanstöße euch zur Veränderung. Euer Spirit ist sehr empfänglich für das Geschehen im Kosmos. Chiron, der verwundete Heiler, eröffnet euch viele Erkenntnisse und neue Wege.

Kritisch: 8. bis 17. März
Während dieser Zeit könnten kleine Verletzungen durch Unvorsichtigkeit und Gedankenlosigkeit euch ausbremsen. Auch eine erhöhte Infektanfälligkeit ist möglich. Stärkt Körper und Geist mit ausgewogener, gesunder Ernährung. Frische Kräuter, Gemüse und Zitrusfrüchte sollten auf dem Speiseplan nicht fehlen. Wohltuend für euch ist eine Teemischung aus Minze, Muskatellersalbei, Mariendistel und Fenchel.

Highlight: 20. April bis 7. Mai
Aus euren Eingebungen werden Taten. Jetzt verfügt ihr über genügend Stärke, euren Wünschen und Träumen vermehrt Beachtung zu schenken. Es fühlt sich befreiend an, dieser Kraft nachzugeben. Verdrängtes kommt an die Oberfläche und fordert Beachtung. Der Fluss eurer inneren Quelle setzt sich durch. Nehmt euch Zeit und Ruhe. Nutzt die Kraft der Natur. Tai-Chi, Yoga und Meditation unterstützen euch dabei. Eure innere Stimme könnt ihr mithilfe von ätherischen Ölen wie Ylang-Ylang, Zistrose und Zypresse besser wahrnehmen, als entspannendes Bad oder als Raumduft.

Kritisch: 20. bis 26. Juni
Wahrscheinlich verspürt ihr jetzt eine intensive innere Spannung. Unruhe macht sich im ganzen Körper breit. Achtet darauf, bedachtsam und besonnen vorzugehen, sonst kann es zu plötzlichen Streitereien und Fehlentscheidungen kommen. Beruhigt den Geist mit Meditation oder Yoga. Vertieft diese Anwendung mit langen Spaziergängen in der Natur. Lavendel, Melisse und Magnesium bringen zusätzlich Entspannung.

Highlight: 24. Juli bis 10. August
Jetzt bekommt ihr Schwung, um das Leben zu genießen. Die Natur zeigt sich von ihrer besten Seite und spendet euch Lebenskraft. Saugt sie auf, speichert sie und nutzt sie in schwierigen Zeiten. Euer Horizont ändert sich. Alles, was grau war, bekommt Farbe. Was kann euch aufhalten? Niemand, nur ihr selbst könntet euch im Weg stehen. Tragt euren Heilstein als Medaillon und nutzt seine Wirkung. Sternschnuppen und Meditationen in einer Sommernacht haben schon so manche Erleuchtung gebracht.

Kritisch: 20. bis 30. August
Ihr seid weniger entschlossen und klar als sonst. Nichts lässt sich erzwingen. Jetzt ist es besser, sich auf sein Unterbewusstsein zu konzentrieren. Sich selbst trauen und Wege zur Selbsterkenntnis finden. Meditation, Yoga und Bewegung in der Natur unterstützen euch auf dem Weg zur inneren Mitte. Achtet auf euren Trinkhaushalt und stärkt die Nieren. Eine kurzfristige körperliche Reinigung könnt ihr mit einer Teemischung aus Goldrute, Brennnessel und Fenchel erzielen.

Kritisch: 25. November bis 2. Dezember
Als schwierig und anstrengend könntet ihr diese Zeit empfinden. Eure Vorhaben werden überprüft und ihr könntet das Gefühl bekommen, gegen Wände zu laufen. Chronische Erkrankungen könnten sich jetzt wieder zeigen. Wärme und Ruhe wirken Wunder. Bei Arthritis, Rheuma und Zahnschmerzen helfen besonders gut alternative Heilmittel wie Moorbäder und Weihrauch. Zusätzliche Erleichterung bringen euch ätherische Öle, zum Beispiel Angelikawurzel, Wacholder, Mimose oder Zistrose. Nehmt euch etwas zurück und betrachtet das Geschehen aus einer anderen Perspektive. Vieles löst sich von ganz allein.

Steinbock
Gesundheit und Spiritualität

Highlight: 9. Dezember bis 21. Dezember
Trotz der hektischen Vorweihnachtszeit steht euch der Sinn nach einer Reise zum „inneren Schamanen", um eure Selbstheilungskräfte zu aktivieren. Dafür könnt ihr den Neumond am 13. Dezember nutzen. Euer Geist verlangt nach Ruhe und gleichzeitig nach Sinnerweiterung. Intuitiv erkennt ihr, was euer Körper braucht und wo ihr ihn unterstützen könnt. Stärkt euer Immunsystem mithilfe heißer Getränke wie Aufguss aus Ingwer, Galgant und Zitrone. Unterstützt euren Stoffwechsel mit der Kraft der Natur und regt den Fluss der Galle mit Mariendistel an. Genießt den Duft der Bäume, wie Zedernholz, Zypresse, Zirbelkiefer oder Eukalyptus, als wohltuendes Aromabad. In der Ruhe liegt die Kraft!

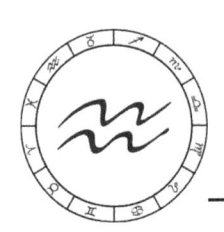

Wassermann
20. Januar – 18. Februar

Wow! Euer Leben bleibt aufregend und anregend! In mehreren Bereichen können sich die Bedingungen verändern, und das wirkt sich auf euer Zuhause, eure Familiendynamik und eure Arbeit aus. Davon erzählt Innovationsplanet Uranus, Herrscher des Wassermanns. Wahrscheinlich ist euer Leben voller aufregender neuer Erfahrungen und Menschen. Es ergeben sich Bedingungen, die für euch neu und anders sind als alles, was ihr bisher erlebt habt, insbesondere in Familienangelegenheiten. Vielleicht ziehen eure Kinder aus, vielleicht ist es ein Umzug oder eine Renovierung, die euren Alltag auf den Kopf stellen. Möglicherweise kommt die Veränderungen auch durch eine neue Liebesbeziehung, eine Trennung oder einen Jobwechsel, das hängt davon ab, wo Uranus sich in eurem tatsächlichen Geburtshoroskop befindet. Eventuell fühlt ihr euch auch psychologisch zu neuen Interessensgebieten hingezogen. Der Uranustransit zeigt generell Veränderungen auf eurem Lebensweg an. Die sind für einige von euch bereits im Gange, auf andere von euch kommen sie noch zu. Solange diese neuen Impulse euch nicht zu sehr von euren bestehenden Pflichten, Beziehungen und Verantwortlichkeiten ablenken, kann das durchaus von Vorteil sein und euch sehr inspirieren. Wichtig ist, dass ihr mit Partnern, Familie und Freunden klärt, wo ihr jetzt steht und was ihr vorhabt. Eure Zukunft sieht möglicherweise ganz anders aus als noch vor einem Jahr, wahrscheinlich sogar besser. Doch rechnet damit, dass neue Entwicklungen gelegentlich auch mit einem gewissen Chaos einhergehen, weil ihr euch in einer Übergangszeit befindet.

Wenn ihr Stabilität anstrebt, seid vorsichtig mit Veränderungen. Sofern ihr euch Aufregung und Neues im Leben wünscht, müsst ihr verstehen, dass andere möglicherweise nicht mit euch Schritt halten oder nicht bei euch bleiben können, weil ihr euch abrupt in eine andere Richtung bewegt. Eure Ziele und Werte sind möglicherweise nicht mehr mit denen eurer Partnerin oder eures Partners vereinbar. Oder es sind Umstände eingetreten, beispielsweise ein Jobwechsel, die euch gezwungen haben, woanders hinzugehen und Änderungen in eurem Lebensstil vorzunehmen, mit denen niemand gerechnet hatte.

Wassermann
Liebe und Beziehungen

Zu Beginn des Jahres und noch bis März bildet Powerplanet Mars einen förderlichen Aspekt zu eurem Sternzeichen, gleichzeitig steht Prüfungsplanet Saturn hinderlich. Mars sagt: „Gib Gas!", und Saturn sagt: „Stopp!" Ihr habt also einen Fuß auf dem Gaspedal und den anderen auf der Bremse. Was wollt ihr tun? Vielleicht stellt ihr fest, dass ihr oft eure Meinung darüber ändert, was ihr unternehmen wollt. Wenn ihr euch für Veränderungen entscheidet, seid ihr aufgeregt und voller Energie und Kreativität. Aber wenn ihr innehaltet, um über die Folgen mutiger Veränderungen im Leben nachzudenken, kommt vielleicht Angst hoch und ihr fürchtet einen Verlust, den ihr nicht wiedergutmachen könnt. Dieses Dilemma löst sich Ende März, wenn ihr euch endlich entscheidet und aufhört, euch und alle um euch herum mit eurer Unentschlossenheit verrückt zu machen.

Insgesamt habt ihr dennoch viele Möglichkeiten für Erfolg und Wachstum, insbesondere in der ersten Jahreshälfte, wobei ihr bis Mitte Mai von Jupiter unterstützt werdet. Eure grundsätzlich freundliche und offene Art kommt gut an und bringt euch gesellschaftlich voran. Ihr seid beliebt, gut gelaunt (außer wenn ihr euch nicht entscheiden könnt) und scheint eure Verantwortlichkeiten im Griff zu haben. Möglicherweise trefft ihr endlich eine Entscheidung über eure Zukunft und beschließt, was ihr wirklich tun wollt und müsst, und das ist gut so! Seht es als Investition in eure Zukunft und arbeitet hart daran, jetzt und auch in den kommenden fünf Jahren. Ihr werdet sehen: Die Anstrengung, die ihr jetzt für eure Mission aufwendet, wird zu einem erfolgreichen Ergebnis führen.

Dabei unterstützt euch auch der Mondknoten, der ab Mitte Juli durch den Widder läuft und dann für eineinhalb Jahre einen günstigen Aspekt bildet. Er verweist darauf, dass Menschen euren Weg kreuzen, oft direkt in eurem alltäglichen Umfeld, die euch interessante Impulse geben oder sogar Türen öffnen können. Im Job erfahrt ihr viele interessante News über den Flurfunk, im täglichen Leben durch eure Nachbar:innen, haltet deswegen Augen und Ohren offen. Wenn ihr Geschwister habt, können auch durch sie entscheidende Entwicklungen angestoßen werden. Der Mondknotentransit stellt zudem eine gute Chance dar, euer Wissen zu erweitern, zum Beispiel durch eine neue Sprache oder eine neue technische Fertigkeit. Auch falls ihr neue Wege der umweltfreundlichen

Mobilität gehen wollt, ist das eine gute Gelegenheit. Diese Impulse dürften euch als wissbegierigen Wassermanngeborenen sehr entgegenkommen und für gute Stimmung sorgen.

Als Wassermanngeborene gehört ihr zu den Protagonist:innen der Luftepoche. Ihr könnt bei der Gestaltung dieser neuen Ära ganz vorne dabei sein. Dieser Aufbruch ist aufregend, aber er kann euch auch ängstigen und verunsichern. Die Ersten von euch, das betrifft die **am 19. und 20. Januar** Geborenen, bemerken vielleicht auch schon den Einfluss von Pluto, der vom 23. März bis zum 11. Juni ein erstes Mal die Grenze zum Wassermannzeichen überschreitet und den Wandel ankündigt. Auch in eurem Leben kündigt sich vielleicht ein größerer Wandel an. Oft hat dieser mit einer möglichen Vergrößerung eurer Einflusssphäre zu tun, zum Beispiel im Job. Oder es geht darum, ob ihr noch zu den Werten eurer Firma stehen könnt. Vielleicht erkennt ihr, dass hinter den Kulissen Machenschaften vor sich gehen, die ihr nicht mittragen wollt. Ihr müsst noch nichts überstürzen, der richtige Übergang kommt erst 2024. Aber ihr könnt schon einmal darüber nachdenken, was euch im Leben wirklich wichtig ist. Denn mit den Kräften Plutos kommt man am besten klar, wenn man integer ist und zu dem stehen kann, was man tut.

Betrachtet euer Jahr 2023 am besten als ein Jahr des Übergangs: Bisherige Lebensumstände, die für euch nicht mehr passen, kommen zu einem Ende und ihr gestaltet vieles in eurem Leben neu. Das erfordert Engagement und die Bereitschaft, über einige Jahre vollen Einsatz in Richtung dieses neuen Lebens zu zeigen. Sofern ihr eure Verantwortlichkeiten gut handhabt, wird sich diese Investition in eure Zukunft auszahlen. Ansonsten könnte es sein, dass ihr einige Jahre sowohl in eurer Karriere als auch in euren Beziehungen mal hierhin und mal dorthin springt. Es wird auf jeden Fall spannend mit all diesen Menschen, die kommen und gehen. Doch fragt euch dabei stets: „Wohin gehe ich? Welcher Sache und welchen Menschen bin ich wirklich verpflichtet?" Vielleicht wollt ihr einfach nur frei sein und die Welt erkunden und sehen, wohin sie euch führt. Das ist in Ordnung, solange es euch mit Sinn erfüllt und ihr mit diesem Ziel im Hinterkopf neue Dinge ausprobiert. Denkt nur daran, dass plötzliche Richtungsänderungen womöglich große Störungen für euch und

Wassermann
Liebe und Beziehungen

nahestehende Menschen verursachen. Stellt sicher, dass ihr darüber redet, was in euch vorgeht und welche Pläne ihr habt, bevor ihr plötzlich eine neue Richtung einschlagt.

Liebe und Beziehungen

Stellt euch auf einen heißen Sommer der Liebe ein! Auch in Freundschaften, festen Beziehungen und eurer Familie reißen die Aufregungen nicht ab. Der innovative Uranus sorgt für immer neue, überraschende Entwicklungen in eurem Privatleben. Dank Glücksplanet Jupiter seid ihr beliebt und euer soziales Leben blüht. 2023 kommen noch zwei weitere, äußerst prickelnde Einflüsse dazu: Die faszinierende Lilith und Liebesgöttin Venus beleben gemeinsam euer Partnerhaus und senden viele Impulse für ein aufregendes Liebesleben! Besonders vielversprechend ist das Jahr, wenn ihr frei und ungebunden seid, sodass ihr diesen Verlockungen und Chancen ausgiebig nachgehen könnt. Einige Herausforderungen erwarten euch, wenn ihr viele Verpflichtungen, Pläne und Vorhaben habt, denn die werden womöglich durch eine neue Liebe gewaltig durcheinandergewirbelt. Wenn ihr fest liiert seid und vielleicht ein anspruchsvolles Familienleben habt, dürfte es ebenfalls nicht so einfach sein, die kosmischen Energien harmonisch zu integrieren. Eines garantieren die Sterne jedoch: Langweilig wird es nicht!

Wohltäter Jupiter beschenkt euch noch bis Mitte Mai mit vielen Gelegenheiten, interessante neue Leute kennenzulernen, häufig über gemeinsame Interessen oder indem ihr etwas Neues zusammen lernt. Vielleicht trefft ihr aber auch direkt in eurer Nachbarschaft nette Menschen, beim Einkaufen oder durch die schulischen Aktivitäten eurer Kinder. Auch falls ihr mal einen Städtetrip unternehmt, könnte das interessante Begegnungen bringen. Dieser gute Einfluss wird ab Mitte Juli abgelöst vom aufsteigenden Mondknoten, der in ähnlicher Weise dazu beiträgt, dass die Begegnungschancen nicht abreißen. Das können sogar Kontakte sein, die euch in wichtigen Bereichen unterstützen und ein Stück auf eurem Entwicklungsweg begleiten. Chiron, der ebenfalls hier steht, zeigt, dass auch euer Interesse an Verbesserungen in der Gesellschaft, (alternativen) Heilmethoden oder der Einsatz für Schwächere euch in Kontakt mit spannenden Menschen bringt. Daraus können sich neue Freundschaften oder Interessengemeinschaften entwickeln, aber auch Flirts und Beziehungschancen.

Erneuerungsplanet Uranus, der zugleich auch euer Herrscher ist, wirft nun schon im fünften Jahr Spannungsaspekte auf euer Sternzeichen, sodass viele von euch im Privatleben einfach nicht zur Ruhe kommen. Wenn ihr im Januar Geburtstag habt, ist der größte Sturm wahrscheinlich vorüber (es sei denn, Uranus bildet noch weitere Aspekte zu anderen Planeten eures Geburtshoroskops). In diesem Fall habt ihr vielleicht mithilfe von Saturn in den letzten beiden Jahren schon gute neue Beziehungsstrukturen aufgebaut. Die übrigen von euch, besonders die **vom 3. bis zum 13. Februar** Geborenen, spüren Uranus' Einfluss jedoch deutlich, vor allem im Hinblick auf die Familie und die Wohnsituation. Vielleicht werden eure Kinder flügge und ziehen aus. Neue Personen können ins Leben eintreten und ältere Verwandte gehen. Oder ihr erhaltet plötzlich eine Gelegenheit, umzuziehen, auf die ihr schon länger wartet. Auf jeden Fall stehen Veränderungen an und es liegt an euch, die Beziehungen, die euch wichtig sind, intakt zu erhalten und mit Sinn zu erfüllen. Sprecht mit euren Partnerinnen und Partnern, Eltern und Kindern darüber, was euch bewegt und was ihr gerne ändern würdet. Können und wollen sie es mittragen? Ihr solltet eure Liebsten nicht vor vollendete Tatsachen stellen. Bei Entscheidungen, die euer gemeinsames Leben betreffen, sollten alle an einem Strang ziehen. Ihr könntet auch eine Trennung auf Zeit ausprobieren und vielleicht seid ihr dazu sogar gezwungen, weil ihr aus äußeren Gründen, zum Beispiel durch einen Jobwechsel, eine Weile eine Fernbeziehung führen müsst. Das kann euch bewusst machen, ob ihr euren Partner oder Partnerin noch liebt und vermisst oder ob ihr euch allein oder mit neuen Leuten wohler fühlt, weil ihr euch in eine neue Richtung entwickelt. Vielleicht gestaltet sich das Zusammenleben aber auch trotz guten Einvernehmens schwierig, zum Beispiel weil eine aufwendige Renovierung sich in die Länge zieht und an den Nerven zerrt. Möglicherweise belasten euch auch Probleme mit euren Kindern oder Familienangehörigen, die gerade eine schwierige Phase haben. Gegebenenfalls solltet ihr Zeit und Engagement in eure Beziehung bzw. Familie stecken und Wege finden, das Problem gemeinsam zu lösen. Dafür kann sich auch die Hilfe einer Therapeutin, eines Coaches oder einer Astrologin lohnen. Wenn Kompromisse unmöglich sind, werdet ihr wohl in eine neue Richtung aufbrechen, und wer euch einmal

Wassermann
Liebe und Beziehungen

nahestand, ist plötzlich weiter (oder sehr weit) entfernt. So kann es zu Trennungen kommen, von Menschen, mit denen ihr befreundet wart, Partnerinnen und Partnern oder Familienmitgliedern. Aber dadurch entstehen auch neue, spannende Lebensumstände, die ihr euch vielleicht gewünscht habt.

Während ihr diese Veränderungen durchlebt, entwickelt ihr eine ganz neue Form der Anziehung zwischen euch und anderen, was belebend, verjüngend und erfrischend wirkt. Ihr liebt das Gefühl der Neuheit, das diese Menschen in euer Leben bringen. Das Problem könnte allerdings sein, dass sie nicht sehr lang in eurem Leben bleiben, vielleicht nur wenige Monate. Die Chemie zwischen euch mag anfangs sehr stark sein – das gilt auch für Menschen, mit denen ihr auf eine tolle neue Freundschaft oder Interessengemeinschaft hofft –, aber wartet dennoch ein bisschen ab. Gebt euch mindestens drei Monate Zeit, bevor es zu mehr Intimität oder gar gemeinsamen Lebensplänen kommt. Diese Zeitspanne erlaubt euch sicherzustellen, dass eure Werte und Ziele mit denen eurer neuen Flamme kompatibel sind. Wer regelmäßig meine Videos schaut, kennt diese Idee auch als „90-Tage-Regel".[1]

Nicht nur Erneuerer Uranus bringt frischen Wind in eure Beziehungsstrukturen. Dieses Jahr gesellen sich auch noch Lilith, die Göttin der wilden Weiblichkeit, und Liebesgöttin Venus dazu! Unter diesen Vorzeichen könnt ihr eine heiße Affäre erleben oder neue, erotische und attraktive Seiten an eurem bestehenden Beziehungspartner oder eurer Partnerin entdecken! Die provokante Lilith läuft vom 8. Januar bis zum 3. Oktober durch den Löwen und damit durch euer kosmisches Partnerhaus. Die sinnliche Venus gesellt sich dann vom 5. Juni bis zum 9. Oktober dazu, und im Juni auch noch der triebhafte Mars! Ihr könnt euch also schon mal auf einen äußerst heißen Sommer der Liebe einstellen. Wobei diese drei Kräfte jeweils ihre eigene Agenda haben. Lilith möchte, dass ihr mehr Tiefe und Authentizität in euren Gefühlen zulasst, und das geschieht vielleicht durch eine Affäre, die euch den Boden unter den Füßen wegreißt und vieles infrage stellt, was ihr bisher über Beziehungen und

---

[1] Die 90-Tage-Regel gibt's zum Nachlesen auf meiner Homepage als Dossier. Der Text ist außerdem Bestandteil des schriftlichen Venus-Horoskops als PDF, welches ihr ebenfalls auf meiner Homepage bestellen könnt.

Erotik zu wissen glaubtet. Das kann unglaublich inspirieren und befreiend wirken, aber auch euer Leben auf den Kopf stellen. Und dann muss sich erst mal erweisen, ob eine solche Liebe auch alltagstauglich ist. Die Venus begünstigt liebevolle Begegnungen und wirkt grundsätzlich beziehungsfördernd. Der stürmische Mars hingegen zeigt Flirtpartner an, die in erster Linie Lust auf Sex und Erotik haben, aber nicht unbedingt auch eine Bindung suchen. So probiert ihr vielleicht mehrere Optionen aus. Genießt die schönen Liebeschancen, aber glaubt nicht alles, was gesagt wird, und noch nicht mal alles, was ihr selbst fühlt. Euer Gegenüber mag euch großartig erscheinen, aber es ist nicht alles Gold, was glänzt. Bevor ihr nach Las Vegas reist, um zu heiraten, wendet lieber die 90-Tage-Regel an und wartet drei Monate ab. Wenn dann die Schmetterlinge immer noch fliegen, ist das ein gutes Zeichen!

Eine Besonderheit ist die Rückläufigkeit der Venus vom 23. Juli bis zum 4. September, ebenfalls bei euch im Partnerhaus. Das weist darauf hin, dass sich jemand aus der Vergangenheit bei euch zurückmelden könnte. Womöglich lodert das Feuer der Leidenschaft wieder auf und ihr lasst euch begeistert darauf ein. Schwierig wird es, wenn ihr inzwischen eine neue Beziehung habt. Dann solltet ihr noch einmal überdenken, ob die Versuchung gerechtfertigt ist. Dieser Venusaspekt kann eure Gefühle und die eures Partners oder eurer Expartnerin aufwühlen und zu Konflikten führen, wenn ihr nicht ehrlich mit euch und anderen seid. Wenn ihr jedoch frei seid, zu tun und zu lassen, was ihr wollt, könnt ihr die Liebe und Leidenschaft genießen.

Highlights und kritische Phasen in der Liebe

Highlight: 3. bis 27. Januar
Wahrscheinlich laden euch eure Steinbockfreunde zum Geburtstag ein, dann geht unbedingt hin! Für Singles ist das auch eine Gelegenheit, jemanden kennenzulernen! Vom 21. bis zum 25. Januar ist eine gute Zeit, um über eine langfristige Beziehung nachzudenken und euch verlässlich zu zeigen.

Wassermann
Liebe und Beziehungen

Highlight: 20. Februar bis 16. März
Jetzt steht ihr häufig im Mittelpunkt und alle hören euch gebannt zu. Ihr seid geistreich und witzig und habt gleichzeitig auch richtig tiefschürfende Ideen. Ihr könnt sogar heilsame Gespräche führen oder auch leiten, falls ihr therapeutisch arbeitet. Wenn ihr etwas auf dem Herzen habt, sprecht es während dieser Phase an, das ist eine besondere Gelegenheit, vertrauensvoll einen schmerzlichen Punkt im Leben anzuschauen, zu akzeptieren und zu integrieren. Solltet ihr als Aktivistinnen und Aktivisten tätig sein, nutzt diese Zeit, um eure Follower:innen mit Herzblutgeschichten in euren Bann zu schlagen!

Kritisch: 7. bis 16. April
Achtet darauf, dass ihr eure hohen gesellschaftlichen Maßstäbe in der Ethik auch bei euch zu Hause anwendet! Nicht dass eure Lieben sich vernachlässigt fühlen, während ihr euch für die Verbesserung der Gesellschaft einsetzt. Vielleicht ist das Problem auch finanziell: Geld, das für die Familie oder für den Haushalt bestimmt war, solltet ihr nicht für euer eigenes Vergnügen ausgeben.

Highlight: 18. bis 30. April
Alles kann, nichts muss – so lautet die Devise, mit der ihr euch jetzt richtig wohlfühlt. Ihr habt es nicht eilig, eine Bindung zu vertiefen, ihr wollt erst mal mit allen Sinnen genießen! Wenn ihr liiert seid, steckt ihr euren Schatz mit eurer guten Stimmung an. Schaut doch mal, dass ihr euch gemeinsam draußen in der Natur bewegt, das verbindet und macht Lust auf anschließendes Kuscheln! Die prickelnden Gefühle begleiten euch noch bis zum 7. Mai, doch in diesen Tagen gibt's dunklere Wolken am Frühlingshimmel:

Kritisch: 1. bis 7. Mai
Während ihr vergnügt flirtet und es auch beruflich gut läuft, kann es zu Hause drunter und drüber gehen. Missverständnisse sorgen für Chaos oder Verabredungen gehen schief. Das könnte teuer werden: Passt auf, dass ihr euch nicht aussperrt und den Schlüsseldienst holen müsst! Vielleicht steht auch unerwarteter Besuch auf der Matte und ihr müsst kurzfristig umorganisieren. Wahrscheinlich geht euch die heitere Grundstimmung aufgrund der Situationskomik trotzdem nicht verloren!

Highlight: 14. bis 24. Juni
Diese besondere Zeit schenkt euch die Chance, durch ein Liebeserlebnis Heilung zu erfahren und euch tief verstanden zu fühlen. Kein Wunder, wenn ihr jetzt alles stehen und liegen lasst, um euch mit einer faszinierenden Person zu treffen! Auch wenn ihr euch gemeinsam mit anderen für eine gute Sache engagiert, kann das heilsam und erhebend wirken. Die Menschen spüren eure Tiefe und Sehnsucht nach Erkenntnis und fühlen sich davon sehr angezogen. Wenn ihr fest liiert seid, sprecht mit Partner oder Partnerin darüber, was in euch vorgeht. Das stärkt eure Beziehung.

Kritisch: 25. Juni bis 7. Juli
Baustellen, die ihr jetzt zu Hause habt, vielleicht buchstäblich eine Renovierung oder andere Prozesse, die im Umbruch sind, fallen euch lästig, weil ihr viel so gern Liebesinteressen nachgehen wollt. Das ist gut, solange sich anderes aufschieben lässt. Wenn jedoch wichtige Menschen davon betroffen sind, solltet ihr schauen, dass ihr eurer Verantwortung gerecht werdet. Achtet darauf, dass ihr nicht ungeduldig oder wütend reagiert, wenn euch andere daran erinnern, was ihr zugesagt habt. Denkt an die 90-Sekunden-Regel![2]

Kritisch: 5. bis 25. August
Der schöne Fluss der Liebeserlebnisse könnte unterbrochen werden. Vielleicht zieht sich jemand zurück, vielleicht erkennt ihr, dass eure Wertvorstellungen doch nicht so gut übereinstimmen. Es könnte auch eine verflossene Liebe wieder in euer Leben zurückkehren und die alte Faszination erwacht von Neuem. Das ist natürlich schwierig, wenn ihr bereits wieder liiert seid. Trotz möglicher Komplikationen birgt diese Situationen auch die Chance, aus Beziehungsfehlern der Vergangenheit zu lernen. Wenn ihr noch frei seid, beginnt ihr nun vielleicht mit dem oder der Ex noch einmal von vorn. Der Neumond am 16. August in eurem Partnerhaus bietet sich für eine Meditation oder ein Ritual zum Thema eurer Beziehungen an.

---

[2] Diese wunderbare Übung hilft euch, bei Gefühlen von Wut und Zorn wieder in eure innere Mitte zu kommen und einen klaren Kopf zu behalten. Es gibt dazu ein Video auf meinem YouTube-Kanal und auch ein schriftliches Dossier auf meiner Homepage. Der Text ist zudem Bestandteil der schriftlichen Mars-Analyse als PDF.

Wassermann
Karriere und Finanzen

Highlight: 11. bis 25. September
Nun kommt in der Liebe wieder vieles in Fluss. Im Idealfall habt ihr eure Differenzen, was Wertvorstellungen anbetrifft, geklärt. Oder auch die Sache mit der vergangenen Beziehung. Jetzt wisst ihr, woran ihr seid und ob es mit den betreffenden Menschen eine gemeinsame Zukunft gibt.

Kritisch: 25. bis 29. September
Diese Phase kann noch mal ein chaotisches Hin und Her mit sich bringen, was euch verunsichert. Wenn ihr jedoch klarseht, wo es für euch hingeht, fällt es euch wesentlich leichter, eine nötige Entscheidung zu treffen. Eventuell zeigt sich nun, wovon ihr loslassen müsst, um frei für die Zukunft zu sein.

Highlight: 8. November bis 4. Dezember
Nun packt euch das Fernweh und ihr möchtet dem Novemberwetter gemeinsam mit einem Herzensmenschen entfliehen. Wenn ihr liiert seid, könnt ihr das ja im Voraus planen und euch dann in wärmere Gefilde oder ein schönes Wellnesshotel abseilen. Singles können der Liebe unterwegs begegnen. Alternativ könnt ihr geistig euren Horizont erweitern, zum Beispiel durch den Besuch kultureller Veranstaltungen oder ein politisches Engagement, verbunden mit der Chance, dabei tolle Leute kennenzulernen.

Karriere und Finanzen

Wichtig für euch ist es dieses Jahr, am Ball zu bleiben! Haltet euch über die neuesten Trends, Tools und Hilfsmittel, die eure Arbeit beeinflussen, auf dem Laufenden. Es ist nun die ideale Zeit gekommen, um euch weiterzubilden, aber achtet darauf, dass dies nicht zu zeitaufwendig wird!

Bis zum 16. Mai gibt es zahlreiche Möglichkeiten, euer Einkommen zu steigern. Ihr habt interessante Ideen, für die andere sehr offen sind. Sofern eure Mittel es zulassen, ist die Zeit günstig, um ein neues Auto, Smartphone oder einen Computer zu kaufen, die für eure Arbeit hilfreich sind und eure Karriere unterstützen. Wenn ihr die Möglichkeit habt, öffentliche Vorträge zu halten, solltet ihr dies ernsthaft in Erwägung ziehen. Sagt zu, wenn ihr Gelegenheiten habt, gegen Bezahlung zu schreiben. Euer Verstand ist jetzt euer größtes Kapital, und ihr scheint gute Ideen zu haben, die andere interessieren. Ihr könnt dies vermarkten oder als Einstieg für Verkäufe verwenden, die Geld einbringen können.

Das Wichtigste ist jedoch, über alle Neuentwicklungen in eurer Arbeit auf dem Laufenden zu bleiben. Zusätzlich ist es wichtig zu betonen, dass im Moment nicht die richtige Zeit für Alleingänge gekommen ist, außer Chefin oder Chef haben euch dazu aufgefordert. Wichtig ist für euch, den Bezug zu eurer täglichen Arbeit nicht zu verlieren. Wenn ihr euch innerhalb der Rahmenbedingungen eures Projektes bewegt, läuft es rund. Handelt deshalb nicht zu unabhängig und erledigt keine Aufgaben außerhalb der erwarteten Rolle, ohne andere zu informieren. Sonst könnte euch das Probleme bei der Arbeit bereiten, im ungünstigsten Fall müsst ihr euch dann eine andere Arbeit suchen. Läuft es optimal, so erhaltet ihr grünes Licht, seid tatsächlich sehr kreativ und lenkt viel Aufmerksamkeit auf eure einzigartigen Fähigkeiten. Das kann vielversprechend sein und zu neuen Aufgaben führen. Auf jeden Fall stehen euch in eurer Karriere große Veränderungen bevor. Diese können auch mit einer wesentlichen Umstellung eures Lebensstils einhergehen, insbesondere für die **vom 3. bis zum 13. Februar** Geborenen. An eurem Arbeitsplatz stehen personelle Wechsel an, die euch nicht überraschen sollten. Vielleicht wird euch eine neue Position angeboten. Wenn ihr selbstständig seid, werdet ihr möglicherweise Veränderungen in eurer Kundschaft feststellen. Neue Kunden kommen hinzu und alte Kunden gehen.

Es könnte Zeiten geben, in denen euer Urteilsvermögen infrage gestellt wird. Ihr neigt dazu, nur das Positive in einer Situation zu sehen, vielleicht weil ihr an das Negative nicht denken wollt. Eine detailgenaue Einschätzung von Situationen ist dieses Jahr aber wichtig. Bevor ihr Änderungen vornehmt, sind genaue Bewertungen von Situationen relevant, da ihr möglicherweise wichtige Details überschätzt oder überseht, was euch teuer zu stehen kommen kann, besonders in der zweiten Jahreshälfte. Dies betrifft hauptsächlich die zwischen dem **25. Januar und 5. Februar** Geborenen.

Wassermann
Karriere und Finanzen

Anfang 2023 steht Mars in einem günstigen Aspekt zu eurem Sternzeichen, eine Situation, die am 20. August 2022 anfing und bis zum 24. März 2023 dauert. Während dieser Zeit kann eure Karriere einen Antrieb erhalten. Ihr scheint hochmotiviert zu sein. Ihr seid voller neuer Ideen und Energie und werdet viel erreichen. Ihr könnt hervorragend sein im Umgang mit Kindern und Jugendlichen, bei Sport oder anderen Aktivitäten mit körperlicher sowie geistiger Anregung. Bringt euren Körper durch Bewegung und körperliche Herausforderungen in Form. Dies gilt in erster Linie für die zwischen dem **28. Januar und 14. Februar** Geborenen.

Finanziell sieht das erste Halbjahr besser aus als das zweite Halbjahr. Ihr habt einen hohen Energiepegel und könnt viele Dinge erfolgreich durchführen. Seid aber während des ganzen Jahres sehr vorsichtig mit Spekulationen, da Uranus angespannt zu eurem Sternzeichen steht. Euer Timing könnte möglicherweise beeinträchtigt werden. Ihr habt vielleicht die richtigen Ideen, reagiert aber zu früh darauf. Solltet ihr handeln und spekulieren wollen, ist es ratsam, dies vor dem 16. Mai und in kurzen Zeitintervallen zu tun. Zu lange an etwas festzuhalten, kann am Ende teuer werden. Was ihr dieses Jahr auf keinen Fall machen solltet, ist, euren Lebensstil mit einem einzelnen Handel, einer Investition oder einer Idee aufs Spiel zu setzen. Je überzeugender und einzigartiger eine Sache zu sein scheint, desto gefährlicher kann sie für euer finanzielles Wohlergehen sein. Ihr seid vielleicht von der Illusion des „schnellen Reichtums" angezogen, aber mit zu viel Glück solltet ihr nicht rechnen. Das kommt zu einem späteren Zeitpunkt. Im Moment kommt es vor allem darauf an, herauszufinden, was ihr in eurem Leben und eurer Karriere wirklich wollt.

Highlights und kritische Phasen in Beruf und Finanzen

Kritisch: 18. Januar bis 26. Januar
Sieht aus als müsstet ihr nun ernsthaft sparen oder auf eure Reserven zurückgreifen. Auch solltet ihr während dieser Zeit kein Geld für etwas ausgeben, das ihr nicht wirklich braucht. Zwar habt ihr durchaus Lust auf

soziale Aktivitäten, aber das muss ja nicht teuer sein: Ein Spieleabend zu Hause macht auch Spaß, und jeder kann etwas zur Verpflegung beisteuern! Es wird bald besser:

Highlight: 1. bis 9. Februar
Jetzt entspannt sich die finanzielle Lage wieder. Vielleicht könnt ihr sogar Gewinne einstreichen! Dabei kommt euch euer kreatives Potenzial zugute. Offenbar habt ihr eine Idee, wie man ein paar zusätzliche Euro generieren kann. Nutzt diese Einfälle! Von allein wird nichts passieren. Ihr müsst euch ein bisschen anstrengen. Doch die Mühe lohnt sich und zahlt sich schnell aus.

Kritisch: 22. Februar bis 30. März
„Gier frisst Hirn" sagt man, wenn jemand die Risiken bei Geldanlagen nicht sieht und nur auf vage Renditeversprechen schaut. Das darf euch nicht passieren! Wer allzu sorglos mit geradezu manischer Hoffnung investiert, dem droht ein Ende mit Schrecken. Lasst euch weder von schöngefärbter Werbung noch von angeblich todsicheren Tipps aus dem Freundeskreis verleiten, Geld dort anzulegen, wo ihr die Strukturen nicht 100%ig durchschaut. Wer ein Finanzgenie ist, kann auch mal ein Wagnis eingehen – aber nur mit Geld, das im Verlustfall nicht den kompletten Ruin einläutet.

Highlight: 8. Mai bis 5. Juni
Nutzt eure Kontakte, um beruflich weiterzukommen. Einige Wassermanngeborene scheuen sich, Bekannte und Freund:innen um Unterstützung zu bitten. Sie fürchten, dadurch in die Pflicht einer Gegenleistung genommen zu werden. Doch manche Unterstützung und mancher Tipp ist altruistisch. Guten Freunden oder netten Mitmenschen hilft man einfach. Ihr dürft das annehmen!

Kritisch: 21. bis 27. August
Manchmal kommen Betrüger mit Lächeln und schnieken Anzügen wie der Wunschschwiegersohn daher. Doch auf die Freundlichkeitsmasche dürft ihr nicht hereinfallen. Egal wie sympathisch euch Geschäftsleute,

Wassermann
Karriere und Finanzen

Verkäufer, Vertreter oder Bankmitarbeiter nun erscheinen: Prüft genau, ob ihre Angebote seriös sind! Die Wahrscheinlichkeit, dass das nicht der Fall ist, ist in diesen Tagen leider sehr hoch.

Highlight: 16. September bis 4. Oktober
Habt ihr schon einmal damit geliebäugelt, euch selbstständig zu machen? Dann nutzt diese Phase! Jetzt habt ihr den nötigen Drive, um euch auf dem Markt durchzusetzen. Zudem erhaltet ihr finanzielle Starthilfe ohne großes bürokratisches Brimborium. Und zu guter Letzt scheint auch die Kundschaft bereits auf euch zu warten; jedenfalls kommt euer Angebot schnell gut an. Zugegeben: Die Kundschaft ist anspruchsvoll. Aber das seid ihr ja auch.

Kritisch: 25. Oktober bis 3. November
Oh weh – das sieht nach Ärger mit der Chefetage aus. Dabei habt ihr euch nichts zuschulden kommen lassen. Vielmehr möchtet ihr offenbar, dass persönliche Interessen auch am Arbeitsplatz berücksichtigt werden. Leider stößt dieses Bedürfnis nicht auf Gegenliebe bei eurem Arbeitgeber. Dennoch solltet ihr nicht gleich aufgeben, sondern eure Interessen ernst nehmen. Sucht euch Mitstreiter:innen und macht der Chefin oder dem Chef klar, dass zufriedene Arbeitnehmer:innen am Ende auch besser für die Firma sind.

Highlight: 8. November bis 4. Dezember
Wer beruflich mit dem Ausland zu tun hat, bekommt nun kosmischen Rückenwind für seine Unternehmungen und Vorhaben. Das gilt auch dann, wenn die Firmenzentrale des Unternehmens, für das ihr tätig seid, ihren Sitz außerhalb der Landesgrenzen hat. Falls ihr nun ein Angebot erhaltet, in weiter Ferne eingesetzt zu werden, solltet ihr nicht sofort absagen. Denn die Chancen, die euch an dem neuen Ort geboten werden, sind es wert, berücksichtigt zu werden.

Highlight: 5. bis 12. Dezember
Aller Stress und jeder Ärger scheint vergessen. Beruflich läuft es kurz vor Jahresende noch mal richtig gut! Die meisten Wassermanngeborenen erhalten sogar ein Dankeschön. Das kann symbolisch erfolgen oder tatsächlich durch eine Gratifikation.

Gesundheit und Spiritualität

Liebe Wassermanngeborene, eine lange Phase des Saturntransits liegt nun hinter euch! Seit 2020 ist der Planet der Meisterschaft durch euer Zeichen gewandert und hat euch so manche Prüfung auferlegt, auch gesundheitlich. Für euch war dies sicher eine sehr anstrengende Phase, da euer Herrscher Uranus und Saturn (euer traditioneller Herrscher) recht unterschiedliche Prinzipien vertreten. Wo Uraniern Freiheit über alles geht, ist Saturn die Begrenzung. Beides brauchen wir in unserem Leben, agieren wir doch in einer Welt der Dualität.

Am 7. März 2023 wechselt der strenge Saturn in euer Nachbarzeichen und ihr werdet merken, wie der Frühling eure Lebensgeister weckt! In der Astromedizin sind euch das Nervensystem und die Waden zugeordnet, falls ihr also zu Wadenkrämpfen oder schweren Beinen neigen solltet, empfehlen wir euch nicht nur Magnesium, sondern auch zu tanzen! Raus mit euch und schwingt die müden Knochen! Eure Lebenskraft kommt im Jahr 2023 nämlich nicht nur durch das Ende des Saturntransits zurück, sondern auch durch den Einzug doppelter Frauenpower in euer Partnerhaus, den Löwen! Venus und Lilith bescheinen über große Strecken in diesem Jahr eure Sonne und werden euer sonst so kühles Luftelement ganz schön aufwirbeln. Die Spannung in eurem (Nerven-)System wird sich erhöhen und dies ist eine wunderbare Möglichkeit für euch, euren Körper neu zu entdecken. Vielleicht habt ihr auf einmal Spaß daran, etwas völlig Untypisches für euch zu erleben und einen Salsakurs zu besuchen? Oder ihr entdeckt dank Lilith einen neuen Zugang zu eurer animalischen Seite und trefft eine Schamanin, wer weiß? Lasst euch auf jeden Fall von dem Göttinnenduo inspirieren, die Welt und ihre schönen Seiten neu zu entdecken.

Wachstumsplanet Jupiter wird ab dem 16. Mai für zwölf Monate einen Spannungsaspekt zu eurem Zeichen bilden. Ihr solltet dann mehr auf eure Ernährung achten, da ihr in dieser Zeit zu Gewichtsproblemen neigen könntet. Möglich sind auch Probleme mit einem Anstieg eures Blutzuckers. Seid also vorsichtig mit Übertreibungen oder Exzessen und habt Geduld, sowohl bei der Arbeit als auch mit euch selbst. Auch Uranus bildet eine Spannung zu euch, die euch nervös machen kann. Wenn ihr die

Wassermann
Gesundheit und Spiritualität

Signale eures Körpers ignoriert, kann sich diese Kombination durch Herzrhythmusstörungen, Bluthochdruck oder Kreislaufprobleme äußern.

Eurem Nervenkostüm müsst ihr auch Entspannung zugestehen. Der magische Heilstein, der euch Unterstützung bieten kann, ist der Chrysopras. Er hilft euch dabei, innere Weite und Unabhängigkeit zu bewahren. Eine besondere Wirkung wird ätherischen Ölen zugesprochen. Für euch ist der Duft von Bergamotte, Pinie und Kiefer wohltuend und entspannend. Wenn ihr lernt, auf eure Stimme zu hören, Gedanken kommen und gehen zu lassen, dann seid ihr auf dem besten Weg zu euch selbst.

Highlights und kritische Phasen für die Gesundheit

Highlight: 15. Januar bis 12. Februar
Diese Zeit ist eine sehr angenehme Phase. Mehr denn je könnt ihr euch auf eure Intuition verlassen. Ihr erfahrt viel Unterstützung und Anerkennung aus eurem Umfeld. Auch verspürt ihr zunehmend den Wunsch, spirituell euren Horizont zu erweitern. Versucht zur Ruhe zu kommen, durch Meditation, Yoga und lange Spaziergänge in der Natur. Ausreichender Schlaf bringt euch euren Träumen und Zielen näher. Nutzt dazu den Duft vom ätherischen Öl der Bergamotte. Ausgleichend und entspannend wirkt ein Tee aus Muskatellersalbei, Melisse, Lavendel und Fenchel.

Kritisch: 8. bis 17. März
Euer Immunsystem könnte schwächeln. Vielleicht schleppen eure Kinder oder Besucher einen Infekt ein. Bei der Steigerung der Immunabwehr unterstützt euch die wirksame Heilkraft von Schafgarbe, Beifuß, Galgant und Roibusch als Tee. Gönnt euch Ruhephasen. Trinkt genug Wasser und unterstützt euren Kreislauf mit einem gesunden Speiseplan und frischen Kräutern wie Rosmarin und Thymian. Zusätzlich hilft zur Entspannung ein wohltuendes Bad mit ätherischen Ölen von Lavendel und Melisse. Besinnt euch auf eure Stärken. Bleibt auf eurem Weg.

Kritisch: 24. April bis 4. Mai
Am besten wäre jetzt eine Insel, auf der ihr abtauchen könnt und erst wieder auftaucht, wenn ihr das Gefühl habt, verstanden zu werden. Hektik und Stress sind an der Tagesordnung. All das kann sich im Bereich des Magens zeigen. Man neigt in dieser Zeit zu Magenschleimhautreizungen, die ihr mit Beifußtee gut behandeln könnt. Auf eurem Speiseplan sollten frisches Gemüse, Kräuter und milde Gewürze stehen. Achtet auf euren Säure-Basen-Haushalt. Versucht trotz der Hektik in der Natur Kraft zu tanken. Macht Spaziergänge und unterstützt den Kreislauf mit Warm-Kalt-Duschen. Rosmarin belebt und entschleunigt zugleich.

Highlight: 7. bis 24. Mai
Jetzt ist ein guter Zeitpunkt, euren Wünschen und Träumen mehr Beachtung zu schenken. Bewusst könnt ihr nun auf eure Gesundheit eingehen und inneren Impulsen nachgeben. Eine gute Zeit für eine Auszeit, körperliche Reinigung und geistige Erweiterung. Bewegung in der Natur ist förderlich, um zur Ruhe zu kommen. Rosmarin unterstützt den Kreislauf. Muskatellersalbei und Magnesium wirken entspannend. Meditation und Yoga, am besten unter freiem Himmel, sind förderlich, um zu eurer inneren Mitte zu finden.

Kritisch 22. Juni bis 2. Juli
Wo ist der Weg in die Freiheit? Am liebsten würdet ihr ausbrechen. Eine innere Unruhe macht sich breit. In dieser Phase ist auch die Unfallgefahr erhöht. Jetzt heißt es, bei sich selbst zu bleiben und besonnen durch diese Zeit zu gehen. Vorsicht vor Hektik und Ungeduld. Nehmt euch genug Zeit für eure Termine, sodass ihr nicht in Zeitdruck geratet. Geht Diskussionen aus dem Weg und versucht eure Gedanken in der Natur zu ordnen. Die 90-Sekunden-Regel hilft! Stärkt eure Nerven mit einer Teemischung aus Salbei, Pfefferminze, Schafgarbe, Lindenblüte und Fenchel und lasst euch vom Duft der ätherischen Öle Vetiver, Zypresse und Sandelholz berühren.

Kritisch: 17. August bis 29. August
Was ist richtig? Was ist falsch? Diese Zeit ist von Ungewissheit und Zweifeln geprägt. Das kann sich auch in Müdigkeit und Erschöpfung zeigen. Baut auf euch und eure Intuition. Erweitert euren Spirit. Lasst euch nicht

Wassermann
Gesundheit und Spiritualität

aus der Ruhe bringen. Günstig wirken sich Spaziergänge und sportliche Betätigung in der Natur aus. Regeneration erfahrt ihr auch durch ausreichendes Trinken von Wasser mit Zitrone und frischen Kräutern, zum Beispiel Melisse, Minze und Rosmarin.

Highlight: 12. September bis 3. Oktober
Was wäre, wenn ...? Wie leicht könnte die Welt sich drehen, wenn die Gedanken das Steuerbord an die Seele abgeben. Diese Zeit führt euch hinab in das Reich Neptuns. Der Zugang zu euren Wünschen und Träumen wird euch bewusst und erfrischende Erkenntnisse tauchen auf. Wie eine Quelle fließen diese Intuitionen durch euch und bringen Unterstützung auf eurem Weg zu euch selbst. Der Duft von Lavendel verhilft euch dazu, Antworten zu finden.

Kritisch: 24. Oktober bis 1. November
In dieser Zeit könntet ihr euch etwas geschwächt fühlen. Das Immunsystem und die Abwehr brauchen Unterstützung. Euren Kreislauf könnt ihr mit täglichem Trockenbürsten und Wechselduschen warm/kalt unterstützen. Aus der Apotheke der Natur steht euch die heilende Kraft von Schafgarbe, Lindenblüte, Pfefferminze und Fenchel zur Verfügung. Johanniskraut wirkt sich günstig auf das Gemüt aus. Gönnt euch immer wieder Ruhe mit dem Duft von Bergamotte und einem entspannenden Bad.

Highlight: 10. Dezember bis 22. Dezember
Passend zur Adventszeit bekommt ihr nochmals innere Stärke und Bewusstseinserweiterung. Diese Einstellung wirkt sich auch auf euren Körper aus. Ihr fühlt euch gestärkt und euer Abwehrsystem ist gerüstet. Vieles gelingt und fügt sich ohne Anstrengung. Alles ist im Fluss. Wenn nicht, könnt ihr bewusst und unbewusst auf die Natur und ihre Wirkung setzen. Bewegung in frischer Luft bringt den Kreislauf und die Beine in Schwung. Dabei, zur Ruhe zu kommen und dem Alltag zu entfliehen, unterstützen euch Wohlfühlbäder mit den Aromen von Zypresse, Pinie und Bergamotte.

Fische
18. Februar – 20. März

Seid ihr bereit, Meisterinnen und Meisterin eures Lebens zu werden? Ihr dürft euch nun dem großen Magister Saturn anvertrauen, der am 7. März euer Sternzeichen betritt. Mit seiner Hilfe könnt ihr die kosmischen Kräfte bündeln, die günstig für euch stehen, und euch darauf konzentrieren, eure Zukunft zu planen und aufzubauen. Allerdings verlangt der Prüfungsplanet euch dabei einiges an Disziplin ab. Ihr müsst mehr Verantwortung übernehmen und auf euch selbst und eure Gesundheit achten, außerdem auf die wichtigen Aktivitäten, an denen ihr beteiligt seid. Das ist anstrengend, aber auf diese Weise können die nächsten beiden Jahre eine Zeit unglaublicher Errungenschaften werden. Es kommt darauf an, dass ihr den Überblick behaltet, euch gut organisiert und dafür sorgt, dass alles läuft. Deswegen ist es wichtig, dass ihr Prioritäten setzt, damit euch die Anforderungen nicht überwältigen. Eure kreativen und menschlichen Fähigkeiten stehen hoch im Kurs und ihr bekommt sicherlich sehr viele Angebote und Anfragen. Mit Saturn dürft ihr lernen, auch mal Nein zu sagen und euch nur auf das Wesentliche zu konzentrieren. Eigentlich liegt es in eurer Natur, einfach loszulassen und darauf zu vertrauen, dass alles gut wird. Dies dürfte auf einigen Gebieten auch funktionieren. Aber es wird ebenso Bereiche in eurem Leben geben, die gut geplant sein wollen, wahrscheinlich mehr, als ihr das bisher gewohnt wart. Eure Aufgabe ist es zu lernen, wann ihr loslassen könnt und wann ihr mit Disziplin und Planung am meisten erreicht. Letztlich wird Saturn euch testen, ob ihr an euch selbst, eure Lebensphilosophie und eure berufliche Tätigkeit glaubt. Wenn das der Fall ist, bleibt bei dem, was ihr tut, und ihr werdet immer besser darin! Wenn ihr aber unsicher oder frustriert seid, wird euch Saturn nun auffordern, die Konsequenzen zu ziehen. So oder so: Nach Ablauf der zwei Jahre mit dem Meisterplaneten werdet ihr euch stärker und selbstsicherer fühlen und viel über euch selbst gelernt haben!

Fische
Liebe und Beziehungen

Neptun verweilt noch drei Jahre in eurem Sternzeichen, welches er beherrscht und wo sein Einfluss am stärksten ist. Er zeigt, dass Kreativität und Vorstellungskraft wichtig für euer Lebensglück und eure Fröhlichkeit sind. Malt, tanzt, singt, macht Musik, verreist an Orte, die euch inspirieren, und findet Romantik mit jemandem, den ihr liebt. Alles ist möglich, denn Neptun ist der Planet der Träume und ab März hilft Saturn euch, eure Träume zu manifestieren! Am Meer und an großen Gewässern entspannen kann einen heilenden Einfluss auf euch haben. Es kann euren sonst vorhandenen Stress beseitigen. Wenn ihr eure Gedanken fließen lassen könnt, beschäftigt ihr euch oft mit den Problemen der Welt und den Verantwortlichkeiten in eurem Leben. Ihr würdet am liebsten jeden vor Leiden retten, und oft genug helft ihr, eine Eigenschaft, die viele an euch lieben. Ihr gebt euch her für andere in Zeiten der Not. Wenn ihr anderen helft und seht, wie dankbar sie es annehmen, gibt euch das Kraft – es sei denn, ihre Probleme werden einfach zu viel und zu schwer zu ertragen. Dann müsst ihr einen Ausweg finden, wobei euch der Kosmos hilft.

Unterstützung erhaltet ihr durch Menschen aus eurer unmittelbaren Umgebung, das zeigt der aufsteigende Mondknoten. Er steht noch bis Mitte des Jahres günstig im Stier und verspricht, dass immer dann Leute auftauchen, wenn ihr sie am nötigsten braucht. Voraussetzung ist, dass ihr im Gespräch bleibt, euer Interesse zeigt und dass ihr über die Dinge redet, die euch beschäftigen. Ihr werdet wahrscheinlich ganz erstaunt feststellen, dass man euch genauso gern Hilfe anbietet, wie man euch um Hilfe bittet! Im selben Bereich bildet auch Jupiter ab dem 16. Mai einen Freundschaftsaspekt und steht dann für ein ganzes Jahr günstig für euch. Ihr seid nicht allein!

Auch Innovationsplanet Uranus ist auf eurer Seite und steht noch bis Mitte 2025 günstig für euch. Dadurch seid ihr kreativ, erfinderisch und inspiriert. Neue und originelle Gedanken kommen euch in den Sinn. Euer Entdeckergeist wird geweckt. Es kann eine Zeit der Erkenntnisse sein, die eure Persönlichkeit und Arbeit bereichern, was das Interesse anderer Menschen weckt. Eure persönliche Anziehungskraft ist stark ausgeprägt. Wenn ihr viel mit Computern, dem Internet oder den sozialen Medien arbeitet, entdeckt ihr vielleicht, dass ihr eure Programme und

Apps auf neue Arten anwenden und damit noch mehr aus ihnen herausholen könnt. Oder ihr werdet dazu durch Menschen inspiriert, die ihr kennenlernt. Ihr zeigt ein neues Talent, entwickelt neue und aufregende Kreationen. Der Einfluss von Uranus ist günstig, um neue Fähigkeiten, Kenntnisse und Möglichkeiten zur Abwicklung eures Geschäfts zu erlernen. Ebenso, um Konferenzen und Seminare zu besuchen oder zu geben, vor allem online und in Form von Webinaren. Ihr kommt gut mit großen Gruppen zurecht, entweder als Leiter:innen oder als Teilnehmer:innen.

Wie ihr seht, kann 2023 ein interessantes Jahr voller Entdeckungen und neuer Verantwortlichkeiten werden. Ein Jahr mit wechselnden Stimmungen: Mal fühlt ihr euch voller jugendlicher Energie, mal spürt ihr die Schwere des Daseins und die Notwendigkeit, Reife und Weisheit zu beweisen. Mal geht es darum, euch auf eure Bedürfnisse zu konzentrieren, dann schöpft ihr wieder Zuversicht durch euren grundlegenden Glauben an eine höhere Kraft, die euer Leben lenkt, sodass alles in göttlicher Ordnung ist. Es ist ein komplexes Jahr, aber es schenkt euch auch viele Glücksmomente. Ihr müsst euch nur die Zeit nehmen, zu meditieren und diese Segnungen inmitten all der Aktivitäten und des Drucks um euch herum wahrzunehmen. Ihr habt eine Oase in euch, dort könnt ihr Zeit verbringen und euch regenerieren, wenn das Leben zu überwältigend erscheint.

Liebe und Beziehungen

Der Kosmos schenkt euch viele romantische Energien und Liebeschancen. Ihr habt reichlich Gelegenheiten, interessante Leute zu treffen, und aufgrund eurer sanften und hilfsbereiten Art kommen die Menschen auch von selbst auf euch zu. Besonders schöne Zeiten zum Flirten sind im Februar, April und Mai. Eure festen Beziehungen werden im Mai, September und Oktober gestärkt. Doch ihr lasst euch nicht einfach nur treiben und wartet ab, was die Liebe so bringt. 2023 ist es für euer Liebesglück ganz wichtig, dass ihr wisst, was ihr wollt und woran ihr seid!

Viele von euch haben das Glück, dass sie sich in ihrem sozialen Umfeld wohlfühlen, amüsieren und interessante Impulse erhalten. Davon erzählt der erfrischende und verjüngende Einfluss von Uranus. Der sorgt auch dafür, dass ihr viele Gelegenheiten zum Flirten und Kennenlernen

Fische
Liebe und Beziehungen

bekommt. Oft sind das jüngere Menschen oder auch solche, die durch ungewöhnliche Ideen oder Jobs auffallen. Wenn ihr Single und auf der Suche seid, trefft ihr am besten Leute, wenn ihr etwas Neues lernt, euch informiert und austauscht, und nicht zuletzt auch in eurer unmittelbaren Umgebung. Haltet die Augen offen, ihr könntet völlig überraschend einen Flirt in einer ganz banalen Situation anfangen: beim Einkaufen, an der Tankstelle, wenn ihr eure Kinder in der Schule abholt ... Weil Uranus auch für das Internet steht, solltet ihr auch dafür offen sein, online Möglichkeiten zum Daten und Kennenlernen zu nutzen. Im gleichen Bereich ist noch bis Mitte Juli auch der Mondknoten unterwegs. Das bedeutet, ihr könnt im richtigen Moment jemanden treffen, der euch etwas vermittelt, wonach ihr schon lange sucht: ein neuer Job, eine Wohnung, eine hilfreiche Information. Und aus so einer Begegnung kann sich auch mehr entwickeln, wenn ihr auf der Suche nach einer Beziehung seid. Ab dem 16. Mai bereichert Jupiter diesen Bereich eures Horoskops um glückliche Gelegenheiten. Zwölf Monate steht er dann günstig, lässt eure Beliebtheit (noch weiter) steigen und bringt euch ins Gespräch mit Menschen, die sich für euer Leben als wertvoll erweisen. Er sendet zudem Gelegenheiten, Menschen auf Reisen zu begegnen. Auch mit Flirtkandidat:innen aus einem fremden Kulturkreis kann es prickeln. Wann immer ihr während des Jupitertransits euren Horizont erweitert, indem ihr etwas lernt oder indem ihr an einen neuen Ort aufbrecht, tut ihr auch etwas, um euren sozialen Kreis zu erweitern oder sogar eine neue Liebe zu finden!

Auch der sanfte Neptun beglückt euch weiterhin mit fantasievollen und romantischen Tendenzen, vor allem wenn ihr zwischen dem **12. und 19. März** Geburtstag habt. Falls ihr Single seid, kann er euch eine große Liebe bescheren, die fest Liierten erleben zärtlichen und innigen Zusammenhalt. Aber auch ihr übrigen Fischegeborenen könnt seine Kräfte aktivieren, indem ihr einen Liebesurlaub an einem Gewässer plant, euch gemeinsam dem Genuss von Kunst und Kultur hingebt oder auch euch als Paar gemeinnützig engagiert. Und nicht zuletzt unterstützt er auch alle Fischegeborenen, die spirituell arbeiten und das Glück haben, dieses Interesse mit ihren Lebensmenschen zu teilen. Außerdem könnt ihr euch in der Liebe und Erotik fallen lassen und vollkommen hingeben, was eure Liebespartner sicherlich verzückt.

In eurer Familie und eurem häuslichen Bereich kann es zu Beginn des Jahres noch Unruhe geben. Powerplanet Mars steht schon seit dem 20. August 2022 und noch bis zum 25. März 2023 in Spannung zu eurem Sternzeichen. Möglicherweise gibt es Probleme mit jüngeren, männlichen Personen in eurem Haushalt: ein pubertierender Sohn, der frech ist und nicht aufräumt, Mitbewohner, die nicht im Haushalt mitmachen, oder Handwerker, die unzuverlässig sind und dann auch noch pampig werden. Da könnt ihr schon mal die Nerven verlieren. Aber vielleicht kommt die Unruhe auch durch etwas Nettes: Ich kenne zum Beispiel eine Fischefrau, die sich einen kleinen Hund zugelegt hat, und der wirbelt ihr Leben ganz schön auf! Was es auch ist, Ende März legt sich die Aufregung und es kehrt wieder mehr Frieden bei euch zu Hause ein. Im April würdet ihr euch bei einer gemeinsamen Familienaktivität gut amüsieren. Im Juli und August sind die Tendenzen harmonisch für einen Familienurlaub.

Am 7. März betritt Prüfungsplanet Saturn euer Sternzeichen. Für gut zwei Jahre müsst ihr dann mit eurer Energie sparsamer umgehen und eure Zeit sorgfältig einteilen. Die Anforderungen anderer an euch könnten nun so überhandnehmen, dass es euch wirklich erschöpft. Menschen, die euch nahestehen, mögen sich an einem kritischen Punkt in ihrem Leben befinden und auf eure Hilfe hoffen. Ihr jedoch wollt und müsst euch nun mehr auf die Dinge konzentrieren, die ihr erreichen wollt. Es kann euch durchaus schwerfallen, diesen Wandel zu vollziehen, denn eigentlich helft ihr gern. Doch wer ein selbst gestecktes Ziel erreichen will, muss sich in der dafür zur Verfügung stehenden Zeit genau darauf konzentrieren. Für eure Beziehungen ist es wichtig, dass ihr euch mit den Betroffenen absprecht. Wenn Partner:in, Eltern oder Kinder es bisher gewöhnt waren, dass ihr ihnen alles hinterhertragt, kann es für sie eine große Umstellung sein, wenn ihr euch auf ein wichtiges Ziel fokussiert und sie nicht mehr im gleichen Maße umsorgt und verwöhnt wie bisher. Doch das ist eine wichtige Lektion von Saturn: Ihr dürft lernen, auch mal Nein zu sagen. Dürft die anderen bitten, auch mal für euch da zu sein, nachdem ihr vorher häufig zurückgesteckt habt. Vielleicht habt ihr Angst, dass eure Lieben sich daraufhin von euch abwenden. Da könnt ihr entgegensteuern, indem ihr einen Familienrat einberuft und darüber sprecht, was ihr in den nächsten beiden Jahren vorhabt. Und dann gemeinsam überlegt, wie ihr das hinbekommen könnt. Im besten Falle könnt ihr mit eurer

Fische
Liebe und Beziehungen

Familie oder Partnern als „Team" etwas vollbringen, was euch alle stolz macht. Der Saturntransit kann allerdings eure Beziehungen auch auf den Prüfstand stellen. Wenn sich erweist, dass Geben und Nehmen im Ungleichgewicht sind, fordert euch Saturn auf, die Konsequenz zu ziehen. Wenn ihr es schafft, eure Beziehung auf eine neue Basis zu stellen und die Krise zu meistern, seid ihr als Paar bzw. Familie hinterher stärker als je zuvor. Dies gilt 2023 vor allem für die zwischen dem **18. und 26. Februar** Geborenen.

Hilfe und Unterstützung findet sich auch in eurem Umfeld. Gemeinsam mit Freunden, Nachbarinnen oder beispielsweise mit anderen Schuleltern könnt ihr etwas auf die Beine stellen. Vieles lässt sich organisieren, sei es, dass mal jemand auf euer Haustier aufpasst, für euch mit einkauft, dass eure Kinder bei befreundeten Eltern aufgehoben sind oder dass ihr hilfreiche Tipps für den Alltag bekommt. Ihr braucht euch nicht allein zu verausgaben. Setzt auf Gemeinschaft! Und wenn ihr gern etwas Gutes tun und helfen wollt, dann findet doch einfach andere Leute, die sich ebenfalls mit Freude engagieren und gemeinsam mit euch helfen wollen. Das macht erstens mehr Spaß und bringt zweitens gute Kontakte!

Erwähnenswert ist noch, dass die Venus längere Zeit, nämlich vom 5. Juni bis zum 9. Oktober, im Bereich der alltäglichen Arbeit und Gesundheit verbringen wird. Flirts können sich dann auf der Arbeit ergeben, sogar recht leidenschaftliche, besonders im Juni. Möglich auch, dass ihr Gefallen an einem Arzt oder einer Therapeutin findet. Zwischen dem 23. Juli und dem 4. September, wenn die Venus rückläufig ist, kann es zu Verwicklungen kommen. Vielleicht trefft ihr eine Kollegin oder einen Kollegen wieder, mit der oder dem ihr mal eine Liebelei hattet, und es prickelt immer noch, kann jedoch beruflich zu Schwierigkeiten führen. Sollte sich also im Sommer eine Liebesaffäre ergeben, die euch kompliziert vorkommt, vertraut eurem Bauchgefühl und haltet euch erst mal bedeckt. Da kann es noch mal eine Wendung geben. Nach Ablauf von drei Monaten seht ihr klarer!

Ab Oktober kommt eine neue, interessante Energie in euer Liebesleben, denn dann betritt die wilde Lilith euer Partnerhaus und verweilt dort bis zum Juni 2024. Sie kann euch spannende und provokante Menschen schicken, mit denen ihr einen intensiven Austausch habt und möglicherweise auch eine heiße Liebesaffäre. Dadurch kommt ihr in Kontakt mit eurer eigenen wilden und leidenschaftlichen Seite, die ihr vielleicht sonst nicht so wahrnehmt oder auslebt. Das kann sehr befreiend wirken, kann aber auch schmerzlich sein, wenn ihr zum Beispiel erkennt, dass ihr euch in eurer bisherigen Beziehung nicht so entfalten könnt, wie ihr es jetzt möchtet. 2023 betrifft das vor allem die Fischegeborenen der 1. Dekade. Wenn ihr spürt, dass eine Begegnung oder Liaison euch den Boden unter den Füßen wegreißt, wendet die 90-Tage-Regel[1] an: Wartet drei Monate ab, ehe ihr Entscheidungen trefft, die euer Leben verändern!

Highlights und kritische Phasen in der Liebe

Highlight: 27. Januar bis 20. Februar
Während dieser Zeit habt ihr eine unwiderstehliche Ausstrahlung. Egal ob Freundinnen und Freunde, der eigene Liebespartner oder ein neuer Flirt: Ihr verzaubert alle! Wenn ihr alleinstehend seid, ist das auch eine gute Zeit, um etwas für eure Selbstliebe zu tun, zum Beispiel indem ihr euch etwas Schönes zum Anziehen kauft oder eine Wellnessbehandlung gönnt. Der Neumond am 20. Februar in den Fischen gehört euch ganz allein! Bei Stress zu Hause hilft die Venus euch charmant, aber bestimmt den Weg zu zeigen und zu bekommen, was ihr wollt.

Kritisch: 9. bis 15. März
Achtet in dieser Zeit darauf, dass Personen in eurem Haushalt oder eurer Familie euch nicht missverstehen oder gar hintergehen. Zum Beispiel wenn ihr vergesst, dass ihr eine bestimmte Dienstleistung schon bezahlt habt. Umgekehrt müsst ihr euch aber auch an eure eigenen Zusagen halten. Schreibt euch wichtige Abmachungen auf, damit es nicht zu Unstimmigkeiten kommt.

Highlight: 16. März bis 11. April
Eure Liebesfantasie ist angeregt. Beim Flirten fallen euch die richtigen Worte oder Botschaften ein, um jemanden zu bezaubern. Oder ihr genießt mit lieben Menschen Kunst und Kultur und lasst euch davon

---

[1] Die 90-Tage-Regel gibt's zum Nachlesen auf meiner Homepage als Dossier. Der Text ist außerdem Bestandteil des schriftlichen Venus-Horoskops als PDF, welches ihr ebenfalls auf meiner Homepage bestellen könnt.

Fische
Liebe und Beziehungen

inspirieren. Auch der Kontakt mit Kollegen oder Kundinnen ist heiter und angenehm. Wenn ihr Single und auf der Suche seid, könnt ihr nun jemandem in eurem unmittelbaren Umfeld begegnen, also haltet die Augen offen! Und mit euren Geschwistern ist das Einvernehmen gut.

Kritisch: 11. bis 17. April
Dies könnte eine Zeit sein, in der ihr durch zu viele Wünsche und Anforderungen seitens nahestehender Menschen überfordert seid. Vielleicht habt ihr euch auch über die Ostertage einfach zu viel Privates vorgenommen. Lasst es darüber nicht zum Streit kommen, sondern sagt rechtzeitig Bescheid, dass es euch zu viel wird. Überlegt gemeinsam, wer euch vielleicht helfen kann oder wo ihr etwas weglassen könnt.

Highlight: 7. Mai bis 5. Juni
Erotisches Knistern liegt in der Luft und ihr habt viel Fantasie, wie ihr liebevolle Kuschelstunden gestalten könntet. Falls ihr fest liiert seid und sich ein wenig Routine oder gar Langeweile bei euch eingeschlichen hat, ist das eine sehr schöne Phase, um die Lust aufeinander wieder zu erwecken. Für Singles sind die Flirtchancen besonders schön. Leute trefft ihr, indem ihr geselligen Hobbys nachgeht oder euch karitativ einsetzt, beispielsweise bei der Tierrettung.

Highlight: 27. Juni bis 3. Juli
Während dieser Tage erlebt ihr einen schönen Zusammenhalt in euren festen Beziehungen, das können auch berufliche und freundschaftliche Verbindungen sein. Ihr könntet mit anderen etwas auf die Beine stellen, das allen Spaß macht und auf das ihr stolz seid. Wenn ihr Kinder habt, verbringt viel Zeit mit ihnen, ihr werdet Freude haben und könnt voneinander lernen!

Kritisch: 16. bis 23. Juli
Dies ist eine Zeit, in der Frustrationen drohen. Der Versuch, eigene Projekte und die Wünsche anderer unter einen Hut zu bringen, könnte euch überfordern und ihr verliert die Geduld. Zusätzlich könnte ein verwirrender Flirt im Kollegenkreis euch emotional beanspruchen. Der Neumond am 17. Juli steht günstig für euch, ihr könnt ihn nutzen, um darüber zu

meditieren, wie ihr diese komplizierte Situation entwirren könnt. Tipp: Wenn euch jemand unter Druck setzt, solltet ihr zu der Person möglichst auf Abstand gehen.

Kritisch: 19. bis 26. August
Auch dies kann eine Zeit sein, in der euch jemand mit Anforderungen stresst. Denkbar ist auch, dass jemand euch bestürmt, eine Affäre mit ihm anzufangen, wahrscheinlich ein attraktiver, jüngerer Mann, vielleicht ein Kollege oder jemand, den ihr bereits von früher her kennt. Lasst euch nicht unter Druck setzen, wenn ihr euch nicht sicher seid. Die Person ist wahrscheinlich nicht aggressiv, aber es liegen Missverständnisse in der Luft. Deshalb grenzt euch ganz klar ab und lasst keinen Spielraum für Interpretationen. Dies gilt vor allem für die in der 3. Dekade Geborenen.

Highlight: 10. bis 20. September
Schöne Phase rund um den Neumond am 15. September, der euer Liebesleben anregt. Nutzt die Konstellation, um über eure Partnerschaft zu meditieren. Wenn ihr Single seid, denkt darüber nach, wie euer Wunschpartner oder eure Wunschpartnerin aussehen soll. Wenn ihr fest liiert seid, malt euch etwas Neues aus, was ihr gemeinsam ausprobieren möchtet. Ihr könnt auch Energie in die Beziehung zu euren Geschwistern lenken, um eure Familienbande zu stärken oder gegebenenfalls zu verbessern.

Kritisch: 7. bis 13. Oktober
Lilith ist nun in eurem Partnerhaus angekommen und bringt eine große Verlockung. Doch ihr seid mit etwas Wichtigem beschäftigt und habt keine Zeit für Liebe und Flirt. Wie frustrierend! Oder fühlt ihr euch in einer bestehenden Beziehung eingeengt und würdet am liebsten ausbrechen? Diese Phase solltet ihr abwarten, danach beruhigt sich der Gefühlsaufruhr schon wieder. Dies gilt vor allem für die Februar-Fische.

Fische
Karriere und Finanzen

Highlight: 15. Oktober bis 8. November
Sehr schöne Phase zum Flirten. Charmante Menschen kommen jetzt auf euch zu oder ihr werdet eingeladen. Wenn ihr liiert seid, genießt ihr Zeit mit euren gemeinsamen Freund:innen. Die Phase ist auch günstig, um mit geliebten Menschen zu verreisen. Habt ihr Freunde im Ausland? Dann überlegt doch mal, sie nun zu besuchen!

Kritisch: 24. November bis 6. Dezember
Berufliche Anforderungen können jetzt zulasten eines privaten Engagements gehen. Ihr möchtet mehr Zeit mit jemand Wichtigem verbringen, das kann eine Liebesaffäre sein, aber auch eine Freundin die euch jetzt braucht. Diese Person fasziniert euch, und ihr habt möglicherweise Angst sie zu verlieren, wenn ihr euch jetzt nicht darum kümmert. Das wird jedoch nicht passieren, meinen die Sterne!

Highlight: 7. bis 29. Dezember
Nun kommt wieder Harmonie auf und ihr bekommt Unterstützung, sei es durch Freunde oder weil ihr selbst gute Ideen habt, wie ihr euch organisieren könnt. Es gelingt euch, Zeit für euer Privatleben und wichtige Menschen zu erübrigen. Vielleicht macht ihr sogar vor Weihnachten noch eine spontane Kurzreise! Auch über die Feiertage sind die Tendenzen harmonisch.

Karriere und Finanzen

Die ersten paar Monate dieses Jahres sind sehr aktiv, aber möglicherweise mit zu vielen Details und Verantwortlichkeiten gespickt. Ihr müsst euch auf eine Sache nach der anderen konzentrieren, wenn ihr etwas erledigen wollt. Vielleicht lasst ihr euch zu leicht ablenken und seid sogar verärgert über jemanden oder über ein Ereignis, das eure Arbeit unterbricht. Vielleicht nehmt ihr Dinge auch etwas zu persönlich, was eure Stimmung mehr beeinflusst als nötig. Wendet die 90-Sekunden-Regel[2] an und versucht, diese Energie in etwas Konstruktives zu lenken. Wenn eine

---

[2] Diese wunderbare Übung hilft euch, bei Gefühlen von Wut und Zorn wieder in eure innere Mitte zu kommen und einen klaren Kopf zu behalten. Es gibt dazu ein Video auf meinem YouTube-Kanal und auch ein schriftliches Dossier auf meiner Homepage. Der Text ist zudem Bestandteil der schriftlichen Mars-Analyse als PDF.

Beziehung bei der Arbeit schiefgegangen ist, nehmt euch die Zeit, den Grund herauszufinden. Hört der anderen Person zu und versucht, nicht wertend oder wütend zu sein. Repariert jeden Schaden, der aufgetreten ist, anstatt ihn nur in eurem Kopf schwelen zu lassen, was euer Gefühl des inneren Friedens stört. Wenn es sich um einen Streit bei der Arbeit handelt und der andere den Konflikt nicht lösen möchte, müsst ihr ihn möglicherweise ziehen lassen. Dies gilt insbesondere für die zwischen dem **26. Februar und 14. März** Geborenen. Achtet außerdem im März auf Unfälle und Strafzettel für zu schnelles Fahren.

Die Haupttreiber eurer Karriere werden Jupiter und Uranus sein. Beide befinden sich in eurem 3. Haus, das eure Ideen und euren Intellekt anspricht, die im Jahr 2023 stark ausgelöst werden. Ihr habt eine Fülle neuer Ideen, und die meisten sind sehr aufregend. Wenn ihr wollt, könnt ihr jedes neue Projekt durchführen. Ihr seid inspiriert und seht einen Weg, etwas anders zu machen, was sehr erfolgreich sein kann. Scheut euch nicht, eure neuen Erfindungen oder originellen Vorgehensweisen auszuprobieren. Wenn ihr mit Technologie, Softwareentwicklung oder Programmierung zu tun habt, kann dies ein besonderes Glück sein, insbesondere für die **vom 4. bis zum 14. März** Geborenen. Seid auch offen für die Idee einer anderen Arbeit, einer neuen Rolle in eurer aktuellen Position oder einer völlig neuen Position. Ihr scheint mit neuen Herausforderungen im Jahr 2023 aufzublühen.

Jupiter beginnt das Jahr in eurem 2. Haus, dem Haus des Geldes, was für das Einkommen günstig ist. Ab dem 16. Mai zieht er in euer 3. Haus der Ideen und bildet währenddessen einen günstigen Freundschaftsaspekt, was finanziell ebenfalls vorteilhaft ist. Es deutet auf neue Arbeitsangebote hin. Vielleicht wird euch eine neue Position mit mehr Gehalt offeriert. Wenn ihr selbstständig seid, kann dies zu höheren Umsätzen führen. Falls ihr Investoren seid, kann es bedeuten, dass ihr mit euren Investitionen einen schönen Gewinn erzielt habt und dieses Jahr nun günstig ist, um diesen abzuschöpfen. Wenn ihr ein neues Auto, ein Smartphone oder einen Computer braucht und eure Mittel es zulassen, dann tätigt solche Käufe dieses Jahr. Baut auch euer Netzwerk weiter aus. Je mehr es expandiert, desto größer ist das Publikum, das euer Unternehmen unterstützt. Die Leute machen gerne Geschäfte mit euch und das

Fische
Karriere und Finanzen

beruht auf Gegenseitigkeit. Es ist eine Win-win-Situation, und jeder möchte Teil eures Teams sein bzw. euch im Team haben. Euer Optimismus und eure Unterstützung bedeuten viel für diejenigen, die mit oder für euch arbeiten, besonders in der zweiten Hälfte dieses Jahres. Die **vom 23. Februar bis zum 6. März** Geborenen profitieren besonders von diesem Aspekt.

Euer kreativer Geist ist ein Vermögen wert und kann euch dieses Jahr zu finanziellen Gewinnen verhelfen. Ihr habt hervorragende Fähigkeiten in Marketing und Werbung und könnt die Vorstellungen der Menschen so lenken, dass sie mit euch Geschäfte machen wollen. Ihr könnt ihnen alles verkaufen! Ihr müsst lediglich auf ihre Träume und Ideale eingehen. Ihr berührt ihren Wunsch nach Romantik und Vergnügen, sprecht ihre Liebe zum Luxus an oder ihren Wunsch, anderen zu helfen. Bei Spendenaktionen könntet ihr dieses Jahr sehr erfolgreich sein.

Das einzige Problem, das euch daran hindert, all diese wunderbaren Dinge zu tun, ist ein Mangel an Zeit und Energie. Eine eurer Herausforderungen bei der Arbeit ist eure Tendenz, zu viel Verantwortung zu übernehmen, sodass ihr zu wenig Zeit habt, euch zu entspannen und Tätigkeiten nachzugehen, die euch Spaß machen. „Ich muss das jetzt unbedingt erledigen. Ich darf jetzt nicht zurückfallen. Sie brauchen mich." – solche Sätze werden euch durch den Kopf gehen. Das mag stimmen, aber ihr müsst euch auch um euch selbst kümmern, besonders nach dem 7. März, wenn Saturn für die nächsten zwei Jahre in euer Sternzeichen eintritt. Eure Pläne sollten jetzt langfristig sein. Ihr seid vielleicht schnelle Belohnungen gewöhnt, aber dieses Mal lässt die Gegenleistung auf sich warten. Wenn ihr jetzt ein größeres neues Vorhaben beginnt, kann es einige Zeit dauern, sogar bis zu fünf Jahre, ehe sich das finanziell auszahlt. Es will also gut überlegt sein. Betrachtet die nächsten zwei Jahre deshalb als Investition in eure Zukunft. Unter Saturns Einfluss läuft ihr Marathon, keinen Sprint! Teilt eure Kräfte gut ein und stellt sicher, dass ihr trotz eurer harten Arbeit und Verantwortung Zeit für Entspannung, soziale Aktivitäten, Ruhe und Bewegung findet. Andernfalls droht ein Burn-out. Dies gilt insbesondere für die **vom 18. bis zum 26. Februar** Geborenen.

Insgesamt verspricht 2023 ein finanziell erfolgreiches Jahr zu werden. Es ist auch ein Jahr, um einen neuen Lebensabschnitt zu beginnen, der für die nächsten zwei bis fünf Jahre Konzentration und Engagement erfordert. Versucht eine Investition mit zu viel Hebelwirkung zu vermeiden. Dadurch könnte eure Liquiditätsposition aufgrund einer Anlage in festgesetzte Vermögenswerte (vielleicht Immobilien?) zu schwach werden. Achtet also darauf, ausreichend Liquidität zu haben. Es ist ein günstiger Zeitpunkt für langfristige Investitionen und sogar für einige Spekulationen. Euer 2. Haus des Vermögens deutet darauf hin, dass ihr euch finanziell gut entwickeln werdet.

Highlights und kritische Phasen in Beruf und Finanzen

Highlight: 26. Februar bis 6. März
Die beiden Glücksplaneten Venus und Jupiter vereinigen sich und stärken dabei eurer Geldhoroskop! Denn das förderliche Zusammentreffen findet im Finanzsektor der Fischegeborenen statt! Dadurch könnt ihr nun ertragreiche Geschäfte abschließen und Geld kann hereinkommen. Allerdings hat die Sache einen Haken: Chiron, der verwundete Heiler, mischt leider auch mit. Das heißt, dass ihr für eure Mehreinnahmen ein Opfer bringen müsst. Vielleicht indem ihr einen Job macht, den ihr gar nicht liebt, der aber viel Geld bringt. Aber das muss ja nicht für immer sein!

Highlight: 19. März bis 3. April
Mit ein paar legalen Finanztricks könnt ihr eure Kasse aufbessern. Informiert euch über clevere Spartipps, zum Beispiel im Freundeskreis oder über das Internet. Die Anregungen, die ihr jetzt bekommt, solltet ihr zügig umsetzen. So verbessert ihr eure finanzielle Situation.

Kritisch: 21. April bis 14. Mai
Ihr agiert widersprüchlich. An einem Tag trefft ihr eine Entscheidung, am nächsten zweifelt ihr sie an und widerruft sie. Auf diese Weise jedoch kommt ihr nicht voran. Besser wäre es, sich erst umfassend schlauzumachen, auch wenn es dafür Zeit braucht, und erst danach eine Entscheidung zu treffen, hinter der ihr auch stehen könnt.

Fische
Karriere und Finanzen

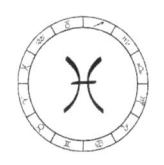

Highlight: 6. Juni bis 10. Juli
Gerechtigkeit ist euch ein hohes Anliegen. Auch im Job. Daher setzt ihr euch in dieser Zeit für mehr Fairness und Gleichberechtigung in der Firma ein. Damit seid ihr Vorbild und Vorkämpfer:in. Woher ihr euren Mut nehmt, Missstände anzuprangern, ist euch selbst nicht immer bewusst. Doch eines ist sicher: Euer Engagement bringt euch Bewunderung ein und am Ende könnt ihr einen Erfolg verbuchen!

Kritisch: 15. bis 26. Juli
Jetzt werdet ihr mit Konkurrenzgedanken, Missgunst und Ablehnung konfrontiert. Offenbar sieht ein Kollege oder eine Kollegin eine Gefahr in euch. Versucht, die eventuell bösen Worte und Taten der anderen Person nicht allzu persönlich zu nehmen. Es geht nicht um euch, sondern um eure Position. Den Konflikt zu entschärfen wird schwierig, denn ihr könnt den Neid der anderen nicht wegzaubern. Statt Schlichtung zu versuchen, ist es daher angeraten, den Störenfrieden aus dem Weg zu gehen.

Kritisch: 25. August bis 2. September
Händler und Vertreterinnen, aber auch Berater sagen euch in dieser Zeit nicht die ganze Wahrheit. Das hat zur Folge, dass eure Kaufentscheidungen auf mangelhaften Informationen fußen. In einigen Fällen kann man auch von Betrug sprechen, wenn ihr mit falschen Versprechen zu einer Unterschrift überredet werdet. Falls ihr selbstständig seid oder als Angestellte auf Provisionsbasis arbeitet, könnt ihr euch auf eure Kunden nicht verlassen. Zusagen werden nicht eingehalten, Termine platzen oder man versucht, bereits getätigte Abschlüsse wieder rückgängig zu machen. Vielleicht ist es gar nicht schlecht, in diese Wochen den Jahresurlaub zu legen.

Highlight: 22. Oktober bis 9. November
Bemüht euch um eine Weiterbildung! Was ihr nun lernt, kann euch beruflich neue Türen öffnen. Viele Fortbildungen werden vom Arbeitgeber bezahlt. Aber auch dann, wenn ihr selbst in die Tasche greifen müsst, ist die Investition rentabel. Wählt bei der Thematik aber nicht nur das aus, was euch strategisch sinnvoll erscheint, sondern achtet auch darauf, dass der Inhalt der Weiterbildung euch anspricht. Nur das, was auch längerfristiges Interesse auslösen kann, bringt euch auf Dauer etwas.

Highlight: 25. November bis 1. Dezember
Auch wenn diese Phase kurz ist: Jetzt lohnt es sich, noch mal alles für die Karriere zu geben! Bringt euch in Stellung für den nächsten Aufstieg in der Firma. Werft eure Vorzüge, euer Know-how, aber auch eure Social Skills in die Waagschale, wenn es um die Besetzung einer besseren Position geht. Bewerbt euch, wenn ihr einen Arbeitgeberwechsel plant. Macht ruhig Reklame für euch. Wenn ihr zu schüchtern seid, könnte sonst die eine oder andere Chance an euch vorbeigehen.

Gesundheit und Spiritualität

Liebe Fischegeborene, ihr seid das letzte Zeichen im Tierkreis, mit euch schließt sich der Kreis. Ihr regiert das 12. Haus, das Haus der Spiritualität, der Träume, Fantasien und des Urvertrauens. Oft seid ihr nicht wirklich greifbar und taucht hinab in eure eigene Welt, immer den Sternen hinterher. Doch ab dem 7. März fordert euch Saturn dazu auf, konkreter zu werden, eure Träume zu manifestieren und in der Realität zu verankern. Er wandert dann für gut zwei Jahre durch euer Zeichen und das ist oft der Beginn eines wichtigen neuen Businesszyklus. Ihr habt vermutlich sehr viel zu tun und es wird notwendig, eure Kräfte und eure Zeit sorgfältig einzuteilen. Ihr helft gerne viel, aber jetzt müsst ihr auch öfter an euch selbst denken. Das Gleichgewicht zwischen Arbeit, Freizeit, sozialer Aktivität, Bewegung und Ruhe muss stimmen, sonst kann es zu Müdigkeit und Erschöpfung kommen.

Neptun, euer Regent, verbindet die Seele mit dem Überirdischen. Er steht für Auflösung, für die Überwindung körperlicher Grenzen, für Träume und Visionen. Deshalb seid ihr als Fischegeborene häufig in der Lage, die Verbundenheit zu allem, was ist, wahrzunehmen. Saturn steht hingegen für Grenzen, für den Boden der Realität. Mit dem Durchgang Saturns durch euer Zeichen werden euch eure Grenzen nun bewusst. In der Astromedizin sind euch die Füße zugeordnet, und mit diesen sollt ihr fest auf dem Boden der Realität stehen, um ein sicheres Fundament für eure fantasievolle und empfindsame Seele zu haben. Ebenso zeigt euch die Haut, als Spiegel der Seele, den Übergang zwischen innen und außen und erinnert euch an Abgrenzung. Neptun verkörpert Sehnsucht und die Suche nach dem Sinn des Lebens. Saturn wird euch prüfen, wie

Fische
Gesundheit und Spiritualität

ernst ihr eure Sinnsuche nehmt und ob ihr bereit seid, etwas dafür zu tun. Es ist ein Test, der euch stärker machen soll. Lasst euch nicht davon verunsichern. Folgt ihr bereits eurer inneren Stimme und Wahrnehmung oder ignoriert ihr sie? Wenn ihr auf euch selbst baut, könnt ihr aus dieser Quelle immer wieder Kraft schöpfen.

Eure Intuition ist eure Stärke. Bewahrt euer Rückgrat und seht der Wahrheit ins Gesicht. Wer nicht auf die Lehren des Lebens hört, wird sie erspüren müssen, das ist Saturns Lektion. Dies kann euch Fischen als sensiblen Wesen Schwierigkeiten bereiten. Körperlich könntet ihr Stauungen im Bereich des Lymphsystems spüren, falls ihr zu viel Wasser und Lymphe eingelagert habt. Haltet euch elastisch und flexibel. Nehmt euch Zeit für Meditation, Yoga und entspannende Bäder, um den Zugang zu eurer inneren Mitte zu finden und zu stärken. Wasser, als vitalisierendes Getränk und belebendes Körperelixier, verbindet euch mit eurem Element. Auch Schwimmerinnen und Aufenthalte an Gewässern tun euch gut. Immunstärkend und entspannend für die Fischeenergie unterstützen euch Heilkräuter als Teemischung aus Ingwer, Galgant, Malve, Muskatellersalbei und Fenchel. Eine ausgewogene, gesunde Ernährung und ausreichend Schlaf wirken sich günstig auf eure Gesundheit aus. Als Energiequelle steht euch die Kraft der Natur zur Verfügung. Sie stärkt euer Wohlbefinden und bringt euch die ersehnte Ruhe. Eine besondere Kraft könnt ihr aus eurem euch zugeordneten Heilstein Aquamarin schöpfen. Ob als Amulett oder als Glücksstein in der Hosentasche, beides zeigt Wirkung. Wohltuend und erfrischend auf eure Psyche wirkt der Duft ätherischer Öle, wie etwa Jasmin, Ylang-Ylang, Lavendel und Muskatellersalbei, als Badezusatz oder Raumduft. Damit tretet ihr die Reise ins Land der Träume und Wünsche gestärkt und entspannt an.

Highlights und kritische Phasen für die Gesundheit

Highlight: 18. Januar bis 10. Februar
Diese Zeit empfindet ihr als besonders heilsam und erkenntnisreich. Alle Gesundheitsthemen werdet ihr nun gut wahrnehmen und bewusst angehen können. Maßnahmen, die zur Stärkung eurer Gesundheit dienen, wie zum Beispiel Kneippkuren, Physiotherapie, Diäten und

sportliche Betätigung, vor allem Schwimmen, zeigen große Wirkung. Durch Meditation und Yoga sowie lange Spaziergänge in der Natur findet ihr den Zugang zu eurer Mitte. Stärkt das Immunsystem mit ausgewogener Ernährung sowie Vitamin C aus den natürlichen Quellen der Hagebutte oder des Sanddorns.

Kritisch: 8. bis 22. März
In dieser Zeit könntet ihr euch müde und abgeschlagen fühlen, und auch euer Immunsystem neigt zur Schwäche. Anstrengungen möchtet ihr jetzt am liebsten aus dem Weg gehen. Es mangelt an Willensstärke und Durchsetzungskraft. Grund könnte tatsächlich eine Infektion sein, lasst das untersuchen! Und geht Ansteckungsgefahren aus dem Weg. Vitamin C und Zink helfen bei der Vorbeugung. Wohltuend und stärkend wirken die ätherischen Öle von Immortelle, Jasmin und Lavendel, als entspannendes Bad oder Raumduft.

Highlight: 21. April bis 9. Mai
Wenn nicht jetzt, wann dann? Die Zeit ist günstig, um aus alten Verhaltensmustern auszubrechen. Ihr seid auf der Suche nach neuen Abenteuern. Nutzen könnt ihr dieses Zeitfenster auch für sportliche Betätigung und Aktivitäten, bei denen ihr euch ruhig etwas zumuten dürft. Achtet auf gesunde Ernährung und unterstützt euren Stoffwechsel mit Bitterstoffen und Beifuß.

Highlight: 7. Mai bis 25. Mai
Dies ist eine besonders günstige Zeit für spirituelle Erweiterung. Einfühlsam und doch zielorientiert begegnet ihr eurer Umwelt. Alle kreativen Arbeiten, die aus eurer inneren Quelle entstehen, lassen sich effektiv umsetzen. Gesunde Ernährung mit Gemüse und frischen Kräutern unterstützt euren Stoffwechsel. Bewegung und lange Spaziergänge in der Natur bringen Sauerstoff ins Blut und fördern die Blutbildung. Unterstützend für Niere und Blutbildung könnt ihr auch die Wirkung von Brennnessel nutzen. Achtet auf ausreichend Schlaf und gönnt euch gelegentlich eine entspannende Fußreflexzonen-Massage.

Fische
Gesundheit und Spiritualität

Kritisch: 21. Juni bis 2. Juli
Eine spannende Zeit, im wahrsten Sinne des Wortes. Schnelle Entscheidungen und Handlungen liegen euch nicht und könnten sich jetzt als destruktiv erweisen. Euer Wasserelement möchte Ruhe und spürt doch den Sog dieser explosiven Zeitqualität. Besänftigt diese Spannung mit Magnesium und der Heilkraft von Schafgarbe, Muskatellersalbei, Weißdorn, Goldrute und Fenchel als Teemischung. Kompensiert Stress mit Bewegung in der Natur und nutzt euren Heilstein Aquamarin.

Kritisch: 16. bis 24. August
Seid ihr schon untergetaucht, oder haltet ihr noch die Stellung? Immer wieder zieht es euch in Neptuns Reich der Fantasie. Klaren Antworten und Entscheidungen geht ihr in dieser Zeit aus dem Weg. Dennoch solltet ihr bewusst auf diese Zeitqualität eingehen. Alles, was aus dem Unterbewusstsein hervorkommt, verdient Beachtung. Bleibt auf der Suche nach Antworten bei euch und euren Eingebungen.

Highlight: 14. Oktober bis 14. November
Jetzt könnt ihr viel von dem realisieren, was ihr euch in der Vergangenheit vorgenommen habt. Eure Willensstärke und Durchsetzungskraft können Berge versetzen. Dies spiegelt sich in eurer Seele und wirkt sich positiv auf alle Gesundheitsthemen aus. Ihr könnt die Zeit auch nutzen, um eure jährlichen Vorsorgetermine wahrzunehmen. Eine Reinigungskur und alle gesundheitsfördernden Maßnahmen zur Stärkung und Regeneration wirken sich günstig auf das Immunsystem aus.

Kritisch: 22. November bis 2. Dezember
Diese Zeit erscheint euch als anstrengend. Womöglich verspürt ihr im Bereich von Zähnen, Kiefer, Hals und Nacken starke Verspannungen. Beruflicher Stress macht sich bemerkbar. Magnesium, Meditation und Yoga werden euch etwas Entspannung bringen. Achtet auf eure Blutbildung und die Leber. Regt den Stoffwechsel mit Bitterstoffen an. Aus der Apotheke der Natur steht euch die heilende Wirkung von Mariendistel, Weidenröschen, Beifuß und Fenchel zur Verfügung. Versucht mit entspannenden Bädern und ätherischen Ölen von Lavendel, Wacholder und Ylang-Ylang, dem Alltag zu entfliehen.

Der kosmische Überblick für 2023

Sonne 2023 (Wechsel der Sternzeichen)

Wassermann:	20. Januar	um 9:29 Uhr
Fische:	18. Februar	um 23:34 Uhr
Widder:	20. März	um 22:24 Uhr (Frühlingstagundnachtgleiche)
Stier:	20. April	um 10:13 Uhr
Zwillinge:	21. Mai	um 9:09 Uhr
Krebs:	21. Juni	um 16:57 Uhr (Sommersonnenwende)
Löwe:	23. Juli	um 3:50 Uhr
Jungfrau:	23. August	um 11:01 Uhr
Waage:	23. September	um 8:49 Uhr (Herbsttagundnachtgleiche)
Skorpion:	23. Oktober	um 18:20 Uhr
Schütze:	22. November	um 15:02 Uhr
Steinbock:	22. Dezember	um 4:27 Uhr (Wintersonnenwende)

Sonne und Mond: Finsternisse 2023

20. April	um 6:16 Uhr:	totale Sonnenfinsternis auf 29°52' Widder
05. Mai	um 19:22 Uhr:	partielle Mondfinsternis auf 14°52' Skorpion
14. Oktober	um 19:59 Uhr:	ringförmige Sonnenfinsternis auf 21°09' Waage
28. Oktober	um 22:14 Uhr:	partielle Mondfinsternis auf 05°03' Stier

Merkur

Merkur in Steinbock:	1. Januar	bis 11. Februar
Merkur rückläufig:	29. Dez 2022	bis 18. Januar (24° bis 8° Steinbock)
Merkur im Wassermann:	11. Februar	bis 2. März
Merkur in den Fischen:	2. März	bis 19. März
Merkur im Widder:	19. März	bis 3. April
Merkur im Stier:	3. April	bis 11. Juni
Merkur rückläufig:	21. April	bis 15. Mai (15° bis 5° Stier)

Merkur (Fortsetzung)

Merkur in den Zwillingen:	11. Juni	bis 27. Juni
Merkur im Krebs:	27. Juni	bis 11. Juli
Merkur im Löwen:	11. Juli	bis 28. Juli
Merkur in der Jungfrau:	28. Juli	bis 5. Oktober
Merkur rückläufig:	23. August	bis 15. September
(21° bis 8° Jungfrau)		
Merkur in der Waage:	5. Oktober	bis 22. Oktober
Merkur im Skorpion:	22. Oktober	bis 10. November
Merkur im Schützen:	10. November	bis 1. Dezember
Merkur im Steinbock:	1. Dezember	bis 23. Dezember
Merkur rückläufig:	13. Dezember	bis 2. Januar 2024
(8° Steinbock bis 22° Schütze)		
Merkur im Schützen:	23. Dezember	bis 14. Januar 2024

Venus

Venus im Steinbock:	1. Januar	bis 3. Januar
Venus im Wassermann:	3. Januar	bis 27. Januar
Venus in den Fischen:	27. Januar	bis 20. Februar
Venus im Widder:	20. Februar	bis 16. März
Venus im Stier:	16. März	bis 11. April
Venus in den Zwillingen:	11. April	bis 7. Mai
Venus im Krebs:	7. Mai	bis 5. Juni
Venus im Löwen:	5. Juni	bis 9. Oktober
Venus rückläufig:	23. Juli	bis 4. September
(28° bis 12° Löwe)		
Venus in der Jungfrau:	9. Oktober	bis 8. November
Venus in der Waage:	8. November	bis 4. Dezember
Venus im Schützen:	29. Dezember	bis 23. Januar 2024

Mars

Mars in den Zwillingen:	1. Januar	bis 25. März
Mars rückläufig:	30. Okt. 2022	bis 12. Januar 2023
(25° bis 8° Zwillinge)		
Mars im Krebs:	25. März	bis 20. Mai
Mars im Löwen:	20. Mai	bis 10. Juli

Mars (Fortsetzung)

Mars in der Jungfrau:	10. Juli	bis 27. August
Mars in der Waage:	27. August	bis 12. Oktober
Mars im Skorpion:	12. Oktober	bis 24. November
Mars im Schützen:	24. November	bis 4. Januar 2024

Sonstige Aspekte

Lilith im Krebs: noch bis zum 08.01.2023
bewegt sich durch die 3. Dekade

Lilith im Löwen: 08.01.2023 bis 03.10.2023
1. Dekade: 08.01. bis 07.04.2023
2. Dekade: 07.04. bis 06.07.2023
3. Dekade: 06.07. bis 03.10.2023

Lilith in der Jungfrau: 03.10.2023 bis 29.06.2024
1. Dekade: 03.10.2023 bis 01.01.2024
2. Dekade: 01.01.2024 bis 31.03.2024

Jupiter im Widder: noch bis zum 16.05.2023
bewegt sich durch die 3. Dekade

Jupiter im Stier: 16.05.2023 bis 26.05.2024
1. Dekade: 16.05. bis 05.07.2023
2. Dekade: 05.07. bis 06.11.2023
1. Dekade: 06.11. bis 21.02.2024
(rückläufig vom 04.09. bis zum 31.12.2023)

Saturn im Wassermann: noch bis zum 07.03.2023
bewegt sich durch die 3. Dekade

Saturn in den Fischen: 07.03.2022 bis 25.05.2025
bewegt sich durch die 1. Dekade
(rückläufig vom 17.06. bis zum 04.11.2023)

Chiron im Widder: noch bis zum 19.06.2026
bewegt sich durch die 2. Dekade

	(rückläufig vom 23.07. bis zum 27.12.2023)
Uranus im Stier:	noch bis zum 07.07.2025
	2. Dekade: 01.01. bis 28.05.2023
	3. Dekade: 29.05. bis 10.12.2023
	2. Dekade: 11.12. bis 26.01.2024
	(rückläufig vom 01.01. bis zum 22.01.2023
	und 29.08.2023 bis 26.01.2024)
Neptun in den Fischen:	noch bis zum 26.01.2026
	bewegt sich durch die 3. Dekade
	(rückläufig vom 30.06. bis zum 06.12.2023)
Pluto im Steinbock:	noch bis zum 19.11.2024
	3. Dekade: 01.01. bis 23.03.2023
	und 12.06. bis 21.01.2024
	(rückläufig vom 01.05. bis 11.10.2023)
Pluto im Wassermann:	23.03.2023 bis 11.06.2023
	bewegt sich durch die 1. Dekade
Mondknoten im Stier:	noch bis zum 12.07.2023
	2. Dekade: bis 05.01.2023
	1. Dekade: 06.01. bis 12.07.2023
Mondknoten im Widder:	13.07.2023 bis 30.01.2025
	3. Dekade: 13.07.2023[1] bis 17.01.2024

[1] Wir benutzen hier die gemittelte Mondknoten-Position, den sogenannten mittleren Mondknoten. Der Mondknoten beschreibt eine leicht wellenförmige Bewegung. Die Position des sogenannten „wahren Mondknotens" bildet diese genau ab, wobei der Mondknoten regelmäßig leicht rückläufig wird. Der Wechsel des wahren Mondknotens in den Widder ist am 18. Juli 2023.

Service und Infos

Persönliche Beratungen
Wenn ihr ein persönliches Jahreshoroskop oder eine andere ausführliche Beratung im Gespräch mit mir buchen wollt, seid ihr herzlich willkommen! Bei diesen intensiven Gesprächen am Telefon oder per Zoom können wir auf eure spezifischen Anliegen und Projekte eingehen. Ihr findet mein Beratungsangebot auf meiner Homepage unter www.antonialangsdorf.com/beratung. Oder ruft uns zwecks Terminvereinbarung an unter der Nummer: +49-221-96972671 (zum Festnetztarif)

Schriftliche Horoskope als PDF
Zusätzlich zu meinen Beratungen biete ich auch schriftliche Horoskope als PDF an. Diese werden auf der Basis eurer Geburtsdaten individuell für euch zusammengestellt. Die schriftlichen Horoskope liefern euch wertvolle Hinweise zu den verschiedensten Themen rund um euer ganz persönliches Geburtshoroskop. Sie sind zudem eine preiswerte Alternative zum Beratungsgespräch – ersetzen können sie dieses jedoch nicht! Die PDF-Horoskope findet ihr hier: www.antonialangsdorf.com/horoskope-shop

„Antonias Sterne" auf YouTube und Instagram
Auf meinem YouTube-Kanal „Antonias Sterne" präsentiere ich euch gratis jeden Monat das ausführliche Monatshoroskop für alle Sternzeichen sowie Specials zu wichtigen kosmischen Ereignissen. Außerdem gibt es regelmäßig Livestreams mit Verlosungen von PDF-Horoskopen. Ich freue mich, wenn ihr mir unter www.youtube.com/antonias-sterne folgt.
Bei www.instagram.com/antonias_sterne findet ihr zusätzlich meine tägliche Inspiration zu den Aspekten der Mondin und zur Tagesqualität.

Astrologie lernen mit Antonia und Christof
Auch 2023 gibt es weiterführende Astrologiekurse in Abstimmung mit Dr. Christof Niederwieser! Aufbauend auf Christofs Anfängerkurs biete ich wieder eine Online-Meisterklasse „Aspekte und Transite" an, die am 31. Januar 2023 beginnt. Mehr Infos findet ihr auf meiner Homepage unter www.antonialangsdorf.com/vortraege-seminare

Raymond A. Merriman: Voraussagen für 2023

Ein wertvoller Leitfaden für alle, die sich für die kollektiven Veränderungen in unserer Gesellschaft interessieren und wissen möchten, wie sie in unseren bewegten Zeiten ihre Ersparnisse und ihr Kapital im Einklang mit den Konstellationen anlegen können. Mit den Tendenzen für die Aktienmärkte, Währungen, Gold, Silber, Getreide, Rohöl und die Zinsentwicklung. Berücksichtigt werden auch der deutsche DAX, der Schweizer SMI sowie klimatische, politische und gesellschaftliche Entwicklungen.

Erhältlich im Dezember 2022
180 Seiten, 66,00 €
Hier bestellen: **www.mma-europe.ch**

Antonia Langsdorf und Dr. Christof Niederwieser: Astrologieseminar 2023

ASTROLOGIE für **EINSTEIGER** mit
DR. CHRISTOF NIEDERWIESER
Online-Kurs **13.02.-16.03.2023**
www.astro-management.com

MEISTERKLASSE ASPEKTE & TRANSITE
mit **ANTONIA LANGSDORF**
Online Kurs **31.01.-28.02.2023**
www.antonialangsdorf.com

Lightning Source UK Ltd.
Milton Keynes UK
UKHW010635020123
414708UK00014B/848